R & B

Mark Rowlands

Der Philosoph und der Wolf

Was ein wildes Tier uns lehrt

Aus dem Englischen von Bernd Rullkötter

ROGNER&BERNHARD

7. Auflage, Dezember 2009
Copyright © 2009 by Mark Rowlands
Die Originalausgabe erschien 2008
unter dem Titel
The Philosopher and the Wolf: Lessons from the Wild on Love, Death and Happiness
bei Granta Publications, London.
Mark Rowlands asserts the moral right to be identified as the anthor of this work.
Für die deutsche Ausgabe
© 2009 by Rogner & Bernhard GmbH & Co. Verlags KG, Berlin
ISBN 978-3-8077-1046-4
www.rogner-bernhard.de

Lektorat: Dr. Anita Krätzer, Schwarzenbek
Umschlaggestaltung: Philippa Walz und Andreas Opiolka, Stuttgart
Umschlagabbildung: Ullsteinbild – Peter Arnold Inc.
Layout und Herstellung: Leslie Driesener, Berlin
Gesetzt aus der Stempel Garamond
Satz und Repro: deutsch-türkischer fotosatz, Berlin
Druck und Bindung: CPI – Clausen & Bosse, Leck
Printed in Germany 2009

Inhalt

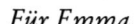

Für Emma

Danksagung

Ursprünglich gab mir George Miller den Auftrag, dieses Buch für Ganta zu schreiben. Das tat er höchstwahrscheinlich aus einem blinden Glauben heraus, denn alle Leser waren sich einig, dass man den ersten Manuskriptentwürfen nicht recht entnehmen konnte, worum es eigentlich ging. Als George den Verlag verließ, wurde seine Aufgabe von Sara Holloway weitergeführt, die eine traumhafte Lektorin ist. Durch ihre einfühlsamen, intelligenten und vor allem geduldigen Fragen sowie ihre Entschlossenheit, dafür zu sorgen, dass ich die wesentlichen Dinge nicht aus den Augen verlor, hat dieses Buch erheblich gewonnen. Für die Textredaktion war Lesley Levene zuständig. Ich habe bereits umfangreiche Erfahrungen sammeln können, und noch nie ist dieser Prozess so schmerzlos, wenn nicht gar unterhaltsam gewesen, und noch nie habe ich dabei so viel über die Kunst des Schreibens gelernt. Bei allen drei Personen bedanke ich mich aufrichtig.

Mein Dank gilt auch Vicki Harris für ihr vorzügliches Korrekturlesen. Und selbstredend bin ich meiner Agentin Liz Puttick dafür dankbar, dass sie ein weiteres meiner verrückten Projekte auf den Weg gebracht hat.

Dieses Buch würde nicht ohne seinen Helden existieren. Deshalb danke ich dir, Brenin, mein Wolfsbruder, dass du dein Leben mit mir geteilt hast. Und natürlich danke ich auch deinen Gefährtinnen Nina und Tess.

Schließlich noch ein Wort an Brenin, meinen Sohn, nicht

meinen Bruder: Ich kann nicht behaupten, dass ich dieses Buch für dich geschrieben hätte, denn es wurde begonnen, bevor dein alter Herr auch nur von dir träumte. Aber beendet habe ich das Buch, weil ich wollte, dass du deinen Namen verstehst. Und außerdem hatte ich den Vorschuss schon ausgegeben. Denk immer an eines (und ich wage mir nicht vorzustellen, wie oft ich diesen Rat bereuen werde): Nur durch unseren Trotz werden wir erlöst.

Die Lichtung

1

Dieses Buch handelt von einem Wolf namens Brenin. Mehr als ein Jahrzehnt lang – während des größten Teils der neunziger Jahre und einige Zeit über die Jahrtausendwende hinaus – war er mit mir zusammen. Da er das Leben eines wurzel- und rastlosen Intellektuellen teilte, wurde er zu einem überaus weit gereisten Wolf, der sich in den USA, in Irland, England und schließlich in Frankreich aufhielt. Außerdem war er der zumeist widerwillige Nutznießer einer gründlicheren kostenlosen Universitätsausbildung, als sie jedem anderen Wolf der Welt zuteilwurde.

Wie der Leser noch ausführlicher erfahren wird, hatte es schreckliche Folgen für mein Zuhause und meinen Besitz, wenn ich ihn unbeaufsichtigt ließ. Deshalb musste ich ihn zu meiner Arbeit mitnehmen. Und da ich Philosophieprofessor bin, begleitete er mich zu meinen Vorlesungen. Er lag in der Ecke des Saales und döste – kaum anders als meine Studenten –, während ich mich über irgendeinen Philosophen oder eine philosophische Lehre ausließ. Gelegentlich, wenn die Vorlesungen besonders ermüdend wurden, setzte er sich auf und heulte – eine Angewohnheit, durch die er sich bei den Studenten beliebt machte, denn sie hätten wahrscheinlich gern das Gleiche getan.

Dieses Buch handelt auch davon, was es bedeutet, ein Mensch zu sein. Nicht als biologisches Wesen, sondern als Geschöpf, das zu Dingen fähig ist, die kein anderes Geschöpf vollbringen kann. In den Geschichten, die wir über uns selbst erzählen, wird unsere Einzigartigkeit immer wieder thematisiert. Manche meinen, sie bestehe in unserer Fähigkeit, Zivilisationen zu schaffen und uns so vor der grausamen, blutrünstigen Natur zu schützen. Andere verweisen auf die Tatsache, dass wir die einzigen Geschöpfe sind, die zwischen Gut und Böse zu unterscheiden vermögen, und damit auch die einzigen, die wahrhaft gut oder böse sein können. Noch andere sagen, wir seien einzigartig, weil wir Vernunft besäßen; wir seien rationale Lebewesen in einer Welt irrationaler Tiere. Daneben gibt es den Glauben, unser Gebrauch der Sprache bilde den entscheidenden Unterschied zwischen uns und den sprachlosen Geschöpfen, oder man meint, wir seien einzigartig, weil wir allein über einen freien Willen und Handlungsfreiheit verfügten. Wieder andere denken, unsere Einzigartigkeit gründe sich darauf, dass nur wir Liebe empfinden könnten. Des Weiteren wird darauf verwiesen, dass lediglich wir das Wesen und die Basis wahren Glücks verstehen könnten. Schließlich wird noch die Auffassung vertreten, unsere Einzigartigkeit gründe auf unserem Wissen um unsere Sterblichkeit.

Meiner Ansicht nach bietet keine der in diesem Zusammenhang erzählten Geschichten einen Beleg für eine bedeutende Kluft zwischen uns und den anderen Geschöpfen. Manche der Dinge, zu denen wir sie nicht für fähig halten, können sie durchaus. Und einige der Dinge, zu denen wir unserer Meinung nach fähig sind, können wir gar nicht. Im Übrigen handelt es sich eher um Abstufungen als um grundsätzliche Unterschiede. Unsere Einzigartigkeit besteht schlicht in der Tatsache, dass wir derartige Geschichten erzählen und uns sogar dazu bringen können, ihnen zu glauben. Wenn ich die Menschen mit einem Satz definieren wollte, dann mit folgendem: Menschen sind diejenigen Tiere, welche die Geschichten glauben, die sie über sich selbst erzählen; Menschen sind leichtgläubige Tiere.

In diesen finsteren Zeiten braucht nicht betont zu werden, dass die Geschichten, die wir über uns selbst erzählen, die Hauptursache einer Spaltung zwischen Menschen sein können. Von Leichtgläubigkeit ist es häufig nur ein kleiner Schritt zur Feindseligkeit. Aber ich interessiere mich für die Geschichten, die wir erzählen, um uns nicht voneinander, sondern von anderen Tieren abzuheben: für die Geschichten, die wir über das erzählen, was uns menschlich macht. Jede hat eine dunkle Seite und wirft einen Schatten. Er ist hinter den Worten der Geschichte verborgen; hier findet man das, was sie aufzeigt. Und das ist wahrscheinlich in wenigstens zweierlei Weise finster. Erstens verweist die Geschichte oft auf einen keineswegs schmeichelhaften, sogar beunruhigenden Aspekt der menschlichen Natur. Zweitens ist das, was sie aufzeigt, oft schwer wahrzunehmen. Zwischen beiden Dingen besteht ein Zusammenhang. Wir Menschen haben ein ausgeprägtes Talent, die Aspekte von uns, die uns zuwider sind, zu übergehen. Und das gilt auch für die Geschichten, die wir erzählen, um uns eine Erklärung für unser Wesen zu liefern.

Der Wolf ist bekanntlich das traditionelle, wiewohl unfairerweise dafür ausgewählte Sinnbild der finsteren Seite der Menschheit. Das ist in vielerlei Beziehung eine Ironie – nicht zuletzt etymologisch gesehen. Das griechische Wort für Wolf ist *lukos*, das *leukos*, dem Wort für Licht, so ähnlich ist, dass die beiden häufig miteinander verknüpft wurden. Vielleicht ist diese Verbindung einfach das Ergebnis von Übersetzungsfehlern, doch andererseits könnte es einen tieferen etymologischen Zusammenhang zwischen den beiden Wörtern geben. Jedenfalls hielt man, aus welchem Grund auch immer, Apollo sowohl für den Gott der Sonne als auch für den der Wölfe. Und in diesem Buch ist die Verbindung zwischen dem Wolf und dem Licht entscheidend.

Man stelle sich den Wolf als die Lichtung im Wald vor. In der Tiefe des Waldes mag es zu dunkel sein, um die Bäume zu erkennen. Die Lichtung ist der Ort, der es gestattet, das Verborgene zu enthüllen. Der Wolf ist, wie ich verdeutlichen möchte, die Lichtung in der menschlichen Seele. Der Wolf enthüllt das, was sich in den Geschichten, die wir über uns selbst erzählen, verbirgt – worauf diese Geschichten hinweisen, was sie jedoch nicht aussagen.

Wir stehen im Schatten des Wolfes. Ein Objekt kann auf zweifache Weise einen Schatten werfen: dadurch, dass es das Licht absorbiert, oder dadurch, dass es die Quelle des Lichtes ist, das andere Dinge absorbieren. Hier geht es um den Schatten, die ein Mensch oder ein Feuer wirft. Mit dem Schatten des Wolfes meine ich also nicht den, welchen der Wolf selbst wirft, sondern den Schatten, den wir im Licht des Wolfes werfen. Und aus diesem Schatten schaut uns genau das an, was wir nicht über uns selbst wissen wollen.

2

Brenin ist vor ein paar Jahren gestorben, aber ich muss noch immer jeden Tag an ihn denken. Das mag vielen übertrieben vorkommen, denn schließlich war er bloß ein Tier. Doch obwohl mein Leben nun in jeder wichtigen Hinsicht besser ist als je, bin ich vermutlich zu einem reduzierten Menschen geworden. Der Grund dafür lässt sich wirklich schwer erklären, und ich habe ihn sehr lange nicht verstehen können. Nun meine ich, ihn zu begreifen, denn Brenin hat mich etwas gelehrt, das mir durch meine ausgedehnte formelle Ausbildung nicht vermittelt wurde und nicht vermittelt werden konnte. Es ist eine Lektion, die sich nun, da er fort ist, nicht mit der nötigen Klarheit und Lebendigkeit im Gedächtnis behalten lässt. Die Zeit heilt, indem sie Dinge auslöscht. Dieser Text ist ein Versuch, die Lektion aufzuzeichnen, bevor sie verschwunden ist.

Laut einem Mythos der Irokesen mussten sie einst eine Wahl treffen. Der Mythos hat verschiedene Versionen, und ich werde die einfachste wiedergeben. Ein Stammesrat wurde einberufen, um zu entscheiden, wohin man in der nächsten Jagdsaison ziehen sollte. Er wusste jedoch nicht, dass die Gegend, die er schließlich auswählte, von Wölfen bewohnt war. Durch wiederholte Angriffe der Wölfe schrumpfte die Zahl der Irokesen allmählich. Sie hatten eine Alternative: anderswohin zu ziehen oder die Wölfe zu töten. Durch die zweite Möglichkeit, so erkannten sie, würden sie an Wert verlieren und zu Menschen werden, die sie nicht sein wollten. Also zogen sie weiter. Um eine Wiederholung ihres Fehlers zu vermeiden, beschlossen sie, auf allen künftigen Ratsversammlungen jemanden zum Vertreter der Wölfe zu ernennen. Deren Beitrag wurde durch die Frage »Wer spricht für den Wolf?« eingeleitet.

Wir haben es natürlich mit der irokesischen Version des Mythos zu tun. Gäbe es eine Wolfsversion, so würde sie bestimmt ganz anders aussehen. Trotzdem verbirgt sich hier eine Wahrheit. Ich werde nachzuweisen versuchen, dass jeder von uns überwiegend die Seele eines Affen besitzt. Dabei investiere ich nicht zu viel in das Wort »Seele«. Mit »Seele« meine ich nicht unbedingt einen unsterblichen, unbestechlichen Teil von uns, der den Tod unseres Körpers überlebt. Die Seele mag so gestaltet sein, aber ich bezweifle das. Vielleicht ist die Seele auch einfach der Verstand, und der Verstand ist gleichzusetzen mit dem Gehirn. Aber auch das bezweifle ich. Nach meinem Verständnis wird die Seele von Menschen durch die Geschichten enthüllt, die wir über uns erzählen: Geschichten darüber, weshalb wir einzigartig sind; Geschichten, die wir Menschen trotz aller gegen sie sprechenden Indizien glauben können. Es sind, wie ich ausführen werde, von Affen erzählte Geschichten. Sie haben eine Struktur, ein Thema und einen Inhalt, die erkennbar äffisch sind.

Ich benutze den Affen hier als Metapher für eine Tendenz, die mehr oder weniger ausgeprägt in uns allen vorhanden ist. In diesem Sinne sind manche Menschen äffischer als andere, und sogar manche Affen sind äffischer als andere. Der Affe steht für die Tendenz zur Instrumentalisierung: Der Wert der Dinge bemisst sich nach ihrer Nützlichkeit. Der Affe verkörpert die Tendenz, das Leben als Prozess zu sehen, in dem er Wahrscheinlichkeiten abschätzt und Möglichkeiten ausrechnet, um seine Erkenntnisse dann zu seinen Gunsten zu nutzen. Die Welt wird als Ansammlung von Ressourcen betrachtet, die für die eigenen Zwecke einzusetzen sind. Dieses Prinzip wendet er nicht nur auf andere Affen, sondern in noch höherem Maße auf die übrige natürliche Umwelt an.

Der Affe hat tendenziell keine Freunde, sondern Verbündete. Er schaut seine Gefährten nicht an, sondern er beobachtet sie. Und währenddessen wartet er dauernd auf die Gelegenheit, einen Vorteil für sich herauszuholen. Am Leben zu sein bedeutet für den Affen, dass er darauf wartet zuzuschlagen. Seine Beziehungen zu anderen beruhen stets auf einem einzigen unveränderlichen und unbarmherzigen Prinzip: Was kannst du für mich tun, und wie viel wird es mich kosten, dich dazu zu bringen? Es ist unvermeidlich, dass diese Einstellung anderen gegenüber umgekehrt auch das Selbstverständnis des Affen beeinflusst. Folglich beurteilt er sein Glück als etwas, das gemessen, gewogen, quantifiziert und berechnet werden kann. Genauso beurteilt er die Liebe. Der Affe sieht die wichtigsten Dinge im Leben aus dem Blickwinkel einer Kosten-Nutzen-Analyse.

Ich wiederhole: Dies ist eine Metapher, mit der ich eine menschliche Neigung beschreibe. Wir alle kennen solche Menschen. Wir begegnen ihnen bei der Arbeit und in der Freizeit; wir sitzen ihnen an Konferenztischen und in Restaurants gegenüber. Aber solche Personen stellen nur ein Extrem des menschlichen Grundtypus dar. Die meisten von uns ähneln ihm vermutlich stärker, als wir wissen oder zugeben möchten.

Doch warum bezeichne ich diese Tendenz als äffisch? Menschen sind nicht die einzige Affenart, die leiden und sämtliche menschlichen Emotionen durchlaufen kann. Wie wir feststellen werden, sind auch andere Affen fähig, Liebe und so intensiven Kummer zu empfinden, dass sie daran sterben. Sie sind in der Lage, nicht nur Verbündete, sondern auch Freunde zu haben. Gleichwohl ist diese Tendenz äffisch in dem Sinne, dass sie durch Affen ermöglicht wird; genauer gesagt: durch eine bestimmte kognitive Entwicklung, die sich, soweit wir wissen, außer beim Affen bei keinem anderen Tier vollzogen hat. Die Neigung, die Welt und alle in ihr Lebenden nach der Kosten-Nutzen-Analyse zu bewerten und das eigene Leben sowie die wichtigen Geschehnisse in ihm als etwas zu betrachten, das quantifiziert und berechnet werden muss, besteht nur bei den Affen. Und von allen Affen sind wir diejenigen, bei bei denen sie am umfassendsten zum Ausdruck kommt.

Jedoch gibt es auch einen Teil unserer Seele, der lange vor unserer Affenwerdung existierte – bevor diese Tendenz uns überwältigte. Jener Teil ist in den Geschichten versteckt, die wir über uns erzählen. Er ist versteckt, doch er kann freigelegt werden.

Die Evolution funktioniert schrittweise. Sie kennt keine Tabula rasa und ist nur fähig, auf das zurückgreifen, was ihr gegeben wird, ohne je wieder von vorn anfangen zu können. Um das übliche Beispiel zu benutzen: Die grotesk verzerrten Züge der Flunder – eines ihrer Augen ist im Wesentlichen auf die andere Seite gezogen worden – liefern den Beweis dafür, dass die evolutionären Zwänge, die den Fisch dazu brachten, unten am Meeresboden zu bleiben, auf ein Tier einwirkten, das ursprünglich für andere Zwecke entwickelt worden war und daher Augen an den Seiten und nicht auf dem Rücken hatte. Und auch bei der Entwicklung des Menschen musste sich die Evolution mit dem begnügen, was sie vorfand. Unser Gehirn besteht im Grunde aus einer historischen Struktur, denn der Säugetierkortex, dessen besonders kräftige Ausbildung für den Menschen charakteristisch ist, wurde auf der Basis eines primitiven limbischen Systems aufgebaut, das wir mit unseren Reptilien-Vorfahren teilen.

Ich will nicht darauf hinaus, dass die Geschichten, die wir über uns erzählen – und glauben –, evolutionäre Produkte seien wie die Augen der Flunder oder das Säugetiergehirn. Allerdings meine ich, dass sie auf eine ähnliche Art entstanden sind: schrittweise, wobei neue Erzählschichten die älteren Strukturen und Themen überlagert haben. Für die Geschichten, die wir über uns selbst erzählen, gibt es keinen Neuanfang. Ich möchte nachweisen, dass wir, wenn wir aufmerksam genug hinschauen und wissen, wo und wie wir suchen müssen, in jeder von Affen erzählten Geschichte auch einen Wolf finden können. Und der Wolf teilt uns mit – das ist seine Funktion in der Geschichte –, dass die Werte des Affen grob und wertlos sind. Er lässt uns wissen, dass das Wichtigste im Leben nie eine Frage der Berechnung sein kann. Das, was einen wahren Wert hat, lässt sich nicht quantifizieren oder verhökern. Er ruft uns in Erinnerung, dass wir manchmal das Richtige tun müssen, selbst wenn der Himmel einstürzt.

Wir alle sind meiner Ansicht nach eher Affen als Wölfe. Bei vielen von uns ist der Wolf fast völlig aus der Erzählung unseres Lebens entfernt worden. Aber wir bringen uns in Gefahr, wenn wir zulassen, dass der Wolf stirbt. Am Ende werden die Pläne des Affen fruchtlos bleiben. Durch seine Schläue wird er dich betrügen, und sein äffisches Glück wird versiegen. Dann wirst du herausfinden, was im Leben entscheidend ist. Und dies wird dir nicht durch deine Pläne und deine Schläue und dein Glück beschert, sondern es ist das, was bleibt, wenn sie dich im Stich gelassen haben. Du bist viele Dinge, doch das wichtigste Ich ist nicht jenes, das Ränke schmiedet, sondern jenes, welches übrig bleibt, wenn die Pläne gescheitert sind. Das wichtigste Ich ist nicht jenes, welches sich über deine Schläue freut, sondern das, was übrig bleibt, wenn sich die Schläue aus dem Staub macht. Dein wichtigstes Ich ist nicht dasjenige, das sich auf sein Glück verlässt, sondern das, was übrig bleibt, wenn das Glück versiegt. Letzten Endes wird der Affe uns immer enttäuschen. Die allerwichtigste Frage, die man sich stellen kann, lautet: Wer wird, wenn dies irgendwann eintritt, zurückbleiben?

Es hat lange gedauert, doch endlich begreife ich, warum ich Brenin so sehr liebte und ihn nun, da er tot ist, so schmerzlich vermisse. Er hat mir etwas beigebracht, das ich durch meine gründliche formelle Ausbildung nicht lernen konnte: dass in einem uralten Teil meiner Seele immer noch ein Wolf lebt.

Manchmal ist es nötig, den Wolf in uns sprechen zu lassen und dem unaufhörlichen Plappern des Affen ein Ende zu setzen. Dieses Buch ist ein Versuch, auf die einzige Art, die mir möglich ist, für den Wolf zu sprechen.

19

3

»Die einzige Art, die mir möglich ist« unterschied sich, wie ich erfuhr, radikal von dem, was ich geplant hatte. Es nahm viel Zeit in Anspruch, dieses Buch zu schreiben. In mancherlei Hinsicht arbeitete ich fast 15 Jahre daran, denn die Gedanken, die es enthält, mussten erst mühsam von mir gedacht werden.

Zuweilen drehen sich die Räder langsam. Der Text erwuchs aus meinem Leben mit einem Wolf, doch in einem sehr realen Sinne verstehe ich immer noch nicht, was dieses Buch ist. Man kann es als autobiografisch bezeichnen. Sämtliche hier beschriebenen Ereignisse haben sich tatsächlich abgespielt, und zwar in meinem Leben. Aber in vielerlei Hinsicht ist das vorliegende Buch keine Autobiografie – oder jedenfalls keine gute. Wenn es einen Helden hat, dann nicht mich. Ich bin bloß ein unbedeutender Statist, der im Hintergrund herumstolpert.

In guten Autobiografien wimmelt es von anderen Menschen. In diesem Buch dagegen fallen sie nur durch ihre Abwesenheit auf. Man mag den Geist anderer Personen in meinem Leben finden, doch das ist alles. Um die Privatsphäre dieser Geister zu schützen, habe ich ihre Namen geändert, denn ich kann nicht wissen, ob sie gern hier auftreten würden. Und wenn ich weitere Dinge schützen möchte, gehe ich spärlich mit Details über Orte und die Chronologie um.

Gute Autobiografien sind zudem ausführlich und umfassend. Hier jedoch sind nur spärliche Einzelheiten zu finden, und die Erinnerung ist selektiv. Im Zentrum dieses Buches steht das, was ich aus meinem Leben mit Brenin gelernt habe, und ich baue es um diese Lektionen herum auf. Deshalb konzentriere ich mich weitgehend auf die Ereignisse in Brenins und meinem Leben, aus denen heraus sich die für mich interessanten Gedanken entwickeln lassen. Andere Episoden sind unabhängig von ihrer Bedeutung ignoriert worden und dürften bald im Fluss der Zeit untergehen. Wenn Details von Ereignissen, Personen oder chronologischen Abläufen die Gedanken, die ich entwickeln wollte, zu überwältigen drohten, habe ich sie rücksichtslos gestrichen.

Dies ist nicht zu meiner Geschichte geworden, doch es wurde auch nicht wirklich zu Brenins Geschichte. Gewiss, das Buch handelt von verschiedenen Ereignissen in unserem gemeinsamen Leben. Aber ich habe nur selten zu verstehen versucht, was ihm während dieser Ereignisse durch den Kopf ging. Obwohl ich mehr als ein Jahrzehnt lang mit ihm zusammenlebte, halte ich mich – von sehr einfachen Fällen abgesehen – nicht für fähig, solche Urteile abzugeben. Viele der geschilderten Ereignisse und Probleme waren jedoch keineswegs einfach.

Brenin tritt in diesem Buch – davon bin ich überzeugt – als konkret erfahrbares, grüblerisches Wesen auf. Aber er erscheint auch auf eine ganz andere Art: als Symbol oder Metapher für einen Aspekt von mir, der vielleicht nicht mehr existiert. Daher gleite ich manchmal in metaphorische Ausführungen über das ab, was der Wolf »weiß«. Sähe man diese Ausführungen als empirisch gestützte Mutmaßungen über den wirklichen Inhalt von Brenins Verstand, dann wären solche Behauptungen eine lächerliche Vermenschlichung. Aber ich versichere, dass sie eine andere Funktion haben. Auch wenn ich von den Lektionen spreche, die ich mit Brenins Hilfe gelernt habe, muss ich betonen, dass sie instinktiv und durchaus nicht kognitiv waren. Ich habe sie nicht dadurch gelernt, dass ich Brenin studierte, sondern durch unser Zusammenleben. Und viele Lektionen verstand ich erst, als er nicht mehr bei mir war.

Dies ist auch keine philosophische Arbeit, jedenfalls nicht

in dem engen Sinne, in dem ich ausgebildet worden bin und den meine Kollegen billigen würden. Es gibt Argumente, aber keinen klaren Fortgang von Prämissen zu Schlussfolgerungen. Dafür ist das Leben zu schlüpfrig. Doch es überrascht mich, wie sehr sich die Erörterungen in meinem Buch überschneiden. Es überrascht mich, dass sich ein Thema, das ich in einem einzigen Kapitel abhandeln wollte, später in immer wieder neuer, mutierter Form Geltung verschaffte. Das scheint an der Art der Ermittlung zu liegen. Das Leben ist selten bereit, sich abhandeln zu lassen.

Die Gedanken, die das Buch erfüllen, sind von mir gedacht worden, doch sie gehören mir nicht unbedingt. Nicht etwa, weil sie einem anderen gehörten, obwohl sich der Einfluss von Denkern wie Nietzsche, Heidegger, Camus, Kundera oder Richard Taylor deutlich wahrnehmen lässt. Vielmehr meine ich – und hier muss ich wieder auf eine Metapher zurückgreifen –, dass gewisse Gedanken nur in dem Raum zwischen einem Wolf und einem Menschen entstehen können.

In unseren frühen Tagen fuhren Brenin und ich an manchen Wochenenden nach Little River Canyon im nordöstlichen Winkel von Alabama, wo ich (illegal) ein Zelt aufschlug. Wir verbrachten die Zeit damit, uns zu entspannen und den Mond anzuheulen. Die Schlucht war schmal und tief, und die Sonne schob sich nur widerwillig durch das Dickicht aus Druideneichen und Birken. Sobald die Sonne den westlichen Rand hinter sich gelassen hatte, gefroren die Schatten zu einem massiven Wall.

Nachdem wir uns etwa eine Stunde lang auf einem verwilderten Pfad vorgearbeitet hatten, erreichten wir die Lichtung. Wenn unsere Planung stimmte, gab die Sonne der Schlucht gerade in diesem Moment den Abschiedskuss, und die offene Fläche erstrahlte in goldenem Licht. Dann traten die Bäume, die in der vergangenen Stunde fast ganz von der Düsterkeit verhüllt gewesen waren, in ihrer uralten, mächtigen Pracht hervor. Die Lichtung ist der Ort, der es den Bäumen gestattet, von der Dunkelheit in die Helligkeit überzuwechseln.

Die Gedanken, die dieses Buch ausmachen, entstanden in einem Raum, der nicht mehr existiert, und sie wären ohne diesen Raum nicht möglich gewesen – jedenfalls nicht für mich. Den Wolf gibt es nicht mehr, und damit ist auch der Raum verschwunden. Wenn ich meine Zeilen durchlese, bin ich erstaunt darüber, wie fremd mir die hier ausgedrückten Gedanken erscheinen. Dass ich sie gedacht habe, ist eine seltsame Entdeckung. Es sind nicht meine Gedanken, denn obwohl ich ihnen glaube und sie für wahr halte, wäre ich nicht fähig, sie noch einmal zu denken. Es sind die Gedanken der Lichtung. Die Gedanken, die in dem Raum zwischen einem Wolf und einem Menschen existieren.

Wolfsbruder

1

Brenin legte sich nie auf der Ladefläche des Jeeps hin. Er wollte immer sehen, was uns entgegenkam. Einmal, vor vielen Jahren, fuhren wir von Tuscaloosa, Alabama, bis nach Miami – rund 1300 Kilometer – und wieder zurück. Er blieb während der gesamten Fahrt stehen, so dass seine riesige Gestalt die Sicht auf einen großen Teil der Sonne und auf den Verkehr hinter uns versperrte. Aber nun, auf der kurzen Strecke nach Béziers, wollte er, konnte er nicht stehen. Dadurch wusste ich, dass es mit ihm vorbei war.

Ich brachte ihn zu dem Ort, an dem er sterben würde. Wenn er auch nur für einen Teil der Fahrt stehen geblieben wäre, hätte ich noch einen weiteren Tag, noch 24 Stunden, gewartet, damit vielleicht ein Wunder geschah. Nun aber wusste ich, dass das Ende nahte. Mein Freund der vergangenen elf Jahre würde nicht mehr bei mir sein, und ich konnte mir nicht vorstellen, was für einen Menschen er zurücklassen würde.

Der dunkle französische Mittwintertag hätte nicht stärker zu dem hellen frühen Maiabend in Alabama kontrastieren können, als ich vor etwas mehr als einem Jahrzehnt den sechs Wochen alten Brenin in mein Haus und in meine Welt holte. Innerhalb von zwei Minuten nach seiner Ankunft – und ich übertreibe keineswegs – hatte er die Vorhänge im Wohnzimmer (beide Garnituren!) von den Schienen und auf den Boden gerissen. Als Nächstes entkam er, während ich versuchte, die Gardinen neu aufzuhängen, in den Garten und unter das Haus. Der hintere Teil des Gebäudes hatte keine volle Bodenberührung, und man konnte die Fläche darunter durch eine in die Ziegelmauer eingebaute Tür erreichen. Diese Tür hatte ich offenbar angelehnt gelassen.

Brenin drang unter das Haus vor und begann – methodisch, sorgfältig, doch vor allem flink –, jedes einzelne der weichen, ummantelten Rohre zu demontieren, die durch verschiedene Öffnungen im Fußboden kalte Luft von der Klimaanlage leiteten. Das war seine typische Einstellung zum Neuen und Unvertrauten. Er wollte sehen, was auf ihn zukam, um es zu erforschen, zu akzeptieren und dann zu zerstören. Nach einer Stunde hatte er mich 1000 Dollar gekostet: 500 Dollar für seinen Kauf und 500 Dollar für die Reparatur der Klimaanlage. Diese Summe war damals nicht weit von einem Zwanzigstel meines Bruttojahresgehalts entfernt. Das Muster wiederholte sich, häufig auf neue und fantasievolle Art, in all den Jahren unserer Beziehung. Wölfe sind nicht billig zu haben.

Wenn Sie also planen, sich einen Wolf – oder auch nur einen Wolfshundmischling – zuzulegen, lautet mein erster Rat: Lassen Sie es! Denken Sie nicht einmal daran. Doch wenn Sie unklugerweise auf Ihrem Vorsatz bestehen, kann ich Ihnen versichern, dass sich Ihr Leben für immer ändern wird.

2

Ich hatte zwei Jahre meiner ersten Anstellung hinter mir: als Assistenzprofessor für Philosophie an der University of Alabama in einer Stadt namens Tuscaloosa. »Tuscaloosa« ist ein Choctaw-Wort, das »Schwarzer Krieger« bedeutet, und durch den Ort fließt der gewaltige Black Warrior River. Am bekanntesten von Tuscaloosa ist das Footballteam der Universität, die Crimson Tide. Die Mannschaft wird von der Gemeinde mit einer Inbrunst unterstützt, die jede religiöse Dimension übertrifft, obwohl das religiöse Element hier ebenfalls floriert. Insgesamt dürften die Bewohner viel misstrauischer der Philosophie als der Religion gegenüber sein, und warum auch nicht?

Das Leben war schön, und mir ging es viel zu gut in Tuscaloosa. Aber ich war mit Hunden aufgewachsen – hauptsächlich mit großen Hunden wie Deutschen Doggen –, und ich vermisste sie. Und darum überflog ich eines Tages die Inserate in der *Tuscaloosa News*.

Während eines bedeutenden Teils ihrer relativ kurzen Existenz waren die USA der Schauplatz einer systematischen Ausrottung von Wölfen; man setzte Schusswaffen, Gift, Fallen und sonstige Methoden ein. Als Folge davon gibt es in den 48 benachbarten Staaten fast keine frei lebenden Wölfe mehr. Heutzutage hat man die Ausrottungspolitik jedoch beendet, und die Tiere erscheinen wieder in Wyoming, Montana und Minnesota und auf einigen der Inseln in den Großen Seen. Isle Royale, vor der Nordküste von Michigan, ist das berühmteste Beispiel, hauptsächlich infolge bahnbrechender Studien, die der Naturforscher David Mech dort mit Wölfen angestellt hat. Vor kurzem sind sie gegen die heftigen Proteste von Ranchern wieder in Yellowstone, dem bekanntesten amerikanischen Naturpark, angesiedelt worden.

Dieses Wiederaufleben der Wolfsbevölkerung hat jedoch Alabama und allgemein den Süden noch nicht erreicht. Immerhin findet man zahlreiche Coyoten, und in den Sümpfen von Louisiana und Osttexas gibt es ein paar Mähnenwölfe, von denen niemand genau weiß, wie sie einzuordnen sind; sie könnten Hybride sein, die aus einer Vermischung von Wölfen und Coyoten hervorgegangen sind. Aber Timberwölfe oder Grauwölfe, wie sie manchmal genannt werden (unzutreffenderweise, da sie auch schwarz, weiß oder braun sein können), gehören in den Südstaaten nur noch einer fernen Erinnerung an.

Deshalb war ich ziemlich überrascht, als mir eine Anzeige ins Auge fiel: »96-prozentige Wolfsjunge zu verkaufen«. Nach einem raschen Telefonat sprang ich ins Auto und fuhr nach Birmingham, das etwa eine Stunde entfernt im Nordosten lag. Ich wusste nicht genau, was mich erwartete, und ein wenig später stand ich Auge in Auge dem größten Wolf gegenüber, von dem ich je gehört oder den ich je gesehen hatte. Der Besitzer führte mich um das Haus herum zu dem Stall und der Einzäunung, in denen die Tiere untergebracht waren. Als der männliche Wolf – er hieß Yukon – uns kommen hörte, sprang er wie aus dem Nichts an der Stalltür hoch.

Er war riesig, etwas größer als ich, und imposant. Ich schaute in sein Gesicht hoch und in seine seltsamen gelben Augen. Aber es waren seine Pfoten, an die ich mich stets erinnern werde. Kaum jemand weiß – ich jedenfalls hatte keine Ahnung –, wie groß Wolfspfoten sind; viel ausladender als die von Hunden. Seine Pfoten waren das Erste, was ich erblickte, als er herbeirannte, um sich über die Stalltür zu recken. Erheblich größer als meine Fäuste, hingen sie wie pelzbesetzte Baseballhandschuhe über die Tür.

Eine der Fragen, die man mir oft stellt – nicht zu dieser spezifischen Situation, sondern über den Besitz eines Wolfes im Allgemeinen –, ist folgende: Hast du denn nie Angst vor ihm? Die Antwort lautet natürlich: nein! Ich würde gern erklären, das liege daran, dass ich außerordentlich mutig sei, doch diese Behauptung würde etlichen Indizien widersprechen. Zum Beispiel brauche ich mehrere starke Drinks, bevor ich den Fuß in ein Flugzeug setze. Also glaube ich leider nicht, dass ich als mutig bezeichnet werden kann. Aber ich bin sehr entspannt Hunden gegenüber. Das ist weitgehend das Ergebnis meiner Erziehung: Ich bin der dysfunktionale Sohn einer ziemlich dysfunktionalen Familie. Zum Glück war diese Dysfunktion – jedenfalls soweit ich weiß – auf unseren Umgang mit Hunden beschränkt.

Als ich zwei oder drei Jahre alt war, machten wir immer ein Spiel mit Boots, unserem Labrador. Er legte sich hin, ich setzte mich auf seinen Rücken und hielt mich an seinem Halsband fest. Dann rief mein Vater ihn zu sich. Boots, der in seinen jüngeren Tagen blitzschnell war, sprang innerhalb eines Sekundenbruchteils auf und lief davon. Meine Aufgabe – und das Ziel der Unternehmung – war es, mich an seinem Halsband festzuhalten und auf seinem Rücken zu reiten. Es gelang mir nie. Es war, als wäre ich ein Kaffeeservice und jemand zöge die Tischdecke unter mir weg. Zuweilen war die Zaubertechnik des Hundes so gelungen, dass ich an der Stelle, wo Boots noch einen Moment zuvor gelegen hatte, sitzen blieb und etwas verblüfft dreinblickte. Manchmal jedoch war Boots etwas nachlässig, und ich stürzte Hals über Kopf zu Boden. Bei diesem Spiel galt jeder Schmerz als unbedeutend, und ich rappelte mich immer wieder fröhlich aus dem Gras hoch und bat um einen neuen Versuch. Heutzutage, in unserer chronisch risikoscheuen Gesellschaft mit ihrer neurotischen Einstellung zu möglichen Knochenbrüchen bei Kindern, wäre so etwas wohl unmöglich. Jemand würde vermutlich den Jugendschutz oder vielleicht den Tierschutz – oder beide – anrufen. Aber ich weiß, dass ich den Tag verfluchte, an dem mein Vater mir mitteilte, ich sei nun zu groß und schwer, um dieses Spiel mit Boots fortzusetzen.

Im Rückblick ist mir klar, dass meine Angehörigen und ich schlicht nicht normal waren, wenn es um Hunde ging. Wir holten häufig Deutsche Doggen aus Tierheimen. Manchmal waren es prächtige Tiere, doch manchmal erwiesen sie sich als geradezu psychotisch. Blue, eine Deutsche Dogge, die fantasielos nach ihrer Farbe benannt worden war (allerdings nicht von uns), lieferte ein gutes Beispiel dafür. Der Rüde war ungefähr drei Jahre alt, als meine Eltern ihn retteten. Und es war leicht zu begreifen, weshalb er sich in einem Tierheim wiederfand. Sein Hobby bestand nämlich darin, Menschen und andere Tiere völlig willkürlich zu beißen. Aber vielleicht ist das keine faire Aussage, denn seine Aktionen waren durchaus nicht willkürlich. Er hatte lediglich verschiedene, sagen wir: Eigenarten. Eine bestand darin, dass er niemandem erlaubte, ein Zimmer zu verlassen, in dem er sich aufhielt. Man konnte es sich nie leisten, allein mit Blue in einem Raum zu bleiben, denn es war immer jemand erforderlich, der ihn ablenkte, damit man hinausgehen konnte. Diese Person brauchte dann natürlich ebenfalls jemanden, der Blues Aufmerksamkeit beanspruchte, bevor sie selbst verschwand. So drehte sich das große Rad von Blues Leben. Wer es nicht schaffte, den Hund hinreichend abzulenken, bevor er das Weite suchte, konnte damit rechnen, dass er für den Rest seines Lebens ein vernarbtes Hinterteil hatte – wie beispielsweise mein Bruder Jon.

Die Abnormität meiner Familie zeigte sich nicht nur in ihrer Bereitschaft, Blues Eigenarten zu akzeptieren – statt ihn auf eine einfache Fahrt zum Tierarzt zu schicken, was jede normale Familie getan hätte. Im Gegenteil, meine Verwandten hielten diesen recht beunruhigenden Aspekt von Blues Persönlichkeit für eine Quelle enormen Frohsinns oder gar für den Gegenstand eines sehr unterhaltsamen Spiels. Die meisten Menschen würden wahrscheinlich den korrekten Standpunkt vertreten, dass Blue als Rückfalltäter eine Gefahr für Leib und möglicherweise Leben darstellte und dass die Welt, alle Umstände erwogen, ohne ihn besser zurechtkommen würde. Aber meiner Familie gefiel das Spiel.

Ich glaube, alle meine Angehörigen haben durch Blues Eigenarten Wunden davongetragen – und nicht nur an ihrem Hinterteil, denn er hatte noch andere Macken. Nur ich entging ihm; allerdings bloß deshalb, weil ich bereits zur Universität abgereist war, als er auftauchte. Und die Wunden gaben nicht etwa zu Mitgefühl oder Sorge Anlass, sondern zu allgemeinem Spott und sanftem Hohn.

Wahnsinn vererbt sich bekanntlich weiter, und es war vielleicht zu viel verlangt, dass ich ihm entgehen würde. Vor ein paar Jahren spielte ich täglich mit einer Dogo-Argentino-Hündin, die in einem Dorf in Frankreich neben mir wohnte. Dies sind mächtige weiße Tiere, wie übergroße Pittbullterrier, deren Haltung man im Vereinigten Königreich inzwischen wegen ihrer Einstufung als gefährliche Hunde gesetzlich verboten hat. Als Welpe rannte sie, sobald sie mich sah, aufgeregt an ihren Gartenzaun und sprang hoch, damit ich sie streicheln konnte. Während sie älter wurde, setzte sie dieses Verhalten fort, doch irgendwann beschloss sie offensichtlich, dass es nicht schlecht wäre, mich zu beißen.

Dogos sind zwar groß und stark, zu meinem Glück jedoch nicht sehr schnell. Und auch nicht besonders intelligent. Ich konnte geradezu sehen, wie sich die Rädchen in ihrem Kopf drehten, sobald sie über die Möglichkeiten und Konsequenzen eines Bisses nachdachte. Jeden Tag spielten wir das gleiche Spiel: Ich ging vorbei, sie sprang am Zaun hoch, ich tätschelte ihr den Kopf, sie genoss es ein paar Sekunden lang und drückte mir schnaufend die Nase an die Hand, wobei sie fröhlich mit dem Schwanz wedelte. Aber dann versteifte sich ihr Körper, sie schürzte das Maul und schnappte nach mir. Ehrlich gesagt war es ein ziemlich halbherziger Versuch. Sie mochte mich, fühlte sich jedoch verpflichtet, mich anstelle meiner Gefährten zu beißen (wie später ausgeführt wird, hatte sie gute Gründe, meine Freunde zu hassen, besonders eine meiner Begleiterinnen). Im letzten Moment riss ich jedoch stets die Hand zurück. Ihre Kiefer schlossen sich um leere Luft, und ich verabschiedete mich und wünschte ihr mehr Glück beim nächsten Mal. Es wäre mir unangenehm, wenn ich sie gequält hätte. Es war bloß ein Spiel, und ich wartete neugierig darauf, dass sie mit ihren Attacken aufhörte. Das tat sie nie.

Wie auch immer, ich habe nie Angst vor Hunden gehabt. Und diese Haltung ließ sich mühelos auf Wölfe übertragen. Ich begrüßte Yukon so, als wäre er eine mir unbekannte Deutsche Dogge: entspannt und freundlich, doch unter Beachtung der üblichen Regeln. Yukon hatte nichts mit Blue oder meiner Dogo-Freundin gemeinsam. Er war ein gutmütiger Wolf, selbstbewusst und offen. Aber natürlich kann es auch bei den besten Tieren zu Missverständnissen kommen. Der häufigste Grund, warum ein Hund beißt – und das Gleiche dürfte für Wölfe gelten –, ist der, dass er die Hand des Menschen aus den Augen verliert. Das geschieht, wenn man den Hinterkopf oder Hals des Hundes streichelt und er die Hand nicht mehr sieht, nervös wird, einen Angriff fürchtet und zubeißt. Dieser Angstbiss ist am häufigsten. Also ließ ich Yukon an meiner Hand schnüffeln und tätschelte ihn vorn am Hals und an der Brust, bis er sich an mich gewöhnt hatte. Wir verstanden uns bestens.

Brenins Mutter Sitka – vermutlich nach der englischen Bezeichnung für die Westliche Fichte benannt – war so groß wie Yukon, doch langgliedrig und nicht annähernd so massiv. Mit ihrer langen, schlanken Gestalt sah sie eher wie ein

Wolf aus oder jedenfalls wie die Bilder von Wölfen, die ich kannte. Es gibt zahlreiche Unterarten, und Sitka war, wie ich erfuhr, ein alaskischer Tundrawolf, Yukon dagegen ein McKenzie-Valley-Wolf aus dem Nordwesten Kanadas. Ihre unterschiedlichen physischen Merkmale entsprachen ihrer Zugehörigkeit zu diesen verschiedenen Unterarten.

Sitka war viel zu beschäftigt mit den sechs kleinen Bären, die um ihre Füße herumwuselten, als dass sie mir viel Aufmerksamkeit geschenkt hätte. Als kleine Bären ließen sie sich am besten beschreiben, denn sie waren rund, weich und flauschig und ohne scharfe Kanten. Manche waren Grau- und andere Braunbären, drei Männchen und drei Weibchen. Ich hatte geplant, mir die Welpen nur anzuschauen, um dann nach Hause zurückzukehren und mir sorgfältig und nüchtern zu überlegen, ob ich die Pflichten eines Wolfsbesitzers auf mich nehmen konnte. Doch beim Anblick der Jungen wusste ich, dass ich eines mitnehmen würde, und zwar am selben Tag. Ich konnte mein Scheckbuch gar nicht schnell genug aus der Tasche ziehen, und als der Züchter sagte, er akzeptiere keine Schecks, konnte ich nicht schnell genug zum nächsten Geldautomaten fahren, um Bares zu holen.

Den Welpen auszusuchen war leichter, als ich gedacht hatte. Ich wollte auf jeden Fall einen Rüden. Davon gab es drei. Der größte – und auch das größte Tier des Wurfes – war ein Grauer, der bestimmt zum Ebenbild seines Vaters werden würde. Ich verstand genug von Hunden, um zu wissen, dass er mir Probleme bereiten konnte. Völlig furchtlos, dynamisch und als seine Geschwister beherrschender Rüde war er zum Alphamännchen ausersehen und würde ein hohes Maß an Kontrolle erfordern. Mir gingen Bilder von Blue durch den Kopf, und da dies mein erster Wolf war, beschloss ich, lieber Vorsicht als Nachsicht walten zu lassen. Deshalb wählte ich den zweitgrößten Rüden des Wurfes aus. Er war braun, und sein Farbton erinnerte mich ein wenig an ein Löwenjunges. Folglich gab ich ihm den Namen Brenin – nach dem walisischen Wort für König. Zweifellos wäre er gedemütigt gewesen, hätte er gewusst, dass er den Namen einer Katze erhalten hatte.

Allerdings hatte er nicht die geringste Ähnlichkeit mit einer Katze. Er sah eher aus wie eines jener Grizzlyjungen im Fernsehen, die ihrer Mutter durch den Denali National Park in Alaska folgen. Damals sechs Wochen alt, war er braun mit schwarzen Flecken, doch mit einem cremefarbenen Unterbauch, der sich von seiner Schwanzspitze bis zum unteren Teil seiner Schnauze erstreckte. Und wie ein Bärenjunges war er stämmig: große Pfoten, großknochige Läufe und ein großer Kopf. Seine dunkelgelben, fast honigfarbenen Augen sollten sich sein ganzes Leben lang nicht ändern.

Ich würde nicht sagen, dass er »freundlich« war – jedenfalls nicht freundlich nach Art von Hundewelpen. Er war keineswegs begeistert, überschwänglich oder beflissen. Im Gegenteil, Misstrauen erwies sich als sein vorherrschendes Verhaltensmerkmal – und auch das sollte sich nie ändern, außer mir gegenüber.

Seltsamerweise kann ich mich an all diese Dinge über Brenin und Yukon und Sitka noch erinnern. Wie ich Brenin hochhielt und in seine gelben Wolfsaugen blickte; wie er sich mit seinem weichen Welpenfell zwischen meinen Händen anfühlte; wie Yukon auf den Hinterläufen stand, seine großen Pfoten über die Stalltür hängen ließ und auf mich hinuntersah; wie Brenins Brüder und Schwestern in dem Gehege herumrannten, übereinanderpurzelten und fröhlich hochsprangen. Aber der Mann, der mir Brenin verkaufte, ist mir fast völlig aus dem Gedächtnis entschwunden.

Etwas hatte begonnen: ein Prozess, der im Laufe der

Jahre immer ausgeprägter werden sollte. Ich fing bereits an, andere Menschen auszugrenzen. Wer einen Wolf hat, dessen Leben wird so stark beansprucht, wie es bei einem Hund selten der Fall ist. Und menschliche Gesellschaft wird nach und nach immer weniger wichtig. Ich erinnere mich an die Details von Brenin, seinen Eltern und Geschwistern – wie sie aussahen, wie sie sich anfühlten, was sie taten, welche Geräusche sie machten. Sogar an ihren Geruch. Diese Einzelheiten mit all ihrer Lebhaftigkeit, Komplexität, Fülle und Pracht stehen mir noch heute genauso klar vor Augen wie damals. Aber von dem Mann, dem sie gehörten, ist mir nur noch ein Schemen, die Quintessenz gegenwärtig. Ich erinnere mich an seine Geschichte – das glaube ich wenigstens –, nicht jedoch an den Mann.

Er war aus Alaska gekommen und hatte ein Zuchtpaar Wölfe mitgebracht. Es ist jedoch illegal – ich weiß nicht mehr, ob nach der staatlichen oder der Bundesgesetzgebung –, reinrassige Wölfe zu kaufen, zu verkaufen oder zu besitzen. Man darf Wolfshundmischlinge kaufen, verkaufen und besitzen, und die höchste Wolf-Hund-Proportion, die das Gesetz zulässt, liegt bei 96 Prozent. Er versicherte mir, seine Tiere seien tatsächlich Wölfe, keine Wolfshundmischlinge. Da ich ein paar Stunden vorher noch keinerlei Ahnung gehabt hatte, dass ich mir möglicherweise einen Wolfshund zulegen würde, war es mir gleichgültig. Ich zahlte ihm die 500 Dollar, die ich aus dem Geldautomaten geholt hatte (wodurch mein Konto so gut wie leer war), und nahm Brenin noch am selben Nachmittag mit nach Hause. Und dort begannen wir, die Konditionen unserer Verbindung herauszuarbeiten.

Nach seinem ersten destruktiven Anfall, der rund 15 Minuten dauerte, überließ sich Brenin einer tiefen Depression. Er flüchtete unter meinen Schreibtisch und weigerte sich, herauszukommen und zu fressen. Das ging zwei Tage so. Ich nahm an, dass er sich nach seinen Brüdern und Schwestern sehnte. Er tat mir sehr leid, und ich fühlte mich äußerst schuldbewusst. Ich wünschte, ich hätte ihm einen Bruder oder eine Schwester zur Gesellschaft kaufen können, doch mein Geld reichte einfach nicht aus.

Aber nach zwei Tagen besserte sich seine Stimmung. Und dann wurde die erste Regel unseres Abkommens deutlich – sehr deutlich. Die Regel besagte, das Brenin nie – unter keinen Umständen – allein im Haus zurückbleiben dürfe. Ein Verstoß gegen diese Regel hatte für das Haus und seinen Inhalt schreckliche Konsequenzen. Das Schicksal der Vorhänge und der Rohre der Klimaanlage war angesichts seiner wahren Fähigkeiten auf diesem Gebiet bloß eine sanfte Warnung. Zu den Konsequenzen gehörte die Zerstörung aller Möbel und Teppiche (letztere konnten auch einfach verschmutzt werden). Wie ich erfuhr, sind Wölfe sehr, sehr schnell gelangweilt. Gewöhnlich genügt es, sie 30 Sekunden lang sich selbst zu überlassen. Wenn Brenin sich langweilte, kaute er entweder auf Gegenständen oder urinierte auf sie, oder er kaute auf Gegenständen und urinierte dann auf sie. Sehr selten urinierte er erst auf Gegenstände und kaute dann auf ihnen, aber ich glaube, das lag daran, dass er in all der Aufregung den Ablauf der Dinge durcheinanderbrachte. Jedenfalls lief die Sache darauf hinaus, dass Brenin mich überallhin begleiten musste.

Wenn dein Begleiter ein Wolf ist, schließt die Regel »Wo immer du hingehst, komme ich mit« die meisten Formen der Erwerbstätigkeit aus. Das ist einer von vielen Gründen dafür, dass man sich niemals einen Wolf zulegen sollte. Ich hatte jedoch Glück, denn erstens war ich Universitätsprofessor und brauchte ohnehin nicht sehr oft an meinem Arbeitsplatz zu erscheinen. Zweitens, und das war noch besser, kam Brenin in den dreimonatigen Sommerferien zu mir, und deshalb brauchte ich überhaupt nicht zur Arbeit zu fahren. Dadurch hatte ich reichlich Zeit, sowohl Brenins ungeheure Zerstörungslust gründlich kennenzulernen als ihn auch auf die obligatorischen Fahrten zur Universität vorzubereiten.

Manche behaupten, man könne Wölfe nicht ausbilden. Sie irren sich jedoch sehr. Man kann praktisch jedes Tier ausbilden, wenn man die richtige Methode hat – und das ist der schwierige Teil. Einem Wolf gegenüber gibt es zahlreiche Möglichkeiten, etwas falsch zu machen, doch meines Wissens nur eine einzige, es richtig zu machen. Aber das gilt fast ebenso für Hunde.

Das gebräuchlichste Fehlurteil läuft darauf hinaus, dass Dressur etwas mit dem Ego zu tun habe. Die Besitzer denken an eine Willensschlacht, in der ihr Hund zur Anpassung gezwungen wird. Genau das schwebt uns vor, wenn wir davon reden, dass jemand »gefügig gemacht« werden müsse. Der Fehler besteht darin, dass die Ausbildung zu persönlich genommen wird. Jeder Widerwille des Hundes wird als persönliche Beleidigung verstanden, als Kränkung der Maskulinität des Besitzers (denn es ist gewöhnlich ein Mann, der solch einen Standpunkt vertritt). Und dann wird der Betreffende natürlich unangenehm. Die erste Regel der Hundedressur lautet – oder sollte lauten –, dass sie nicht persönlich genommen werden darf. Die Ausbildung ist kein Willenskrieg, und wenn sie so aufgefasst wird, kann sie nur katastrophal fehlschlagen. Wenn man versucht, einen großen, aggressiven Hund auf diese Weise abzurichten, wird er höchstwahrscheinlich zu einem nicht sehr sympathischen Tier heranwachsen.

Der entgegengesetzte Fehler besteht darin zu glauben, dass der Gehorsam eines Hundes nicht durch Beherrschung, sondern durch Belohnungen erreicht werden könne. Es gibt unterschiedliche Arten von Belohnungen. Manche stecken ihrem Hund zwanghaft Leckereien ins Maul, wenn er auch nur die leichteste Aufgabe vollbracht hat. Das offenkundigste Resultat ist ein dicker Hund, der seinem Halter nicht gehorcht, wenn er vermutet, dass er keine Leckerei erwarten darf, oder wenn er von etwas – einer Katze, einem anderen Hund, einem Jogger etc. – abgelenkt wird, das ihm interessanter als die Belohnung vorkommt. Meistens jedoch nimmt die »Belohnung« die Form eines albernen, hartnäckigen Geredes mit dem Hund an. »Guter Junge«, »Was für ein schlaues Hündchen«, »Hierher«, »Bei Fuß«, »Bist du nicht ein kluges Hündchen?« – und so weiter und so fort. Oft wird dieses Geschwätz von einem ärgerlichen kleinen Zerren an der Leine begleitet, um, wie man meint, die Botschaft zu verstärken.

Genau das ist eine unwirksame Methode, Hunde abzurichten. Und sie hat bei einem Wolf nicht die Spur einer Chance. Wenn man ständig mit seinem Hund redet oder halbherzig an seiner Leine zerrt, braucht er seinen Herrn nicht zu beobachten. Im Gegenteil, er hat keinen Grund, sich einen Deut um seinen Herrn zu scheren. Er kann tun, was ihm gefällt, denn er weiß genau, dass sein Halter ihm mitteilen wird, was geschehen soll – und er kann diese Information nach Belieben befolgen oder missachten.

Leute, die glauben, dass der Gehorsam ihres Hundes erkauft werden könne, denken gewöhnlich – und wie oft habe ich diese Worte gehört –, dass ihr Hund im Grunde das tun will, was sein »Herrchen« möchte; dass er immer das Ziel hat, seinen Besitzer zufriedenzustellen, und man ihm nur zu erklären braucht, wie er dieses Ziel zu erreichen vermag. Das ist natürlich Unsinn. Ihr Hund möchte Ihnen nicht freudiger gehorchen, als Sie einem anderen Menschen gehorchen wollen. Warum auch?

Der Schlüssel zur Hundedressur ist der, das Tier glauben zu machen, dass es keine andere Wahl hat. Nicht, weil es sich als Verlierer in einem Willenskrieg empfinden soll, sondern weil man eine Haltung der Ruhe und gnadenlosen Unvermeidlichkeit in die Ausbildung einbringen muss. In einem Willenskrieg teilen Sie dem Wolf mit: Du tust, was ich sage – ich lasse dir keine Wahl. Doch die Haltung, mit der man einen Wolf abrichten muss, ist folgende: Du wirst tun, was ich sage – die Situation lässt keine andere Möglichkeit zu. Damit gehorchst du nicht mir, sondern der ganzen Welt. Es mag ein karger Trost für den Wolf sein, doch es hilft unzweifelhaft, dem Ausbilder die angemessene Rolle zuzuweisen – nicht als dominierende und willkürlich handelnde Autorität, der man um jeden Preis gehorchen muss, sondern als Erzieher, der dem Wolf zu verstehen erlaubt, was die Welt von ihm fordert. Von allen Methoden der Hundedressur ist es das Koehler-Verfahren, das diese Haltung zu einer Kunstform erhoben hat.

Als Kind – mit sechs oder sieben Jahren – ging ich samstagmorgens häufig mit Freunden ins Kino. Meine Mutter gab mir zehn Pence, und wir marschierten zwei, drei Kilometer in die Stadt. Eine Kinokarte kostete fünf Pence und eine MacCola 3,5 Pence. Die Cola wurde erstaunlicherweise nicht von McDonald's – die Kette hatte Wales damals noch nicht erreicht –, sondern von dem Fischhandelsunternehmen MacFisheries verkauft. Ich entsinne mich nur an einen einzigen Film aus jenen Tagen und lediglich an eine einzige

Szene aus diesem Film. Es war der Moment in *Die Schweizer Familie Robinson*, in der die recht unwillkommenen Avancen eines Tigers von den beiden Deutschen Doggen der Familie zurückgewiesen werden. Dies machte offenbar einen großen Eindruck auf mich – zweifellos weil ich mit Deutschen Doggen aufwuchs. Die Szene war das Werk des Hundetrainers William Koehler. Als Sechsjähriger hätte ich nie geglaubt – obwohl ich bestimmt begeistert darüber gewesen wäre –, dass ich 20 Jahre später Koehlers Methoden benutzen würde, um einen Wolf abzurichten.

Dazu kam es durch eine Reihe glücklicher Zufälle, die sich beiläufig durch mein Leben ziehen. Ein paar Monate vorher war ich in der Bibliothek der University of Alabama auf ein Buch mit dem Titel *Adam's Task* von Vicki Hearne gestoßen. Sie war eine professionelle Tiertrainerin, die ihren Beruf mit einem laienhaften Interesse an Philosophie verband. Davon gibt es nicht sehr viele Vertreter. Man kann allerdings sagen, dass sie eine bessere Tiertrainerin als Philosophin war. Ihre Philosophie schien weitgehend aus einer verworrenen Variante der Sprachtheorie zu bestehen, die der Österreicher Ludwig Wittgenstein entwickelt hat. Trotzdem fand ich ihr Buch ebenso interessant wie anregend. Ihre Sprachphilosophie mag konfus sein, doch sie erklärt unzweideutig, dass William Koehler der um Längen beste Tiertrainer sei. Deshalb hatte ich, als Brenin die Bühne betrat, eine Vorstellung, an wen ich mich sinnvollerweise wenden konnte. Das war schon allein ein Gebot der philosophischen Solidarität.

Unter uns gesagt: Koehler hatte psychopathische Züge. Und manchmal umfasst seine Ausbildung Exzesse, denen ich selbst nicht folgen möchte. Zum Beispiel empfiehlt er bei einem Hund, der immer wieder Löcher im Garten gräbt, das Loch mit Wasser zu füllen und den Kopf des Tieres hineinzutauchen. Und dann – unglaublich, aber wahr – fünf Tage lang damit fortzufahren, und zwar unabhängig davon, ob der Hund weitere Löcher gegraben hat oder nicht. Das Ziel besteht darin, in dem Hund eine Aversion gegen Löcher entstehen zu lassen. Die Methode beruht auf erprobten behavioristischen Prinzipien und dürfte funktionieren. Vermutlich ist es das Verfahren, das die US-Armee für die Folterung von Aufständischen – und einigen unglücklichen Zuschauern – in Abu Ghraib anwandte (ich fand keinen Hinweis auf Waterboarding für Hunde in Koehlers Buch, doch wahrscheinlich hätte er nichts dagegen gehabt).

Koehlers Rat wäre mir übrigens während Brenins Buddelphase zustattengekommen. Sie dauerte fast vier Jahre, in denen sich mein Garten – eigentlich war mehr als ein Garten betroffen – in eine Art Somme-Landschaft verwandelte. Aber ich brachte es nie übers Herz, den Rat anzuwenden, denn ich mochte Brenin immer viel lieber als meinen Garten. Und außerdem hatte die Gartengestaltung nach Art des Grabenkriegs einen gewissen Charme, mit dem ich mich nach einer Weile anfreundete.

Doch wenn man die Exzesse beiseitelässt, stellt man fest, dass sich die Koehler-Methode insgesamt auf ein sehr einfaches und effektives Prinzip gründet: Ihr Hund/Wolf muss gezwungen werden, Sie zu beobachten. Der Schlüssel zur Abrichtung Brenins – und ich werde Koehler ewig dafür dankbar sein, dass er in diesem Punkt recht hatte – bestand darin, ihn ruhig und gnadenlos zu einem solchen Verhalten zu zwingen. Das Tier zu veranlassen, Sie anzuschauen und Ihrem Beispiel zu folgen, ist der Grundpfeiler jedes Ausbildungssystems, ob es sich nun um einen Wolf oder einen Hund handelt. Aber bei einem Wolf ist es besonders wichtig und schwieriger, ihn dazu zu bringen. Hunde halten sich auf natürliche Weise daran, während Wölfe dazu überredet werden müssen. Die Gründe liegen in ihrer unterschiedlichen Vorgeschichte.

4

In den vergangenen Jahrzehnten hat man eine Reihe von Studien durchgeführt, um zu ermitteln, ob Hunde oder Wölfe intelligenter sind. Alle Untersuchungen liefern nach meiner Meinung eine einzige Antwort: weder noch. Die Intelligenz von Wölfen und Hunden unterscheidet sich, weil sie von unterschiedlichen Umgebungen geformt wurde und eine Reaktion auf andersartige Bedürfnisse und Anforderungen repräsentiert. Im Allgemeinen lässt sich feststellen: Wölfe können besser Problemstellungen und Hunde besser Trainingsaufgaben lösen.

Eine Problemstellung verlangt vom Tier eine Mittel-Zweck-Überlegung. Zum Beispiel berichtet Harry Frank, Psychologieprofessor an der University of Michigan-Flint, wie einer seiner Wölfe lernte, die Zwingertür ins Außengehege zu öffnen. Dazu musste der Griff zuerst in Richtung der Tür gedrückt und dann gedreht werden. Frank schreibt, dass ein Hund – ein Malamut –, der ebenfalls in der Anlage untergebracht war, dieses Verfahren sechs Jahre lang mehrere Male täglich beobachtete, ohne es je wiederholen zu können. Ein Malamut-Wolfsmischling dagegen erwarb die Fertigkeit innerhalb von zwei Wochen. Danach meisterte eine Wölfin die Aufgabe, nachdem sie den Mischling nur ein Mal beobachtet hatte. Außerdem verwandte sie eine andere Technik: Während der Mischling seine Schnauze einsetzte, benutzte sie ihre Pfoten. Daraus lässt sich ablesen, dass sie das Problem und seine Lösung durchschaute und das Verhalten des Mischlings nicht einfach nachahmte.

Test um Test bestätigt, dass Wölfe Hunden in solchen Mittel-Zweck-Schlussfolgerungen weit überlegen sind. Hunde hingegen übertreffen Wölfe bei Experimenten, die Anweisungen oder Schulung verlangen. Bei einem der Tests sollten Hunde und Wölfe beispielsweise eine Rechtsdrehung vollführen, wann immer ein Licht aufblitzte. Hunde konnten dazu abgerichtet werden, Wölfe jedoch anscheinend nicht – zumindest nicht während der Testdauer.

Im ersten Fall ist das zu lösende Problem mechanischer Natur. Das erwünschte Ziel besteht darin, ins Gehege zu gelangen, und dieses Ziel lässt sich nur durch ein einziges Mittel erreichen: Der Türgriff muss auf die passende Art und in einer bestimmten Abfolge betätigt werden. In den Schulungstests dagegen gibt es keine mechanische Beziehung zwischen dem aufblitzenden Licht und einer Rechtskehre. Warum nach rechts und nicht nach links? Warum ist überhaupt eine Kehre erforderlich? Die Verbindung zwischen dem blitzenden Licht und dem danach notwendigen Verhalten ist willkürlich.

Es ist leicht zu begreifen, wie dieser Unterschied zwischen Wölfen und Hunden zustande kommt. Wölfe leben in einer mechanischen Welt. Wenn zum Beispiel ein umgestürzter Baum unsicher auf einem Felsbrocken liegt, weiß der Wolf, dass es sich nicht empfiehlt, darunter hindurchzugehen. Er weiß es, weil Wölfe, die den Sachverhalt nicht durchschauten, in der Vergangenheit häufiger von fallenden Gegenständen zerschmettert worden sind als ihre misstrauischeren Artgenossen. Infolgedessen vererbten Wölfe, die die Beziehung zwischen dem Baum, dem Felsbrocken und möglichen Gefahren nicht nachvollziehen konnten, ihre Gene nicht so oft weiter. Die Umwelt des Wolfes fördert eine Selektion zugunsten mechanischer Intelligenz.

Im Gegensatz dazu leben Hunde nicht in einer mechanischen, sondern in einer magischen Welt. Wenn ich aus beruflichen Gründen verreisen muss, rufe ich meine Frau Emma zu Hause an. Nina, unser Schäferhund-Malamut-Mischling, wird sehr aufgeregt, wenn sie meine Stimme hört, und springt bellend herum. Wenn Emma ihr den Hörer hinstreckt, leckt Nina begeistert daran. Hunde kommen gut mit Zauberei zurecht. Wer hätte gedacht, dass die Stimme des Alpharüden aus dem Nichts erklingen würde, wenn jemand das merkwürdig geformte Ding auf dem Schreibtisch hochhält? Oder wer hätte gedacht, dass sich Dunkelheit durch einen Schalter an der Wand in Helligkeit verwandeln kann? Die Welt des Hundes folgt keiner mechanischen Logik. Und selbst wenn sie das täte, würden die Fähigkeiten eines Hundes nicht ausreichen, auf diese Welt Einfluss zu nehmen. Er kann den Lichtschalter nicht erreichen. Er kann keine Telefonnummer wählen. Und er kann keinen Schlüssel ins Schloss stecken und ihn dann umdrehen.

Nun muss ich vorsichtig sein, damit ich mich nicht hinreißen lasse, Ihnen eine Vorlesung über »Embodied Cognition« und »Embedded Cognition«, also über verkörperlichte und als Interaktion zwischen Körper und Umwelt eingebettete Kognition, zu halten. Die größte Bekanntheit habe ich in meinem Fachbereich wahrscheinlich als einer der Begründer der Auffassung erworben, dass das Denken sowohl verkörperlicht ist als auch im Austausch zwischen Körper und Umwelt stattfindet. Geistige Aktivitäten spielen sich nicht bloß in unserem Kopf ab – sie sind mehr als Gehirnprozesse. Sie umfassen auch unsere Tätigkeiten auf der Welt: insbesondere die Beeinflussung, Umwandlung und Nutzung von relevanten Umweltstrukturen. Und schon ist die Vorlesung in vollem Gange. Ein Wegbereiter dieser Anschauung war der sowjetische Psychologe Lew Wygotzki, der zusammen mit seinem Kollegen Anton Lurija vorführte, wie sehr sich

Erinnerungsprozesse und andere geistige Aktivitäten durch die Entwicklung externer Informationsspeichergeräte verändert hatten. Das hervorragende natürliche Gedächtnis primitiver Kulturen verdorrt allmählich, da wir uns verstärkt auf die geschriebene Sprache verlassen, um unsere Erinnerungen zu speichern. Im evolutionären Zeitrahmen ist die Entwicklung der geschriebenen Sprache natürlich ein sehr junges Phänomen. Gleichwohl ist ihre Wirkung auf die Erinnerung und andere geistige Prozesse tiefgreifend.

Kurz und gut, der Hund ist in eine völlig andere Umwelt als der Wolf eingebettet. Daher haben sich auch seine Fähigkeiten und psychischen Prozesse ganz anders entwickelt. In erster Linie ist der Hund dazu gezwungen worden, sich auf uns zu verlassen. Damit nicht genug, er hat die Fähigkeit ausgebildet, uns zur Lösung seiner verschiedenen Probleme, seien sie kognitiver oder sonstiger Art, heranzuziehen. Hunden erscheinen wir als nützliche Informationsverarbeitungsgeräte. Wir Menschen sind ein Teil des erweiterten Hundegeistes. Wenn ein Hund vor einem unlösbaren mechanischen Problem steht, was tut er dann? Er nimmt unsere Hilfe in Anspruch.

Während ich diesen Satz schreibe, habe ich ein einfaches, doch überzeugendes Beispiel für dieses Prinzip vor mir. Nina möchte hinaus in den Garten. Da sie die Tür nicht selbst öffnen kann, bleibt sie daneben stehen und blickt mich an. Würde ich sie nicht bemerken, würde sie leise bellen. Kluges Mädchen.

Die natürliche Auslese in der Umwelt des Wolfes gründet sich auf mechanische Intelligenz, während die Auslese in der Umgebung des Hundes von seiner Fähigkeit abhängt, uns einzusetzen. Dazu muss er in der Lage sein, uns zu durchschauen. Wenn ein intelligenter Hund mit einem für ihn unlösbaren Problem konfrontiert ist, wird er als Erstes einen Blick ins Gesicht seines Halters werfen. Dies ist für den Hund, der sich der Welt der Magie angepasst hat, ganz selbstverständlich. Ein Wolf jedoch wird darauf verzichten. Der Schlüssel zur Abrichtung eines Wolfes besteht darin, ihn zu einem solchen Verhalten zu veranlassen.

5

Dies sind nachträgliche Rationalisierungen. Damals wusste ich nichts von alledem. Brenin war bereits ein alter Wolf, als ich mein erstes Buch zu der Thematik veröffentlichte. Und ich versuche immer noch, meine Einstellung zu verfeinern. Jedenfalls ist es interessant, dass eine Theorie, die ich erst viele Jahre später entwickelte, mir zu verstehen ermöglichte, warum die Methode, die ich zur Abrichtung meines Wolfes benutzt hatte, so effektiv gewesen war. Und ich kann den Gedanken nicht unterdrücken, dass ich durch das Dressurverfahren unbewusst auf den richtigen Weg gebracht wurde, um die Theorie später ausarbeiten zu können. Wenn das zutrifft, ist es vielleicht einer jener oben erwähnten glücklichen Zufälle.

Entsprechend der Koehler-Methode begann Brenins Schulung folgendermaßen: Ich besorgte mir ein fünf Meter langes Seil als Leine. Dann gingen wir hinaus in den großen Hintergarten, und ich stellte drei deutlich sichtbare Markierungen auf, nämlich drei lange, in den Boden gehämmerte Holzpfosten. Daran befestigte ich das Seil an Brenins Würgehalsband. Übrigens lasse man sich nicht einreden, dass Würgehalsbänder grausam seien. Sie sind ein wesentliches Instrument für eine wirkungsvolle Ausbildung, da dem Hund mit ihrer Hilfe genau mitgeteilt wird, was man von ihm erwartet. Die von gewöhnlichen Halsbändern ausgesandte Botschaft ist weit weniger präzise, weshalb die Abrichtung länger dauert. Bei diesem Verfahren wählte ich die Markierungen beliebig aus und spazierte von einer zur anderen. Ich blieb teilnahmslos, sah Brenin nicht an und nahm nicht einmal seine Gegenwart zur Kenntnis.

Ein wichtiger Bestandteil eines erfolgreichen und intelligenten Trainingsprogramms ist es, sich stets in die Lage des Hundes hineinzuversetzen. Ich halte es für eine äußerst amüsante Ironie, dass manche Philosophen immer noch über die Frage nachsinnen, ob Tiere einen Verstand haben – ob sie denken, glauben, schlussfolgern oder auch nur fühlen können. Diese Leute sollten versuchen, eine Zeitlang nicht die Nase in ihre Bücher zu stecken, sondern einen Hund abzurichten. Das Ausbildungsprogramm birgt immer Überraschungen in sich. Ihr Hund tut nicht, was er tun soll, und Sie werden die Antwort nicht in einem Buch finden – nicht einmal in einem so gründlichen und umfassenden wie dem von Koehler. In solch einer Situation haben Sie keine andere Möglichkeit, als wie ein Hund zu denken. Wenn Sie dazu fähig sind, können Sie in der Regel eine Lösung finden.

Versetzen Sie sich in Brenins Lage. Wenn er in eine Richtung davonrennt, hat er fünf Meter, um in Fahrt zu kommen, bevor er urplötzlich zurückgerissen wird. Die Wirkung verstärkt sich, wenn er in eine Richtung stürmt, und ich in die andere gehe. Bald – sehr bald – begreift er, dass er beobachten muss, welchen Weg ich einschlage, wenn er diese Unannehmlichkeit vermeiden will. Zunächst versucht er, mich vom Ende der Leine her im Auge zu behalten. Aber dadurch ist er nicht gegen scharfe Drehungen gewappnet, die ich natürlich ausführe. Also kommt er mir näher. Nun läuft er in einer geringen Entfernung vor mir, so dass er meine Aktionen aus dem Augenwinkel verfolgen kann. Das ist anscheinend ganz und gar typisch. Ich korrigiere sein Verhalten, indem ich zu ihm abbiege und ihm das Knie – nicht wütend, sondern teilnahmslos – in die Rippen stoße. Danach geht er hinter mir her – kluger Junge. Daraufhin bleibe ich unvermittelt stehen, mache ein paar Schritte zurück und trete ihm, wenn möglich, auf die Pfoten. Jetzt bleibt er mir verständlicherweise so fern, wie er kann. Aber nun ist er erneut am Ende oder fast am Ende der Leine und anfällig für eine scharfe Kehre. Damit sind wir wieder am Anfang angelangt. Das alles vollzieht sich ohne einen Laut und völlig leidenschaftslos. So sieht Koehlers ruhige, doch unerbittliche Methode aus. Die Fehler eines Wolfes haben nichts Persönliches an sich, und man darf ihm gegenüber nie die Beherrschung verlieren. Sehr bald hat Brenin sämtliche Möglichkeiten, nicht mit mir zu kooperieren, erschöpft. Da ihm nichts als Kooperation übrig bleibt, geht er nun bei Fuß.

Sogar von Wolfsbesitzern habe ich gehört, es sei unmöglich, einen Wolf dazu zu bringen, dass er sich an der Leine führen lässt. Das sind gewöhnlich Leute, die ihren Wolfshund oder Wolf im Garten hinter dem Haus einsperren. Für mich ist so etwas ein Verbrechen, das mit Haftstrafe geahndet werden müsste (außerdem würde sie diesen Menschen helfen, sich in die Lage des Tieres zu versetzen). Es dauerte übrigens nur zwei Minuten, bis Brenin bereit war, sich an der Leine führen zu lassen. Weitere Personen behaupten, man könne einen Wolf nicht dazu abrichten, bei Fuß zu gehen. Das dauerte – siehe oben – weitere zehn Minuten.

Nachdem wir die Grundzüge des Gehens an der Leine gemeistert hatten, war es überraschend leicht, Brenin ohne Leine laufen zu lassen, denn er wusste bereits, was von ihm erwartet wurde. Zuerst war die Leine weiterhin mit seinem Halsband verbunden, doch ich hielt sie nicht mehr fest. Nach dem Erfolg dieser Aktion verzichteten wir völlig auf sie. Hier ist die Benutzung einer Wurfkette unerlässlich. Es war eine kleinere Variante seines Würgehalsbands und eigentlich für einen weniger großen Hund vorgesehen. Wenn Brenin nicht bei Fuß gehen wollte, ließ ich die Wurfkette zunächst rasseln und schleuderte sie dann nach ihm. Der Schmerz war durchdringend, zerstreute sich jedoch rasch. Und natürlich trug er keinen bleibenden Schaden davon. Woher ich das weiß? Weil ich diesem Teil des Koehler-Programms mit Vorsicht begegnete und einen Freund bat, die Kette zuerst ein paarmal nach mir zu werfen. Sehr rasch assoziierte Brenin das Rasseln der Kette mit der sich anschließenden unerfreulichen Erfahrung, und es war nicht mehr nötig, die Kette zu werfen. Insgesamt dauerte es vier Tage (zweimal 30 Minuten pro Tag), ihn dazu abzurichten, dass er ohne Leine bei Fuß ging.

Ich brachte Brenin nur das bei, was er meiner Meinung nach wissen musste. Es erschien mir wenig sinnvoll, ihn Kunststücke vollführen zu lassen. Wenn er keine Lust hatte, eine Rolle zu machen, weshalb sollte ich ihn dann dazu zwingen? Ich verzichtete sogar darauf, ihn zum Hinsetzen aufzufordern – ob er saß oder stand, war, wie mir schien, seine persönliche Entscheidung. Bei Fuß zu gehen wurde rasch zu seinem Standardverhalten. Und es gab nur noch vier andere Dinge, die er wissen musste:

Hau ab und schnüffle herum: »LOS DANN!«
Bleib, wo du bist: »BLEIB!«
Komm zu mir: »HIERHER!«

Und was das Wichtigste war:

Lass das: »AUS!«

Jeder Befehl wurde kehlig wie ein Knurren ausgesprochen. Später beschäftigten wir uns mit Fingerschnippen und Handsignalen. Am Ende des Sommers war Brenin ziemlich geübt – nicht perfekt, doch auf dem richtigen Weg – in dieser verbalen und nichtverbalen Basissprache.

Ich weiß, dass ich viel zu selbstgefällig klinge. Aber diese Ausbildung war das beste Geschenk, das ich Brenin je machte – ein glänzendes Beispiel für die wenigen Dinge in meinem Leben, die mir wirklich gelungen sind. Manche glauben, Hunde – oder gar Wölfe – abzurichten sei grausam, als würde man ihren Willen brechen oder sie für immer einschüchtern. Doch weit davon entfernt, seinen Willen zu brechen, steigert es das Selbstvertrauen und damit auch die Gemütsruhe eines Hundes oder Wolfes ganz erheblich, wenn er genau weiß, was von ihm erwartet wird. Es ist eine harte Wahrheit, wie Friedrich Nietzsche es einst ausdrückte, dass diejenigen, die sich nicht selbst disziplinieren können, rasch jemanden finden, der diese Aufgabe für sie übernimmt. Was Brenin anging, so war ich es, dem die Aufgabe zufiel. Das Verhältnis zwischen Disziplin und Freiheit ist tiefgreifend und wichtig: Disziplin steht keineswegs im Gegensatz zur Freiheit, sondern sie macht die lohnendsten Formen der Freiheit erst möglich. Ohne Disziplin gibt es keine Freiheit, sondern nur Zügellosigkeit.

Auf unseren Spaziergängen in den folgenden rund zehn Jahren begegneten wir manchmal Leuten, die ihre Hunde – oft waren es wolfsähnliche Tiere wie Huskys oder Malamuts – stets an der Leine führten, weil diese, wie sie sagten, sonst davonstürmten und sich womöglich nie wieder blicken ließen. Das mochte stimmen, doch es war nicht unvermeidlich. Später, als wir in Irland wohnten, gingen wir jeden Tag durch Felder voller Schafe, wobei ich Brenin unangeleint ließ. Zugegeben, beim ersten Versuch war ich ein wenig nervös – wenn auch vielleicht nicht so nervös wie die Schafe. Während unserer gesamten gemeinsamen Zeit brauchte ich Brenin nie anzubrüllen, und ich schlug ihn kein einziges Mal. Wenn man einen Wolf dazu abrichten kann, seine typische Beute zu ignorieren, dann muss man einen Hund dazu bringen können, dass er zurückkommt, wenn er gerufen wird.

Wie ich noch deutlich machen werde, sollte Brenin ein für einen Wolf geradezu beispielloses Leben führen. Das war der Fall, weil ich ihn auf meinen beruflichen Wegen überallhin mitnehmen konnte. Gewiss, dazu wurde ich motiviert, weil Brenin die Neigung hatte, alles in meinem Haus, wenn er morgens während meiner Vorlesungen allein blieb, kurz und klein zu machen. Aber die Chance, auf sinnvolle Weise zusammenzuleben – statt dass er im Garten hinter dem Haus eingesperrt und vergessen wurde –, bot sich dadurch, dass er eine Sprache erlernte. Diese Sprache verlieh seinem Leben eine Struktur, die es sonst nicht gehabt hätte, und so entstand ein Spektrum von Möglichkeiten, die ihm andernfalls versagt geblieben wären. Brenin lernte eine Sprache und verschaffte sich damit die Freiheit, die er in einer menschlichen, also nicht mechanischen, sondern magischen Welt erringen konnte.

6

Ein beispielloses Leben ist natürlich nicht unbedingt ein gutes. Manchmal wurde ich gefragt: Wie haben Sie so etwas tun können? Wie konnten Sie ein Tier aus seiner natürlichen Umgebung reißen und es zwingen, ein völlig unnatürliches Leben zu führen? Solche Fragen wurden fast immer von einem bestimmten Menschentyp gestellt: einem bürgerlichen, liberalen Hochschullehrer mit grünen Ansprüchen, der nie einen Hund besessen hatte und nichts von Hundehaltung verstand. Doch den Fragesteller zu verunglimpfen, statt sich der Frage selbst zu widmen, wird in der Philosophie als *Ad-hominem*-Trugschluss bezeichnet. Die Frage ist berechtigt und soll beantwortet werden.

Erstens könnte ich darauf verweisen, dass Brenin nicht in der Wildnis, sondern in der Gefangenschaft geboren wurde und rasch umgekommen wäre, hätte man ihn ohne die erforderliche Erziehung durch seine Eltern »freigelassen«. Diese Antwort hilft mir jedoch nicht sonderlich weiter. Dadurch, dass ich Geld für Brenin zahlte, unterstützte ich ein System, das die Züchtung von Wölfen in der Gefangenschaft förderte und ihnen die Chance raubte, ihr von der Natur vorgesehenes Leben zu führen. Die Frage lautet also: Wie konnte ich mein Tun rechtfertigen?

Hinter dieser Frage steht vermutlich folgender Glaube: Ein Wolf kann nur dann wahrhaft glücklich oder erfüllt sein, wenn er sich an die Vorgaben der Natur hält, indem er jagt und mit anderen Rudelmitgliedern interagiert. Diese Aussage scheint offensichtlich zuzutreffen, doch in Wirklichkeit muss sie genauer hinterfragt werden. Erstens haben wir es mit dem recht verzwickten Gedanken darüber zu tun, was die Natur beabsichtigte. Was also hat sie für den Wolf geplant? Oder auch für den Menschen? Mehr noch: In welchem Sinne kann die Natur überhaupt etwas planen? In der Evolutionstheorie sprechen wir zuweilen metaphorisch von den Absichten der Natur, doch solche Äußerungen bedeuten im Wesentlichen, dass die Natur »beabsichtigt«, Lebewesen ihre Gene verbreiten zu lassen. Die einzige konkrete Bedeutung, die der Vorstellung von den »Absichten« der Natur beigemessen werden kann, stützt sich auf den Begriff des genetischen Erfolgs. Das Jagen und das Rudelleben können als Strategien betrachtet werden, die manche Tiere, zum

Beispiel Wölfe, anwenden, um dieser grundlegenden biologischen Anforderung zu gehorchen. Doch sogar Wölfe können unterschiedliche Strategien benutzen. An irgendeinem Punkt ihrer Geschichte schlossen sie sich aus bisher unbekannten Gründen Menschenrudeln an und wurden Hunde. In dem Maße, wie die Natur Absichten haben kann, war dies genauso ein Teil ihrer Pläne wie der Vorsatz, dass Wölfe Wölfe bleiben sollten.

Dies ist ein nützlicher Trick, den ich aus der Philosophie gelernt habe: Wenn jemand eine Behauptung aufstellt, versuche man zu ermitteln, auf welchen Voraussetzungen sie beruht. Erklärt jemand also zum Beispiel, dass Wölfe nur glücklich sein könnten, wenn sie nicht von ihrem natürlichen Verhalten, nämlich der Jagd und der Interaktion mit ihrem Rudel, abwichen, dann denke man darüber nach, auf welche Voraussetzungen sich die Aussage stützt. In den meisten Fällen stoßen wir auf Ausdrucksformen menschlicher Arroganz.

Jean-Paul Sartre versuchte einmal, den Menschen zu definieren, indem er schrieb, seine Existenz gehe seiner Essenz voraus. Dies war das Grundprinzip der philosophischen Bewegung, die als Existenzialismus bekannt wurde. Das Wesen des Menschen, behauptete Sartre, sei das Für-sich-Sein, während sich jedes andere Geschöpf mit dem An-sich-Sein begnügen müsse. Wie Sartre wenig hilfreich formulierte, sind es die Menschen, die »ihr Sein zu sein haben«. Damit meinte er, dass Menschen sich entscheiden müssen, wie sie ihr Leben führen, ohne sich auf vorgegebene Regeln oder Prinzipien – religiöser, moralischer, wissenschaftlicher oder sonstiger Art – verlassen zu können. Ein bestimmtes Prinzip, beispielsweise eine moralische oder religiöse Maxime, zu übernehmen sei eine Erscheinungsform dieser Wahl. Was man tue und wie man lebe, sei also letztlich Ausdruck unseres freien Willens. Laut Sartre sind die Menschen zur Freiheit verurteilt.

Die Kehrseite der Medaille besteht darin, dass alles Übrige laut Sartre unfrei ist. Andere Dinge, sogar andere lebende Dinge, könnten nur das tun, wozu sie bestimmt seien. Wenn zahllose Jahrtausende der Evolution zur Folge hatten, dass Wölfe jagende, in Rudeln lebende Tiere sind, dann gebe es für sie keine andere realistische Existenz. Ein Wolf könne sein Sein nicht zu sein haben, sondern müsse das sein, was er ist. Die Voraussetzung, auf der unsere Frage – Wie konnten Sie Brenin das antun? – basiert, lautet also: Die Essenz eines Wolfes geht seiner Existenz voraus.

Natürlich steht nicht fest, dass Sartre hinsichtlich der menschlichen Freiheit recht hatte. Mich interessiert in diesem Zusammenhang jedoch vor allem die allgemeine Idee der existenziellen Flexibilität. Warum sollten Menschen – und nur Menschen – fähig sein, ihr Leben auf zahlreiche unterschiedliche Arten zu führen, während jedes andere Geschöpf dazu verurteilt ist, ein Sklave seines biologischen Erbes, ein bloßer Diener seiner Naturgeschichte zu sein? Worauf kann dieser Gedanke beruhen, wenn nicht auf einer überkommenen Form der menschlichen Arroganz?

Vor zwei Jahren saß ich im Biergarten eines Hotels nicht weit vom Flughafen Gatwick; es war am Abend vor einem frühmorgendlichen Flug nach Athen. Ein Fuchs kam heran und ließ sich kaum einen Meter von mir entfernt wie ein Hund nieder, um geduldig zu warten, ob ich ihm ein paar Essensreste zuwerfen würde – was ich natürlich tat. Die Kellnerin erzählte mir, er (oder sie) gehöre sozusagen zum Inventar des Hotels (und anscheinend auch einiger anderer Gasthäuser). Man versuche, diesem Fuchs klarzumachen, dass er seinem natürlichen Verhalten nachgehen und Mäuse jagen solle. Man versuche, ihm klarzumachen, dass seine

Essenz seiner Existenz vorausgehe und dass er, im Gegensatz zu mir, kein Sein zu sein habe.

Wir erniedrigen den Fuchs, wenn wir meinen, sein natürliches Verhalten sei auf die Mäusejagd beschränkt. Wir unterschätzen seine Intelligenz und seine Findigkeit, wenn wir seine Essenz, wie Sartre sagen würde, als derart beschränkt darstellen. Natürlich ist es für den Fuchs, sich ständig den Fährnissen der Geschichte und des Schicksals anzupassen. Deshalb ist auch das Sein des Fuchses genau das, was der Fuchs ist.

Gewiss kann man die Zwänge der Naturgeschichte nicht einfach verwerfen. Ein Fuchs wäre weder glücklich noch erfüllt, wenn er Tag um Tag in einem Käfig sitzen müsste. Das Gleiche gilt für einen Wolf. Oder für mich. Wir alle haben gewisse evolutionsbedingte Grundbedürfnisse. Aber es wäre ein Fehlschluss zu vermuten, der Wolf und der Fuchs seien bloß biologische Marionetten, die an den Fäden ihrer Geschichte hängen. Ihre Essenz mag ihre Existenz einengen, doch ohne sie zu fixieren oder festzulegen. Das trifft sowohl auf den Fuchs und den Wolf als auch auf uns zu. Im Leben spielt jeder mit den Karten, die ihm gegeben worden sind. Manchmal sind sie so schlecht, dass wir überhaupt nichts damit anfangen können. Doch bei anderen Gelegenheiten haben wir die Möglichkeit, gut oder schlecht zu spielen. Die Karten, die der Fuchs erhalten hatte, standen im Zeichen des raschen städtischen Vordringens in seinen natürlichen Lebensraum. Wir lieben diese Bezeichnung, obwohl sie schon seit langem ihren wirklichen Sinn verloren hat. Mein Freund, der Fuchs, spielte seine Karten anscheinend sehr gut aus, wenn man danach urteilte, wie er sich von Tisch zu Tisch bewegte – und zwar nur zu den Tischen, auf denen Essen stand – und geduldig sitzen blieb, bis ihm die geforderten Opfer gebracht wurden.

Auch Brenin hatte bestimmte Karten erhalten, und mir scheint, dass er sie recht gut nutzte. Ohnehin waren es keine schlechten Karten. Wie so viele Wölfe und Wolfsmischlinge, deren Besitzer nicht mit ihnen umzugehen verstehen, hätte er in einem Zwinger im Hinterhof enden können. Stattdessen führte er ein abwechslungsreiches und, wie ich hoffe, anregendes Leben. Ich sorgte dafür, dass er wenigstens einmal pro Tag Auslauf hatte, und seine Abrichtung ließ zu, dass er dabei nicht an der Leine zu gehen brauchte. Wenn die Umstände es gestatteten, gab ich ihm Gelegenheit, natürliche Verhaltensweisen wie das Jagen und die Interaktion mit anderen Verwandten der Hundefamilie auszuleben. Ich tat mein Bestes, Langeweile von ihm fernzuhalten, auch wenn er meine Vorlesungen durchstehen musste. Anzunehmen, dass Brenin nicht glücklich sein konnte, nur weil er nicht das tat, was Wölfe in der Natur tun, ist kaum mehr als eine banale Form der menschlichen Arroganz, die seine Intelligenz und Flexibilität herabsetzt.

Brenin trat schließlich nur in die Fußstapfen seiner Ahnen vor rund 15000 Jahren. Auch diese folgten dem Ruf der Zivilisation, der sie zu einer symbiotischen und vielleicht unzerbrechlichen Beziehung zu dem mächtigsten und bösartigsten der großen Affen lockte. Was den genetischen Erfolg betrifft, so braucht man nur die Zahl der Wölfe in der heutigen Welt mit jener der Hunde – ungefähr 400000 gegenüber 400 Millionen – zu vergleichen, um den atemberaubenden Triumph der Strategie zu ermessen. Wer meint, das sei ein für einen Wolf unnatürliches Verhalten, beweist ein recht oberflächliches Verständnis dessen, was natürlich ist. Wenn man außerdem die ziemlich kurze Lebensspanne von Wölfen in der Wildnis – sieben Jahre sind schon viel – und ihre typischerweise unschöne Todesart bedenkt, dann war der Ruf der Zivilisation vielleicht doch keine reine Katastrophe.

Ich glaube, dass die Koehler-Methode, mit der ich Brenin abrichtete, letzten Endes so erfolgreich war, weil sie der grundlegenden Natur von Hunden und ihren wilden Brüdern entspricht. Das mag durch meine karikaturistische Ablehnung einiger Exzesse der Methode verborgen geblieben sein. Die Anwendung der Koehler-Methode ist eine Art Glaubensakt. Man glaubt, dass die Essenz eines Hundes oder eines Wolfes seiner Existenz nicht vorausgeht. Man glaubt, dass ein Hund oder ein Wolf nicht mehr und nicht weniger als ein Mensch ist. Daher muss man einem Hund oder Wolf einen gewissen Respekt entgegenbringen und ihm auf derselben Basis gewisse Rechte – moralische Rechte – gewähren. Koehler spricht von »dem Recht auf die Konsequenz seiner Handlungen«.

Ein Wolf ist keine fleischgewordene Marionette, die blindlings den Geboten ihres biologischen Erbes folgt – jedenfalls in nicht höherem Grade, als Menschen es sind. Ein Wolf ist anpassungsfähig – nicht unbegrenzt, aber wer kann das schon von sich behaupten? Ein Wolf kann, nicht weniger als ein Mensch, mit den Karten spielen, die an ihn ausgeteilt worden sind, und Sie können ihm dabei sogar helfen. Wenn er es schafft, seine Trümpfe besser auszuspielen, wird er selbstbewusster. Er hat Gefallen an dem, was er lernt, und möchte noch mehr dazulernen. Seine Kräfte und damit sein Glücksgefühl nehmen zu.

War Brenin ein Sklave? Vielleicht, weil ich die Parameter seiner Ausbildung festlegte und so die Umrisse seiner künftigen Aktionen bestimmte? Werde ich durch die Tatsache, dass ich sieben Jahre in einer »stinknormalen« Gesamtschule verbrachte, gefolgt von drei Jahren an der Universität Manchester und zwei Jahren an der Universität Oxford – wo die Parameter meiner Ausbildung unzweifelhaft von anderen Personen festgelegt wurden –, zu einem Sklaven?

Wenn Brenin ein Sklave war, bin ich ebenfalls einer. Aber was bedeutet das Wort »Sklave« dann? Wenn wir alle Sklaven sind, wer ist dann der Herr? Und wenn es keinen Herrn gibt, wer ist dann der Sklave?

Vielleicht ist diese Argumentation nicht so gut, wie ich meine. Vielleicht wird mein Urteilsvermögen durch all das überschattet, was Brenin für mich tat. Manche Leute kaufen sich einen Hund und verwahren ihn, nachdem der Reiz des Neuen verflogen ist, im Hinterhof, wo er im Grunde vergessen wird. Danach ist der Hund nur noch eine lästige Pflicht. Man muss ihn füttern und mit Wasser versorgen, und darauf beschränkt sich der Umgang solcher Menschen mit ihrem Hund – auf etwas Langweiliges, dessen sie überdrüssig sind, doch wozu sie sich verpflichtet fühlen. Einige halten sich sogar für gute Hundebesitzer, wenn sie dem Tier regelmäßig Futter und Wasser geben. Warum legt sich jemand mit dieser Einstellung überhaupt einen Hund zu? Das Einzige, was er davon hat, ist das tägliche Ärgernis, etwas Unerwünschtes tun zu müssen. Aber Freude entsteht erst dann, wenn man seine Wohnung und sein Leben ganz und gar mit einem Hund teilt. Der Besitz eines Hundes gleicht jeder anderen Beziehung: Man bekommt nur das zurück, was man zu investieren bereit ist – und was man an sich heranlassen will. Das gilt auch für einen Wolf. Doch da ein Wolf kein Hund ist – er hat Marotten, die einem Hund fehlen –, muss man sich viel mehr anstrengen, um ihm nahezukommen.

7

Brenin und ich waren elf Jahre lang unzertrennlich. Unterkünfte, Arbeitsplätze, Länder und sogar Kontinente wechselten, und meine anderen Beziehungen kamen und gingen (meistens Letzteres), aber Brenin war immer bei mir: zu Hause, bei der Arbeit und in der Freizeit. Sein Anblick war das Erste, was ich morgens beim Erwachen sah, wenn er mir bei Tagesanbruch mit seiner Sandpapierzunge und seinem Atem, der nach Fleisch roch, über das Gesicht leckte. Dabei war seine mächtige Gestalt in dämmriges Licht getaucht. Dies geschah an guten Tagen; an schlechten dagegen hatte er bereits im Garten einen Vogel getötet und weckte mich, indem er ihn mir aufs Gesicht fallen ließ (die erste Regel bei einem Leben mit einem Wolf: Erwarte immer das Unerwartete). Er lag unter meinem Schreibtisch, während ich morgens arbeitete. Er begleitete mich an fast jedem Tag seines Lebens auf Spaziergängen und beim Laufen. Er betrat mit mir den Saal, wenn ich nachmittags meine Vorlesungen hielt. Er saß abends neben mir, wenn ich unzählige Flaschen Jack Daniel's leerte.

Ich fand es nicht nur wunderbar, ihn in meiner Nähe zu haben. In jenen elf Jahren habe ich auch viel darüber gelernt, wie ich leben und mich verhalten sollte. Etliches von dem, was ich über das Leben und seine Bedeutung und seinen Sinn weiß, habe ich durch ihn erfahren. Was es bedeutet, ein Mensch zu sein, lernte ich von einem Wolf. Er nahm an jedem Aspekt meines Lebens so umfassend teil, und unsere Existenzen verflochten sich so nahtlos miteinander, dass ich mich durch meine Beziehung zu Brenin beurteilte und sogar definierte.

Manche meinen, Haustiere zu halten sei falsch, da sie so zu Eigentum würden. Technisch gesehen dürfte das zutreffen. Im juristischen Sinne hätte man mich als Besitzer von Brenin bezeichnen können. Doch da ich einen großen Teil seines Lebens hindurch keine Eigentumsurkunde vorlegen konnte, bleibt unklar, wie ich diesen Sachverhalt vor Gericht hätte beweisen können. Der Einwand gegen die Haltung von Haustieren jedenfalls hat mich nie überzeugt, denn er beruht auf einem Fehlschluss; nämlich auf der Annahme, dass jemand, dem in juristischem Sinne etwas gehört, keine andere Beziehung dazu haben kann (oder zumindest, dass das Besitzverhältnis die Beziehung zum anderen dominiert). In Wirklichkeit jedoch spricht kaum etwas für diesen Glauben.

Brenin war grundsätzlich nicht mein Eigentum und schon gar nicht mein Haustier. Er war mein Bruder. Hin und wieder – und in mancher Hinsicht – war er mein jüngerer Bruder. Ich war sein Vormund, denn ich beschützte ihn vor einer Welt, die er nicht verstand und die ihm nicht traute. Ich musste damals Entscheidungen über unsere weiteren Schritte treffen und sie durchsetzen, ob Brenin nun mit ihnen einverstanden war oder nicht. An dieser Stelle werden einige meiner Tierschutz-Freunde die ungleichen Machtverhältnisse monieren: Da Brenin nicht um seine Zustimmung zu meinen Entscheidungen habe gebeten werden können, sei er eigentlich mein Gefangener gewesen. Aber auch dieser Vorwurf erscheint mir nicht sehr plausibel. Man stelle sich vor, mein Bruder sei kein Wolf, sondern ein Mensch gewesen. Solange er zu jung war, um die Welt – und die Konsequenzen seiner Handlungen in dieser Welt – zu verstehen, konnte ich ihn nicht einfach diesen Konsequenzen überlassen.

Wie erwähnt, plädierte Koehler für das Recht des Hundes auf die Konsequenzen seines Tuns. Einverstanden, doch dieses Recht ist natürlich nicht absolut zu setzen, sondern eines, das die Philosophen als Prima-facie-Recht bezeichnen und das gegebenenfalls beiseitegeschoben werden kann. Wenn Ihr Hund sich anschickt, vor ein Auto zu rennen, weil er vielleicht Ihre Anweisungen ignoriert, werden Sie nicht einfach zulassen, dass er die Konsequenzen seiner Handlung erleidet. Im Gegenteil, Sie werden alles tun, damit er diese

Konsequenzen nicht zu ertragen braucht. Und das Gleiche wäre der Fall, wenn mein jüngerer Bruder sich anschickte, vor ein Auto zu laufen. Innerhalb bestimmter, vom gesunden Menschenverstand und von einer allgemeinen Ethik gezogener Grenzen, das heißt in Fällen, in denen die Konsequenzen nicht zu gravierend oder beeinträchtigend sind, würde ich meinem jungen Bruder erlauben, zu leiden und die Folgen seines Tuns durchzustehen, weil dies die einzige Möglichkeit für ihn wäre, etwas zu lernen. Aber unter anderen Umständen würde ich ihn nach besten Kräften schützen, selbst wenn er nicht damit einverstanden wäre. Wer behauptet, dass mein Bruder dadurch zu meinem Gefangenen würde, ist vermutlich in seiner Erregtheit entschlossen, den Unterschied zwischen Vormundschaft und Gefangenschaft zu ignorieren.

Es ist der Begriff der Vormundschaft, nicht der des Eigentums, welcher den plausibelsten Weg zum Verständnis der prinzipiellen Beziehung zwischen – zumindest anständigen – Menschen und ihren tierischen Gefährten zu bilden scheint. Doch auf Brenin trifft auch das nicht ganz zu. Denn er unterschied sich wesentlich von jedem Hund, dem ich je begegnet bin. Nur zu gewissen Zeiten und unter bestimmten Umständen war Brenin mein jüngerer Bruder. Zu anderen Zeiten und unter anderen Umständen war er mein älterer Bruder; ein Bruder, den ich bewunderte und dem ich unbedingt nacheifern wollte. Wie noch ausführlich dargelegt werden wird, war dies keine leichte Aufgabe, und ich konnte nie mehr als einen Bruchteil davon erreichen. Gleichwohl wurde ich durch den Versuch und das sich daraus ergebende Streben geprägt. Ich bin überzeugt, dass der Mensch, zu dem ich dadurch wurde, besser ist als derjenige, der ich sonst gewesen wäre. Und mehr kann man von einem älteren Bruder schließlich nicht verlangen.

Es gibt unterschiedliche Arten der Erinnerung. Wenn wir an das Erinnerungsvermögen denken, übersehen wir das Allerwichtigste zugunsten des Offenkundigsten. Ein Vogel fliegt nicht, weil er mit den Flügeln schlägt – dadurch erhält er nur seinen Vorwärtsantrieb. Die wirklichen Flugprinzipien sind in der Gestalt und Beschaffenheit der Vogelschwingen und den daraus resultierenden Unterschieden des Luftdrucks an der Ober- und der Unterfläche der Flügel zu finden. Bei unseren eigenen ersten Flugversuchen übersahen wir ebenfalls das Allerwichtigste zugunsten des Offenkundigsten, weshalb wir flatternde Maschinen bauten. Unser Verständnis der Erinnerung ist ähnlich. Wir halten sie für eine Ansammlung bewusster Erfahrungen, durch die wir vergangene Ereignisse und Episoden in unser Gedächtnis zurückrufen. Psychologen sprechen von einem Episodengedächtnis.

Ich meine, dass das Episodengedächtnis dem Flattern der Vögel gleicht und uns stets als Erstes im Stich lässt. Es ist bestenfalls nicht besonders zuverlässig – Jahrzehnte psychologischer Forschung führen zu dieser Schlussfolgerung –, und es lässt als Erstes nach, wenn unser Gehirn den langen, doch unerbittlichen Abstieg in die Untätigkeit beginnt, wie das Flattern eines Vogels, das allmählich in der Ferne verschwindet.

Es gibt jedoch noch eine tiefere und wichtigere Art des Erinnerns, die niemand auch nur einer Bezeichnung gewürdigt hat. Damit meine ich den Rückblick auf eine Vergangenheit, die sich dem Menschen, seinem Charakter und dem Leben, das er durch diesen Charakter ausformt, eingeprägt hat. Dieser Erinnerungen ist man sich in der Regel nicht bewusst; häufig werden wir ihrer nicht einmal gewahr. Doch sie machen uns in höherem Maße als alles andere zu dem, was wir sind. Solche Erinnerungen kommen in unseren Entscheidungen, unseren Handlungen und dem Leben zum Ausdruck, das wir durch sie führen.

In unserem Leben – und keineswegs in unserer bewussten Erfahrung – finden wir die Erinnerungen an jene, die verschwunden sind. Unser Bewusstsein ist wankelmütig und der Aufgabe des Erinnerns nicht würdig. Die wichtigste Art der Erinnerung an einen anderen besteht darin, die Person zu sein, zu der uns der Betreffende – wenigstens teilweise – gemacht hat, und das von ihm mitgestaltete Leben zu führen. Manchmal hat jemand es nicht verdient, dass man sich an ihn erinnert. In diesem Fall ist es unsere wichtigste existenzielle Aufgabe, ihn aus unserer Lebensgeschichte zu löschen. Aber wenn die Betreffenden der Erinnerung wert sind, dann bleiben sie uns nicht nur im Gedächtnis, weil wir diejenigen sind, die sie mitgestaltet haben, und weil wir das Leben führen, das von ihnen beeinflusst worden ist, sondern auch, weil wir sie auf diese Weise ehren können.

Ich werde mich immer an meinen Wolfsbruder erinnern.

Eindeutig unzivilisiert

1

Ende August machten Brenin und ich uns zur University
of Alabama auf, wo wir unsere ersten gemeinsamen Unter-
richtsstunden hinter uns bringen würden. Im Sommer war
er schnell stark und groß geworden. Der mollige kleine Bär
war nun lang, mager und eckig. Obwohl er noch keine sechs
Monate alt war, hatte er bereits eine Schulterhöhe von 76
Zentimetern und wog rund 36 Kilogramm. Zu seinem großen Ärger wog ich ihn, indem ich ihn aufhob und gemeinsam mit ihm auf die Badezimmerwaage stieg. Die Tage, in
denen ich das tun konnte, näherten sich ihrem Ende – weniger, weil ich ihn nicht mehr hochzuheben vermochte, sondern weil wir zusammen zu schwer für die Waage wurden.

Seine Farbe war die gleiche geblieben. Er war braun mit
schwarzen Flecken und einem cremefarbenen Unterbauch.
Da er die großen Schneeschuhpfoten seiner Eltern geerbt
hatte, machte er immer den Eindruck, dass er irgendwann
über sie stolpern würde. Doch das tat er nie. Von seinem
Kopf führte eine schwarze Linie über die Stirn zur Nase,
die von immer noch honigfarbenen Augen eingerahmt war.
Diese Augen hatten nun die für Wölfe typischen schweren,
schrägen Lider.

In jenen frühen Tagen konnte er die Kraft, die seinen Körper durchströmte, kaum zügeln. Ich hatte ihm wegen seiner
Angewohnheit, in vollem Tempo durchs Haus zu stürmen

und jeden Gegenstand umzuwerfen, der nicht am Boden festgeschraubt war (und sogar einige, die ich festgeschraubt hatte), den Spitznamen »Buffalo Boy« gegeben.

In den Sommermonaten hatten sich unsere Abfahrten vom Haus allmählich zu einer Art Ritual entwickelt. Ich kündigte unseren Aufbruch mit den Worten »Also los« an. Das war das Stichwort für sein Glanzstück: einen Radschlag an der Wohnzimmerwand. Dazu sprang er aufs Sofa und rannte dann an der Wand hinauf. Wenn er den höchsten Punkt erreicht hatte, schwenkte er die Hinterläufe herum und lief die Wand wieder hinunter. Das wiederholte sich, wann immer wir das Haus verließen. Häufig vollführte Brenin diesen Trick, bevor ich ein Wort gesagt hatte, als wolle er mich wissen lassen, dass wir andere Orte und andere Personen aufsuchen mussten. Man kann also zu Recht vermuten, dass ich mit einigem Zittern zur Universität fuhr, um meine erste Vorlesung abzuhalten.

Zum Glück blieben größere Katastrophen an jenem Morgen aus. Ich hatte Brenin zuvor durch einen langen Spaziergang ermüdet, und nachdem er sich an die Anwesenheit der Studenten gewöhnt hatte, legte er sich unter den Tisch im vorderen Teil des Raumes und schlief ein. Zwar wachte er später auf und stürzte sich auf meine Sandalen, während ich Descartes' Argumente für seine Zweifel an der Existenz der äußeren Welt erläuterte, doch dies wurde wohl von allen als willkommene Ablenkung empfunden. Nicht immer gingen die Dinge so glatt, und es kam zu dem einen oder anderen Missgeschick.

Ein paar Wochen später begann er, nach seinem Schläfchen in der Mitte der Vorlesung zu heulen – möglicherweise, um seine allgemeine Unzufriedenheit über meinen Vortrag zu bekunden. Ein kurzer Blick auf die Studenten bestätigte, dass sie genau wussten, worauf er hinauswollte. Manchmal beschloss er auch, sich die Beine zu vertreten, schlenderte durch die Gänge und schnüffelte ein wenig herum. Eines Tages, als er sich besonders mutig fühlte oder außerordentlich hungrig war (vielleicht auch beides), verschwand sein Kopf im Rucksack einer Philosophiestudentin, die im Umgang mit Hunden ohnehin ein wenig nervös war, und tauchte ein paar Sekunden später mit ihrem Mittagessen wieder auf. Da ich mit einer Welle von Entschädigungsforderungen durch hungrige Studenten rechnen musste, war ich gezwungen, eine Klausel in den Lehrplan aufzunehmen, den ich den Teilnehmern am Beginn des Kurses aushändigte. Es handelte sich um drei Sätze, die bestimmt nie zuvor in einem Philosophielehrplan aufgetaucht waren. Unmittelbar nach den Abschnitten über Lesematerial und Bewertungsmethoden stand folgender Absatz:

Vorsicht: Bitte schenken Sie dem Wolf keine Beachtung. Er wird Ihnen nichts tun. Wenn Sie allerdings Lebensmittel in Ihren Taschen haben, dann sorgen Sie bitte dafür, dass diese fest geschlossen sind.

Im Rückblick kommt es mir wie ein Wunder vor, dass Beschwerden – wenn nicht gar Anzeigen – ausblieben.

Nachmittags gab ich mich nicht mehr als Dozent, sondern als Student aus. Ich war, als ich nach Alabama zog, erst 24 Jahre alt und damit jünger als viele meiner Kursteilnehmer, denn ich hatte in Oxford in etwas mehr als 18 Monaten promoviert, was außerordentlich zügig war. In den Vereinigten Staaten herrscht jedoch ein ganz anderes System. Dort muss man sich mindestens fünf Jahre abrackern, bevor man seine Doktorarbeit einreichen kann. Und da es auch länger dauert, sein Vorstudium abzuschließen – über vier Jahre gegenüber drei in England –, treten die meisten Amerikaner erst mit knapp 30 Jahren in den Arbeitsmarkt für Hochschulabsolventen ein. Damit waren sie von meinem Standpunkt aus geradezu vergreist. Da die meisten älter waren als ich, sah ich mich auf der Suche nach Freunden unter Studenten, nicht unter meinen Kollegen um. Das war kein Nachteil, denn Studenten haben viel mehr Spaß.

Nach meinem Eintreffen in Alabama verließ ich mich auf eine bewährte Strategie der Kontaktaufnahme: auf Mannschaftssport. Ich hatte im Vereinigten Königreich auf ziemlich hohem Niveau Rugby gespielt. Wie die meisten Hochschulen in den USA besaß auch die University of Alabama ein Rugbyteam – nach lokalen Maßstäben ein sehr gutes –, und da es die USA Rugby Football Union bei der Feststellung der Auswahlkriterien an Strenge fehlen ließ (das heißt, sie hatte keine Vorschriften), konnte ich mich als Studenten ausgeben und im Team mitspielen. Nachdem Brenin zwei Jahre später auf der Bildfläche erschienen war, nahm ich ihn natürlich zum Training mit, und wir hielten uns an den meisten Nachmittagen auf dem Bliss Field am Rand des gewaltigen Sportkomplexes der Universität auf.

An den Wochenenden fand entweder vor Ort oder auswärts ein Match gegen eine andere Universität statt. Brenin begleitete uns auf allen Fahrten. Allerdings war das Mitbringen von Hunden – und erst recht von Wölfen – in den dortigen Hotels fast ausnahmslos verboten. Aber es war leicht, Brenin in Motels einzuschmuggeln, denn hier parkt man vor dem gemieteten Zimmer. Solange niemand vom Motelbüro auf den Parkplatz hinausschaute, blieben die wölfischen Schmuggelaktivitäten im Allgemeinen unentdeckt. Infolgedessen gibt es kaum einen großen Campus in Alabama, Georgia, Florida, Louisiana, South Carolina oder Tennessee, auf dem Brenin kein Rugbymatch und die anschließende Party besuchte. An einem milden Abend im Frühseptember fraß er auf der Bourbon Street in New Orleans Tintenfisch. Während der Frühjahrsferien fuhr er nach Daytona Beach. In Baton Rouge steht ein Studentenheim, das er sozusagen wie seine Westentasche kannte. Bei vielen Gelegenheiten ließ er sich in einem schäbigen Stripclub in den westlichen Außenbezirken von Atlanta blicken. Aus Anlass des alljährlichen Midnight-Sevens-Rugbyturniers – das so heißt, weil alle Matchs nachts stattfinden – fuhr er sogar nach Las Vegas.

Die Rugbyspieler bemerkten schon bald eine für sie sehr wichtige Tatsache: Brenin war ein Mädchenmagnet. Allerdings benutzten sie eine drastischere Formulierung, die hier jedoch nicht wiederholt werden kann. Jedenfalls bildete sich die allgemeine Erkenntnis heraus, dass ein Mann, der auf einer College-Rugbyparty neben einem großen Wolf stand, erwarten konnte, dass sich ihm rasch ein attraktives Mitglied des anderen Geschlechts (»Rugger Hugger« genannt) mit den Worten näherte: »Ich finde deinen Hund [*sic!*] toll.« Und damit ergab sich eine Chance, durch die einem die übliche mühsame Anbaggerei erspart blieb. Daher wurde Brenins Anwesenheit an der Seite eines Spielers zur Belohnung für denjenigen, der sich an jenem Tag am meisten auf dem Platz hervorgetan hatte, also für den MVP (Most Valued Player), wie man ihn dort drüben nennt. Ich wurde von dem Wettbewerb ausgeschlossen, weil ich Brenin angeblich jederzeit zu diesem Zweck einsetzen konnte.

Während des Trimesters unternahmen wir fast jedes zweite Wochenende derartige Fahrten. Wir starteten freitagnachmittags, legten insgesamt bis zu 1500 Kilometer zurück, spielten Rugby, betranken uns unmäßig und übernachteten in einem billigen Motel, bevor wir sonntagnachmittags – häufig immer noch betrunken, stets erschöpft, doch sehr glücklich – zurückkehrten. An den anderen Wochenenden fanden Heimspiele statt, die genauso verliefen, wenn auch ohne all die Fahrerei. Und das war im Wesentlichen das Leben, das wir – mein Buffalo Boy und ich – in den ersten vier Jahren unserer Verbindung führten.

2

Wölfe spielen, doch nicht wie Hunde, die im Vergleich zu ihnen nichts als Welpen sind. Das Spiel von Hunden ist das Ergebnis des Infantilismus, der ihnen im Laufe von 15000 Jahren angezüchtet worden ist. Man werfe einen Stock für seinen Hund, und er wird höchstwahrscheinlich in rasender Aufregung hinter ihm herlaufen. Nina, meine sehr intelligente Schäferhund-Malamut-Mischlingshündin, kann Stöcken nicht widerstehen und würde hinter ihnen herrennen, bis sie umfällt. Ich versuchte mehrere Male, Brenin die Freuden der Stock-, Ball- und Frisbeejagd schmackhaft zu machen. Er schaute mich an, als wäre ich verrückt, und seine Miene ließ sich leicht lesen: Einen Stock holen? Allen Ernstes? Wenn du den Stock unbedingt haben möchtest, warum holst du ihn dann nicht selbst? Und überhaupt, wenn du ihn unbedingt haben möchtest, warum, bitte schön, hast du ihn dann weggeworfen?

Wenn Wölfe spielen, erregen sie bei Passanten häufig Besorgnis, weil viele Menschen das, was die Tiere tun, nicht von einem richtigen Kampf unterscheiden können. Das wurde mir erst Jahre später klar, als ich Brenin mit seiner Tochter Tess und mit Nina spielen sah, die er, von der Neigung zur Stockjagd abgesehen, in gleichem Maße als Wolf wie als Hund herangezogen hatte. Was mir mittlerweile ganz natürlich vorkam, ließ menschliche Zuschauer in lautstarke Unruhe ausbrechen. Für Brenin bestand das Spiel darin, dass er das andere Tier am Hals packte und es auf den Boden drückte. Danach schüttelte er es heftig hin und her wie eine Stoffpuppe. All das vollzog sich unter einer Kakofonie des Knurrens und Fauchens. Danach gestattete er dem anderen Hund, sich freizuzappeln und das Gleiche mit ihm anzustellen. Das war für ihn Spielerei. Ich weiß nicht, warum Wölfe so grob spielen, aber so ist es. Das Knurren und Fauchen gehört zu den Mechanismen, mit denen Wölfe ihren Gefährten mitteilen, dass sie immer noch spielen, denn da ihre Handlungen einem Kampf sehr ähneln, könnten sie leicht missgedeutet werden. Wie ich entdeckte, kämpfen Wölfe, wenn sie es ernst meinen, in absoluter, gespenstischer Stille.

All diese Dinge sind einem Wolf, nicht aber unbedingt einem Hund bekannt. Deshalb endeten die Versuche des jungen Brenin, mit anderen Hunden zu spielen, gewöhnlich mit einer Katastrophe. Entweder griff der andere Hund ihn an, oder er kreischte vor Entsetzen. Für den armen Brenin müssen beide Reaktionen verwirrend gewesen sein. Immerhin gab es einen Hund, der ihm wirklich zusetzte. Es war ein großer, kompromissloser Pitbull namens Rugger, der ruppige Spiele liebte.

Für einen Pitbull war er gewaltig – er wog 43 Kilo –, und er gehörte jemandem, der für einen Menschen genauso gewaltig war: Matt, einem der Zweite-Reihe-Stürmer des Teams. Pitbulls haben einen schlechten Ruf, doch sie sind keine von Natur aus bösen Hunde. In der Regel sind es ihre Besitzer, die sie verderben. Wir Menschen behaupten gern, dass wir alle verschieden seien. Unsere Individualität sei ein Teil unseres einzigartigen Charmes. Aber in Wirklichkeit hat Individualität, wie ich vermute, wenig mit menschlicher Einzigartigkeit zu tun. Hunde dagegen unterscheiden sich tatsächlich ganz und gar voneinander. Manche sind wunderbar,

andere einfach nur niederträchtig. Die überwiegende Mehr-
heit der letzteren wurde durch unglückliche Erziehungs-
bedingungen verdorben. Ich bin mir ziemlich sicher, dass
dies unserer psychotischen Deutschen Dogge Blue in den
ersten drei Lebensjahren widerfuhr. Manche jedoch werden
bereits niederträchtig geboren. Wie einige Menschen sind
sie von Natur aus mit dieser Eigenschaft ausgestattet. Ich
muss betonen, dass ich von einzelnen Hunden, nicht von
Rassen spreche. Meiner Erfahrung nach besteht eine gewisse
Verbindung zwischen der Rasse eines Hundes und seinem
Temperament, mehr jedoch nicht.

Es gab nicht viel gegen Rugger einzuwenden, ebenso
wenig wie gegen Matt. Auch lässt sich nicht behaupten,
dass Rugger meinem Wolf stets zusetzte. Rugger war ein
paar Jahre älter und verachtete Brenin, als dieser noch ein
Welpe war. Und nachdem Brenin die 18 Monate überschritten hatte, entwickelte sich eine Vielzahl von neuen Problemen zwischen den beiden. Immerhin waren sie über einen
Zeitraum von rund einem Jahr die besten Freunde. An den
meisten Nachmittagen wurden wir beim Training von den
verblüffend akrobatischen Pseudokämpfen abgelenkt, die
sie am Rand des Spielfelds veranstalteten.

Doch als Brenin 18 Monate alt geworden war, änderte
sich seine Einstellung gegenüber anderen Hunden. War es
ein nicht sterilisiertes Weibchen, versuchte er unweigerlich, sie zu bespringen, wobei der Größenunterschied keine
Rolle für ihn spielte (eine Reihe traumatisierter Westhigh-
land- und Yorkshireterrier und ihre genauso traumatisier-
ten Besitzer lernten rasch, sich Bliss Field an Werktagen
nachmittags fernzuhalten). Aber wirkliche Probleme gab
es bei Rüden. Ihnen brachte er entweder geringschätzige
Gleichgültigkeit oder unverfälschte Feindschaft entgegen,
je nachdem, ob er den Hund für hinreichend groß hielt und

ihn daher als Bedrohung einschätzte. Meistens ließen sich Schwierigkeiten vermeiden, denn Brenin war gut ausgebildet und sehr folgsam, weshalb er sich anderen Hunden nicht ohne meine Erlaubnis näherte. Aber gelegentlich näherten sie sich ihm, gewöhnlich mit einem Funkeln in den Augen, und dann gab es kein Halten mehr.

Rugger war zweifellos groß genug, um eine Bedrohung darzustellen. Damit nicht genug, es fiel schwer, sich einen gefährlicher wirkenden Hund als ihn auszumalen. Als Brenin ausgewachsen war, hassten sie einander erneut, und während unseres Rugbytrainings spielten sie nicht mehr, sondern sie stolzierten mit steifen Läufen und aufgerichteten Nackenhaaren aneinander vorbei. Matt und ich hielten sie sorgsam voneinander getrennt, doch irgendwann kam es zu dem unvermeidlichen Zwischenfall. Während der Vorbereitung für ein Spiel an einem Samstagnachmittag riss sich Rugger von der Kette los, mit der er an Matts Pick-up gebunden war. Ich machte ein paar Streckübungen in der Mitte des Platzes und wurde dadurch aus knapp 30 Meter Entfernung Zeuge der Begegnung. Rugger – mit niedrigem Schwerpunkt, gedrungen, nichts als Muskeln und Aggressivität – stürmte auf Brenin zu. Der wartete bis zum letzten Moment und wich dann aus. Jetzt war er hinter Rugger, sprang ihm auf den Rücken und biss in seinen Hals und Kopf. Innerhalb von Sekunden war eines von Ruggers Ohren fast abgerissen, und Blut strömte über sein Gesicht, seinen Hals und seine Rippen. Während sich diese entsetzliche Szene entfaltete, sprintete ich von der Mitte des Platzes herbei. In meiner Furcht und Bestürzung sprang ich instinktiv auf die beiden zu und zerrte Brenin zurück. Das war ein potenziell tödlicher Fehler. Denn Rugger nutzte die Atempause, um sich in Brenins Kehle zu verbeißen und nicht mehr loszulassen.

So lernte ich meine erste wertvolle Lektion für das Eingreifen bei Hundekämpfen. Reiß deinen Wolf nie von einem Pitbull zurück. Die zweite Lektion war folgende: Wenn sich ein Pitbull in der Kehle deines Wolfes verbissen hat, wahrscheinlich, weil du dumm genug warst, deinen Wolf zurückzuzerren, gibt es nur eine einzige Methode, ihn zum Loslassen zu bringen. Versuch gar nicht erst, seine Kiefer aufzuhebeln. Das funktioniert nicht. Und versuch nicht, ihm immer wieder heftig in die Rippen zu treten – auch das bleibt ergebnislos. Stattdessen gieß ihm Wasser ins Gesicht. Die einzige Methode, einer instinktiven Aktion – und das ist der Fall, wenn sich ein Pitbull verbeißt – entgegenzuwirken, ist es, eine instinktive Reaktion auszulösen. Und Wasser ist gewöhnlich wirksam. Zum Glück hatte Matt diese Lektion vor mir gelernt.

Die dritte Lektion lernte ich aus späteren Scharmützeln: Wenn du deinen Wolf aus einem Kampf mit einem anderen Hund herausholen willst, dann pack ihn am Schwanz oder an den Hüften, doch auf keinen Fall am Hals. Falls der andere Hund nicht völlig traumatisiert ist – und ein Tier, das über Brenin herfällt, lässt sich nicht so leicht traumatisieren –, wird er den Angriff fortsetzen, während deine Hände der Kehle deines Tieres nahe sind. Das empfiehlt sich nicht, und meine Hände und Unterarme sind immer noch mit dem Narbenmuster verziert, das ich mir im Laufe des langen und schmerzhaften Verfahrens zur Verbesserung meiner Interventionstechnik zugelegt habe.

Ich möchte Brenins Kampflust nicht übertreiben, denn wahrscheinlich lassen sich die nennenswerten Episoden an den Fingern einer Hand abzählen – zum Glück habe ich noch genug Finger, um diese Behauptung untermauern zu können. Brenin fügte keinem anderen Hund je ernsthaften Schaden zu. Mit »ernsthaft« meine ich alles, was nicht mit ein paar Wundnähten zu kurieren gewesen wäre. Sogar

Rugger ließ sich wieder ganz gut zusammenflicken. Das mag jedoch damit zu tun haben, dass ich immer in der Nähe war, um Brenin zurückzuzerren. Außerdem leitete Brenin nur selten von sich aus Feindseligkeiten ein, was auch damit zu tun haben könnte, dass er infolge seiner Ausbildung kaum je eine Gelegenheit dazu hatte. Auch wenn sich ihm ein anderer Hund näherte, während meine Aufmerksamkeit abgelenkt war, konnte ein Kampf leicht vermieden werden. Der Hund brauchte nur ein konventionelles Zeichen der Unterwerfung zu machen. Das Ergebnis war, dass Brenin nur mit großen, aggressiven Hunden – überwiegend mit Pitbulls und Rottweilern – kämpfte, die ihren Besitzern entkommen waren und nicht die Absicht hatten, sich ihm zu unterwerfen.

Es war nicht Brenins Lust am Kämpfen, die Probleme aufwarf, sondern sein Talent. Wenn es zu einer Schlacht kam, musste ich mich mitten hineinstürzen, um die Feindseligkeiten zu beenden. Und da ich eine Wiederholung des Vorfalls mit Rugger vermeiden wollte, musste ich beide Tiere gleichzeitig packen, was, gelinde gesagt, nicht gerade leicht war. Aber mir blieb nichts anderes übrig, denn solange der andere Hund den Kampf fortsetzte, hörte auch Brenin nicht auf, und das bedeutete, dass der andere Hund bald tot sein würde. Brenins Tempo war überwältigend, seine Brutalität atemberaubend. Es fiel mir schwer, diesen Brenin mit dem Tier zu identifizieren, das mich morgens mit einem überaus feuchten Kuss weckte, oder mit dem Tier, das mehrere Male am Tag auf meinen Schoß kletterte und gestreichelt werden wollte. Aber ich durfte nie vergessen, dass Brenin beides in sich vereinte.

Manche vertreten die Auffassung, dass Wölfe und sogar Wolfshundmischlinge keinen Platz in einer zivilisierten Gesellschaft hätten. Nach vielen Jahren des Nachdenkens über diese Behauptung bin ich zu dem Schluss gelangt, dass sie zutrifft, wenn auch nicht aus den Gründen, welche die Kritiker anführen. Die Tatsache, dass Brenin ein gefährliches Tier war, lässt sich nicht leugnen. Er zeigte anderen Menschen gegenüber eine absolute Gleichgültigkeit – etwas, das mich insgeheim (und egoistischerweise) entzückte. Wenn jemand anders versuchte, mit Brenin zu reden oder ihn wie einen beliebigen Hund zu streicheln, schaute er den Betreffenden ein paar Sekunden lang mit unergründlicher Miene an und zog sich zurück. Aber einen Hund konnte er unter den geeigneten Umständen rasch und effizient töten. Trotzdem lag es nicht an seiner Gefährlichkeit, dass er in einer zivilisierten Gesellschaft keinen Platz hatte. Der wirkliche Grund ist der, dass er nicht annähernd gefährlich und unangenehm genug für die Zivilisation war.

Eines Abends, als Brenin etwa ein Jahr alt war, saß ich vor dem Fernsehgerät und aß die Grundnahrung aller amerikanischen Junggesellen, die etwas auf sich halten: eine im Mikrowellenherd erhitzte Portion Mononatriumglutamat, auch als Hungry Man Meal bekannt. Brenin lag neben mir und beobachtete mich mit Argusaugen für den Fall, dass etwas von meinem Teller fiel. Das Telefon klingelte, und ich ging an den Apparat. Der Teller blieb auf dem Kaffeetisch zurück.

Erinnern Sie sich an das, was passiert, wenn Wile E. Coyote den Roadrunner jagt und über die Klippe rennt? Denken Sie an den Moment, in dem er den Rand gerade hinter sich gelassen hat und begreift, dass etwas Entsetzliches geschehen ist, das er nicht recht einordnen kann – an den Moment, bevor er sein rasendes, doch nutzloses Gerangel zur Umkehr beginnt. Er steht wie erstarrt mitten in der Luft, und seine Miene spiegelt zuerst Begeisterung, dann Verwirrung und schließlich das Wissen um eine drohende Katastrophe wider. Eine solche Szene erwartete mich, als ich ins Zimmer zurückkehrte. Brenin, der mein Hungry Man Meal rasch verschlungen hatte, lief zu seinem Lager an der anderen Seite des Raumes. Meine unwillkommene, doch nicht völlig unerwartete Rückkehr ließ ihn mitten im Schritt erstarren. Er hielt einen Lauf vor den anderen, wandte mir sein Gesicht zu und nahm allmählich einen besorgten Ausdruck an, der mich an Wile E. erinnerte. Manchmal hielt Wile E., kurz bevor er in den Abgrund stürzte, ein Schild mit der Aufschrift »Huch!« hoch. Ich bin ziemlich sicher, dass Brenin, wäre dieses Schild verfügbar gewesen, das Gleiche getan hätte.

Ludwig Wittgenstein schrieb einmal, wenn ein Löwe sprechen könnte, wären wir nicht fähig, ihn zu verstehen. Es steht fest, dass Wittgenstein ein Genie war, aber seien wir ehrlich: Er wusste nicht viel über Löwen. Ein Wolf spricht mit seinem Körper, und Brenins sagte eindeutig: Erwischt! Man würde glauben, dass eine lässigere, wenn nicht gar unbekümmerte Haltung gegenüber dem Geschäft des Diebstahls nützlicher für ihn gewesen wäre. Etwa nach dem Motto: Ich habe keine Ahnung, was mit deinem Essen passiert ist. Ich hab's nicht getan. Das war schon so, als ich herkam. Oder gar: Du hast die Mahlzeit schon aufgegessen, bevor du weggegangen bist, du seniler alter Sack. Doch auf so etwas verzichten Wölfe, denn sie können sprechen. Mehr noch, wir können sie verstehen. Aber sie sind nicht in der Lage zu lügen. Und deshalb haben sie keinen Platz in einer zivilisierten Gesellschaft. Ein Wolf kann uns nicht belügen, ebenso wenig wie ein Hund.

4

Es ist eine bekannte Tatsache, dass Affen, gemessen an ihrem Körpervolumen, größere Gehirne als Wölfe haben (und zwar um fast 20 Prozent größer). Daraus ziehen wir die unvermeidliche Schlussfolgerung, dass Affen intelligenter als Wölfe seien. Doch dieser Schluss ist nicht nur falsch, sondern auch allzu vereinfachend. Der Gedanke der Überlegenheit ist elliptisch, denn wenn X jemand anderem namens Y überlegen ist, dann stets nur in einer ganz bestimmten Hinsicht. Wenn also die Affenintelligenz der Wolfsintelligenz wirklich überlegen ist, sollten wir uns fragen: In welcher Hinsicht? Und um diese Frage zu beantworten, müssten wir verstehen, wie Affen ihre größeren Gehirne erlangt und welchen Preis sie dafür bezahlt haben.

Irgendwann einmal dachten die Menschen, Intelligenz sei schlicht die Fähigkeit, geschickt mit der natürlichen Welt umzugehen. Ein Schimpanse zum Beispiel könnte herausfinden, dass er einen Stock in einen Ameisenhaufen stecken und die Insekten herausziehen und fressen kann, ohne gebissen zu werden. Das ist ein Beispiel für die oben erwähnte mechanische Intelligenz. Die Welt stellt den Schimpansen vor ein Problem – besorge Nahrung, ohne gebissen zu werden –, und er löst es auf eine mechanisch intelligente Art. Die mechanische Intelligenz dient dazu, die Beziehung zwischen den Dingen zu verstehen – in diesem Fall zwischen einem Stock und dem wahrscheinlichen Verhalten der Ameisen – und dieses Verständnis für die eigenen Zwecke zu nutzen. Wie ich ausgeführt habe, sind Wölfe ebenfalls durch eine mechanische Intelligenz gekennzeichnet – vielleicht nicht so sehr wie Affen, doch in höherem Maße als Hunde.

Das Gehirn sozialer Wesen ist im Allgemeinen größer

als das von Einzelgängern. Warum ist das der Fall? Schließlich stellt die Welt an soziale und nichtsoziale Geschöpfe die gleichen mechanischen Anforderungen. Ob es sich nun um einen Tiger, einen Wolf oder einen Affen handelt – sie alle müssen die gleichen mechanischen Probleme lösen. Also sollten wir, wie mir scheint, die Schlussfolgerung ziehen, dass die Zunahme der Gehirngröße nicht durch eine Zunahme der mechanischen Intelligenz bedingt ist. Diese Überlegung bildet die Grundlage dessen, was Andrew Whiten und Richard Byrne – zwei Primatologen an der University of St. Andrews – die »machiavellistische Intelligenz-Hypothese« nennen. Ihr zufolge werden die Zunahme der Gehirngröße und die daraus resultierende Steigerung der Intelligenz nicht durch die Anforderungen der mechanischen, sondern durch die der sozialen Welt verursacht.

Wir müssen darauf achten, das Pferd nicht beim Schwanz aufzuzäumen. Zum Beispiel drängt sich der Gedanke auf, manche Geschöpfe hätten infolge ihres größeren Gehirns und der damit einhergehenden höheren Intelligenz erkannt, dass es besser sei, in Gruppen zu leben, weil sie einander so gegenseitig beistehen und sich beschützen können. Man meint also, dass sie durch ihre höhere Intelligenz zu sozialen Wesen geworden seien. Laut der machiavellistischen Intelligenz-Hypothese gilt jedoch der umgekehrte Sachverhalt: Sie wurden durch ihre Existenz als soziale Wesen intelligenter. Die Zunahme der Gehirngröße wäre demnach nicht die Ursache dafür, dass diese Tiere in Gruppen zusammenleben, sondern vielmehr die Folge ihres Zusammenlebens in Gruppen. Soziale Wesen müssen zu Dingen fähig sein, auf die einzelgängerische Wesen verzichten können. Die mechanische Intelligenz mag darin bestehen, die Beziehung zwischen Dingen zu durchschauen, aber das reicht für soziale Wesen nicht aus. Sie müssen die Beziehungen zwischen anderen

Geschöpfen wie ihnen selbst durchschauen. Das ist soziale Intelligenz.

Beispielsweise muss ein Menschenaffe, Affe oder Wolf in der Lage sein, andere Mitglieder seiner Gruppe im Auge zu behalten. Er muss sie unterscheiden und seinem Gedächtnis einprägen können, wer ihm über- und wer ihm untergeordnet ist. Sonst verhält er sich nicht richtig und bekommt Probleme. Auch zahlreiche Insekten – Ameisen, Bienen etc. – meistern dieses Kunststück, doch das gelingt ihnen, indem sie chemische Botschaften hinterlassen und empfangen. Das ist die ihnen durch ihre Evolution vererbte Strategie. Soziale Säugetiere wenden jedoch eine andere Strategie an: das Wachstum einer bestimmten Art der Intelligenz. Laut der machiavellistischen Intelligenz-Hypothese ist es die soziale Natur von Tieren – und die Notwendigkeit, die Übersicht über soziale Beziehungen zu behalten –, die den Zuwachs an Gehirngröße und Geisteskraft steuert, nicht umgekehrt.

Dies haben Affen und Wölfe gemeinsam. Aber vor langer, langer Zeit schlugen die Affen einen anderen evolutionären Pfad als die Wölfe ein. Und die Gründe dafür sind nach Einschätzung der meisten Experten völlig unklar. Das Leben in Gruppen bringt sowohl neue Möglichkeiten als auch neue Erfordernisse mit sich – Möglichkeiten, die sich einzelnen Lebewesen nie bieten, und Erfordernisse, die ihnen nie abverlangt werden würden. Die erste Möglichkeit besteht darin, dass sie, um alle Vorteile des Gruppenlebens zu nutzen und den eigenen Aufwand einzuschränken, ihre Gefährten manipulieren und ausbeuten können. Manipulation und Ausbeutung gründen sich auf die Fähigkeit zum Betrug: Die wichtigste und effektivste Methode, seine Gefährten manipulieren, besteht darin, sie zu betrügen. Und daraus ergibt sich das erste Erfordernis des Gruppenlebens. Da niemand gern einen höheren Aufwand betreiben und weniger Vorteile genießen will als die anderen Affen, erfordert das Gruppenleben auch, dass die Mitglieder klug genug werden, um einen Betrug zu bemerken. Die Folge ist eine Eskalation der Intelligenz, angetrieben von der Erfordernis zu betrügen, ohne sich seinerseits dem Betrug auszusetzen. In der Evolutionsgeschichte der Affen geht die Fähigkeit zu lügen mit dem wachsenden Vermögen einher, Lügen zu erkennen.

Das Leben in Gruppen bietet außerdem die Möglichkeit, mit seinesgleichen Bündnisse zu schließen. In Affengesellschaften befähigen Bündnisse die Mitglieder der Gruppe, sich gegen andere zusammenzutun. Dazu benötigen sie die Fähigkeit, Ränke zu schmieden. Auch diese Möglichkeit bringt ein weiteres Erfordernis mit sich: Es ist nicht angenehm – und langfristig nicht zuträglich –, das Ziel der Ränke anderer zu bilden und Opfer endloser Bündnisse zu sein. Wenn andere unablässig gegen dich intrigieren und du ein Teil der Gruppe bleiben willst, musst du unablässig gegen sie intrigieren. Das Leben in gewissen Gruppen ist damit verbunden, dass man in wenigstens genauso hohem Maße ein Intrigant wie ein Opfer von Intrigen ist. In diesen Gruppen zieht also die Fähigkeit, Ränke zu schmieden, das Erfordernis, genau das zu tun, nach sich.

Intrigen und Betrug bilden den Kern der sozialen Intelligenz von Menschenaffen und Affen. Aus irgendeinem Grund schlugen die Wölfe diesen Weg nie ein. Im Wolfsrudel gibt es kaum Intrigen und Betrug. Manches scheint darauf hinzudeuten, dass Hunde die Kapazität zu einigen primitiven, nicht überzeugenden Formen der Bündnisbildung haben. Aber die Indizien sind nicht schlüssig. Und selbst wenn die Vermutung zutrifft, steht fest: Was die Fähigkeit zum Schmieden von Ränken und zum Betrug angeht, sind Hunde und Wölfe, verglichen mit Menschenaffen, Dilettanten. Niemand weiß, warum Affen diese Strategie übernommen haben, Wölfe dagegen nicht. Doch obwohl wir die Gründe nicht kennen, ist eines überwältigend klar: Genau das ist geschehen.

Diese Form der Intelligenz erreicht ihre Apotheose natürlich mit dem König der Affen, dem Homo sapiens. Wenn wir die Überlegenheit der Affen- gegenüber der Wolfsintelligenz betonen, sollten wir die Voraussetzung dafür bedenken: Affen sind intelligenter als Wölfe, weil sie letzten Endes bessere Intriganten und Betrüger sind. Aus dieser Tatsache leitet sich der Unterschied zwischen der Affen- und der Wolfsintelligenz ab.

Aber wir sind Affen und vollbringen Dinge, von denen Wölfe nicht einmal träumen würden. Wir können Kunst, Literatur, Kultur und Wissenschaft erzeugen; wir sind in der Lage, die Wahrheit von Dingen zu entdecken. Es gibt keine Wolfs-Einsteins, keine Wolfs-Mozarts und keine Wolfs-Shakespeares. Und – in einem bescheideneren Rahmen – Brenin hätte dieses Buch nicht schreiben können; dazu ist nur ein Affe fähig. All das stimmt natürlich, doch wir dürfen nicht vergessen, worauf es sich gründet. Unsere wissenschaftliche und künstlerische Intelligenz ist ein Nebenprodukt unserer sozialen Intelligenz. Und diese ist von unserer Fähigkeit abhängig, in höherem Maße zu intrigieren und zu betrügen, als zu Opfern von Intrigen und Betrug zu werden. Das heißt nicht, dass die wissenschaftliche und kreative Intelligenz schlicht auf Intrigen und Betrug beruht. Dergleichen dürfte Beethoven völlig fern gewesen sein, als er die *Eroica* komponierte. Auch waren sie nicht in seinem Unbewusstsein vorhanden, so dass sie sein Verhalten insgeheim lenken konnten. Ich möchte keine lächerlich reduktionistische Darstellung von Beethovens kompositorischen Fähigkeiten vorlegen. Vielmehr geht es mir darum, dass

Beethoven die *Eroica* nur deshalb schaffen konnte, weil er das Produkt einer langen Naturgeschichte war, die auf der Fähigkeit beruht, besser zu lügen, als von anderen belogen zu werden, und besser zu intrigieren, als zum Opfer von Komplotten zu werden.

Wir tun anderen Lebewesen unrecht und erweisen uns selbst einen Bärendienst, wenn wir vergessen, woher unsere Intelligenz kommt. Sie hatte ihren Preis. In unserer fernen evolutionären Vergangenheit beschritten wir einen bestimmten Pfad, den Wölfe, aus welchen Gründen auch immer, nicht einschlugen. Deshalb können wir weder getadelt noch beglückwünscht werden, denn wir hatten keine Wahl. Doch auch wenn es in der Evolution keine Wahlmöglichkeiten gibt, bleiben die Konsequenzen nicht aus. Unsere Komplexität, unsere Eleganz, unsere Kunst, unsere Kultur, unsere Wissenschaft, unsere Wahrheiten – unsere Größe, wie wir sie gern bezeichnen: All das haben wir erkauft, und zwar in der Währung von Intrigen und Betrug. Im Kern unserer überlegenen Intelligenz verbergen sich üble Machenschaften und Verlogenheit wie Würmer, die sich in einem Apfelgehäuse winden.

5

Der Leser mag dies für eine vorsätzlich einseitige Darstellung der menschlichen Besonderheit halten. Es könnte stimmen, dass wir einen natürlichen Hang zu Verschwörung und Heuchelei haben, doch besitzen wir nicht auch einnehmendere Züge? Was ist mit der Liebe, dem Einfühlungsvermögen und dem Altruismus? Natürlich bestreite ich nicht, dass Menschen dazu fähig sind – genau wie übrigens auch die Menschenaffen. Aber ich wollte nicht einfach all das aufzeigen, was auf Menschen zutrifft, sondern das, was sie charakterisiert. Und die Vorstellung, dass nur Menschen diese positiveren Merkmale besitzen, ist schwer aufrechtzuerhalten.

Eine Fülle empirischer Beweise belegt – jedenfalls für sämtliche Beobachter, die keine der engstirnigsten Behavioristen sind –, dass alle sozialen Säugetiere einer tiefen Zuneigung füreinander fähig sind. Wenn Wölfe oder Coyoten nach der Trennung während der Jagd wieder zusammenkommen, galoppieren sie mit höchster Geschwindigkeit aufeinander zu, wobei sie bellen und jaulen und heftig mit dem Schwanz wedeln. Dann lecken sie sich gegenseitig das Maul ab und rollen sich mit wild ausschlagenden Läufen auf den Rücken. Afrikanische Wildhunde sind genauso überschwänglich. Zu ihren Begrüßungszeremonien gehören misstönende Schreie, wild zuckende Schwänze sowie extravagante Sprünge und Sätze. Wenn sich Elefanten wiedersehen, wedeln sie mit den Ohren, wirbeln herum und stoßen ein tiefes Begrüßungsgrollen aus. Wird man nicht von einer unvertretbaren behavioristischen Ideologie gefesselt – einer Ideologie, die man hartnäckig auf andere Tiere, jedoch nicht auf Menschen anwendet –, so ist es in allen Fällen offensichtlich, dass diese Tiere eine aufrichtige Zuneigung füreinander empfinden, dass sie gern miteinander umgehen und glücklich über das Wiedersehen sind.

Beweise des Kummers bei Tieren sind genauso überzeugend, und je mehr Feldstudien durchgeführt werden, desto zwingender erscheinen sie. In seinem Buch *Minding Animals* beschreibt Marc Bekoff ein Ereignis aus dem Leben eines Coyotenrudels, das er im Grand Teton National Park beobachtete: »Eines Tages verließ Mom das Rudel und kehrte nie wieder. Sie war verschwunden. Tag um Tag wartete das Rudel ungeduldig. Einige Coyoten schritten nervös hin und her, als wären sie werdende Eltern, während andere kurze Ausflüge unternahmen, nur um unverrichteter Dinge zurückzukommen. Sie liefen in die Richtung, die sie eingeschlagen haben könnte, schnupperten an Stellen, die sie vielleicht aufgesucht hatte, und heulten, als wollten sie Mom nach Hause zurückrufen. Länger als eine Woche schien ein Funken ausgelöscht zu sein. Ihre Familie vermisste sie. Ich glaube, die Coyoten hätten geweint, wenn sie dazu imstande gewesen wären.«

Füchse sind bei der Beerdigung ihrer toten Gefährten beobachtet worden. Drei Elefantenbullen standen nachweislich drei Tage lang neben der ihrer Stoßzähne beraubten Leiche einer älteren Kuh, die von Wilderern getötet worden war. Die Bullen berührten die Leiche immer wieder und versuchten, sie zum Aufstehen zu veranlassen. Der berühmte Naturforscher Ernest Thompson Seton – ein Wolfsjäger, bevor er Schriftsteller wurde – nutzte die Trauer eines Lobo genannten Wolfsrüden um seine tote Gefährtin dazu, ihn in eine Falle zu locken und zu erlegen. Seton verteilte den Duft von Lobos Gefährtin Blanca über einer Reihe von Fallen, indem er ihren Körper über sie hinwegzerrte. Lobo, der zu seinem geliebten Weibchen zurückkehren wollte, wurde von Seton getötet.

Man könnte einwenden, dies seien bloß Anekdoten. Mag sein, doch wir haben es nun mit Tausenden solcher Anekdoten zu tun, und sie nehmen täglich an Zahl zu (wobei die Geschichten von Haustierbesitzern gar nicht berücksichtigt werden). Außerdem werden Anekdoten laut Bekoff, wenn man genug von ihnen gesammelt hat, zu etwas ganz anderem, nämlich zu Daten. Nach jeder vernünftigen Definition von »genug« ist dieser Punkt längst überschritten.

Man braucht nur die wunderbaren Werke von Jane Goodall zu lesen, um zu begreifen, dass Zuneigung, Mitgefühl und sogar Liebe unter Affen verbreitet sind. Und wenn sie in

Through a Window den raschen und schmerzhaften Verfall des jungen Schimpansen Flint nach dem Tod seiner Mutter Flo beschreibt, kann niemand, der kein Herz aus Stein hat, ungerührt bleiben. Die Hinweise auf die Existenz solcher Emotionen bei anderen Säugetieren sind jedoch genauso eindringlich. Zuneigung, Mitgefühl und Liebe sind keineswegs Empfindungen, die nur bei Menschen oder bei Affen vorkommen, sondern man findet sie bei allen sozialen Säugetieren auf dieser Welt.

Übrigens gibt es dafür gute theoretische Gründe, die zuerst von Charles Darwin angeführt wurden. Jede soziale Gruppe braucht ein Bindemittel – eine Art sozialen Leim. Für soziale Insekten besteht der Leim sowohl aus den Pheromonen, mit deren Hilfe sie kommunizieren, als auch aus der Tatsache, dass jedes Insekt eher einer individuellen Zelle als einem individuellen Organismus gleicht – einer Zelle, deren Gedeihen und sogar Identität mit dem Bienenstock oder dem Kolonie-Organismus verbunden ist. Bei Säugetieren bediente sich die Evolution offenbar einer ganz anderen Strategie, welche die Entwicklung der von Darwin so genannten sozialen Gefühle – Zuneigung, Einfühlungsvermögen und sogar Liebe – beinhaltet. Was ein Wolfsrudel oder ein Coyotenrudel oder ein Rudel afrikanischer Jagdhunde zusammenhält, ist das Gleiche wie das, was das Bindemittel für eine Schimpansenkolonie oder eine menschliche Familie liefert. Ebendas haben wir alle gemeinsam.

Mich interessiert jedoch nicht, was wir alle gemeinsam haben, sondern was uns von anderen Lebewesen unterscheidet. Die meisten von uns akzeptieren – oder beharren darauf –, dass es unsere viel gerühmte Intelligenz sei, die uns von den »dummen« Tieren trenne. Wenn dem so ist, müssen wir begreifen, dass sich diese Intelligenz nicht kostenlos eingestellt hat, sondern uns vor vielen Jahrtausenden zuteilgeworden ist, weil unsere Vorfahren, im Unterschied zu anderen sozialen Lebewesen, einen mit Heuchelei und Verschwörung gepflasterten Pfad beschritten.

6

Diese allgemeine Darstellung der menschlichen Intelligenz lässt sich nicht ernsthaft bezweifeln. In *Chimpansee Politics* beschreibt Frans de Waal seine richtungweisenden Beobachtungen über die Schimpansenkolonie in Arnhem und erläutert einige Komplexitäten der dortigen Gruppendynamik. In der Kolonie konkurrierten ständig drei Männchen um die Führerschaft. Zu Beginn der Untersuchung hatte Yeroen die Alphaposition inne. Einer der wichtigen Faktoren für die Wahrung seiner Position war seine Unterstützung durch die weiblichen Schimpansen der Kolonie. Luits langwieriges und schließlich erfolgreiches Bemühen, Yeroen zu stürzen, gründete sich auf den Abbau dieser Unterstützung. Vor seiner Herausforderung hatte Luit eine recht periphere Stellung in der Kolonie bekleidet und war von Yeroen gezwungen worden, etwas abseits von den übrigen Gruppenmitgliedern zu leben. Der entscheidende Wechsel in der Dynamik kam zustande, als Nikkie, ein anderes jüngeres Männchen, groß genug geworden war, um ein Bündnis mit Luit zu schließen. Die beiden begannen eine »Bestrafungstaktik« gegenüber den Weibchen – das heißt, sie teilten Prügel aus –, und zwar mit der Absicht, den Weibchen klarzumachen, dass Yeroen sie nicht beschützen konnte. Nach ungefähr vier Monaten ergriffen die Weibchen für Luit Partei – mit höchster Wahrscheinlichkeit, weil sie der dauernden Bestrafung durch Nikkie und Luit überdrüssig waren und weil Yeroen nicht einschritt.

Nach seinem Aufstieg griff Luit rasch zu einer anderen Taktik. Als Führer musste er nun eine neue Einstellung nicht nur den Weibchen, sondern auch den anderen Männchen gegenüber vertreten. Was die Weibchen betraf, so war er auf ihren allgemeinen Beistand angewiesen und übernahm deshalb die Rolle des fairen Friedenshüters. Für die Männchen dagegen wurde er zum »Verliererhelfer«. Das hieß, dass er in Konflikten zwischen zwei Männchen gewöhnlich für den Unterlegenen eintrat. So ergriff er, obwohl er Nikkie seinen Aufstieg mitverdankte, in dessen Disputen mit anderen Affen routinemäßig Partei gegen ihn. Eine solche Taktik war vernünftig, denn der Sieger in einem Konflikt zwischen zwei Männchen war möglicherweise stark genug, um schließlich Luits Autorität direkt anzufechten. Aber das galt nicht für den Verlierer. Außerdem erhöhte sich durch Luits Vorgehen die Wahrscheinlichkeit, dass der Verlierer ihn bei künftigen Konfrontationen unterstützte. Mit anderen Worten, die Erfordernisse der Führerschaft zwangen ihn, Bündnisse mit denen zu schließen, die seine Autorität nicht herausfordern konnten, denn dadurch schützte er sich vor ernst zu nehmenden Rivalen.

Irgendwann schlossen Yeroen und Nikkie ein Bündnis und setzten Luit ab. Nikkie wurde der neue offizielle Führer, doch die eigentliche Macht schien Yeroen zu gehören. Damit nicht genug, nach Nikkies Aufstieg untergrub Yeroen dessen Autorität so wirkungsvoll, dass Nikkie wohl nie tatsächlich die Kontrolle ausübte. Törichterweise unterstützte er den Sieger in Konflikten, während Yeroen den Friedenshüter spielte. Wenn Nikkie sich zum Beispiel in einen Streit zwischen zwei Weibchen einschaltete, wandte Yeroen sich häufig gegen ihn und jagte ihn, manchmal mit Hilfe der beiden Weibchen, davon.

Warum ließ Nikkie sich das gefallen? Er hatte keine andere

Wahl, denn er benötigte Yeroen, um Luit zu zügeln. Nikkie war also ein Führer, den die Weibchen nie akzeptierten. Sie taten sich sogar regelmäßig zusammen, um über ihn herzufallen. Yeroen dagegen verbündete sich mit den Weibchen, um den Druck auf Nikkie aufrechtzuerhalten; gleichzeitig ging er ein Bündnis mit Nikkie ein, um Luit zurückzudrängen. Es liegt auf der Hand, wer die reale Macht besaß.

Yeroens überlegene Intelligenz, im Vergleich mit Luit und Nikkie, kam in seiner Fähigkeit zum Ausdruck, unterschiedliche Bündnisse für unterschiedliche Zwecke zu schließen: eines, um Nikkie, ein anderes, um Luit in Schach zu halten. Dagegen wirkt Luits Bündnis mit Nikkie primitiv. Um ein wirklich erfolgreicher Affe zu sein – um Affenintelligenz auf höchstem Niveau zu demonstrieren –, muss man die Fähigkeit haben, nicht bloß gegen einen Affen, sondern gegen viele Verschwörungen anzuzetteln. Und die erfolgreichsten Affen sind jene, die mit denselben Affen konspirieren können, gegen die sie sich gleichzeitig verschwören. Doch nicht nur bei Yeroen und Luit wurde das Spinnen von Intrigen festgestellt, die in den instabilen und dauernd wechselnden Bündnissen deutlich wurden. Alle einschlägigen Untersuchungen zum Verhalten von Affen dokumentieren Betrügereien. In einer in ihrem Werk *Machiavellian Intelligence* enthaltenen Studie unterscheiden Whiten und Byrne nicht weniger als 13 Arten des Betrugs, die häufig von Affen eingesetzt werden. Es ist in diesem Zusammenhang nicht erforderlich, detailliert auf die einzelnen Betrugsarten einzugehen; ein paar repräsentative Beispiele vermitteln einen hinreichenden Eindruck.

Ein untergeordneter männlicher Schimpanse oder Pavian stellt seinen erigierten Penis häufig einem Weibchen zur Schau, während er ihn gleichzeitig vor einem ranghöheren Männchen verbirgt. Zu diesem Zweck stützt er seinen dem dominanten Männchen zugewandten Arm aufs Knie und lässt die Hand locker hinunterhängen. Währenddessen wirft er dem Weibchen verstohlene Blicke zu. Dieses Beispiel gefällt mir, weil es so wunderbar schlüpfrig ist. Nur bei Affen finden wir eine so unnachahmliche Verbindung von Schläue und Lüsternheit. Whiten und Byrne bezeichnen diese Form des Betrugs als Verschleierung. Eine häufige Folge solch einer Verschleierung ist eine weitere: Nun verstecken sich das Männchen und das Weibchen hinter einem geeigneten Fels oder Baum und kopulieren heimlich.

Ein Beispiel für eine andere Art der Verschleierung, die Whiten und Byrne Unterdrückung der Aufmerksamkeit nennen, ist Folgendes: Eine Gruppe Paviane läuft einen schmalen Pfad entlang. Das Weibchen S entdeckt ein kaum sichtbares Loranthusbüschel – eine Gaumenfreude für Paviane – an einem der Bäume. Ohne die anderen anzuschauen, setzt sich S neben dem Pfad hin und laust sich in aller Ruhe. Sobald die anderen außer Sicht sind, springt sie auf den Baum und frisst die Rebe. Dieses Pavianverhalten entspricht dem eines Menschen, der so tut, als müsse er sich den Schnürsenkel zubinden, während er in Wirklichkeit einen auf dem Boden liegenden Zwanzigeuroschein erspäht hat.

7

Der Zusammenhang zwischen Bündnisbildung und Betrug einerseits und Intelligenzwachstum andererseits ist leicht nachzuvollziehen. Sowohl Bündnisbildung als auch Betrug setzen die Fähigkeit voraus, nicht nur die Welt, sondern vor allem das Denken anderer zu verstehen. Ihnen liegt die Fähigkeit zugrunde, zu erkennen, zu verstehen oder vorauszusagen, wie ein anderer die Welt sieht.

Denken wir an unseren schlüpfrigen Schimpansen, der seinen Penis vor dem dominanten Männchen verbirgt, während er ihn einem Weibchen zeigt. Um dazu in der Lage zu sein, muss der Schimpanse eine Vorstellung von der Perspektive des stärkeren Männchens haben. Das heißt, er muss begreifen, dass der dominante Schimpanse sehen kann; ihm muss ferner klar sein, dass dieser nicht unbedingt das sieht, was andere Schimpansen sehen können, und dass, was er sehen kann, davon abhängt, wo er sich im Verhältnis zu den anderen Schimpansen befindet. Um also eine erfolgreiche Verschleierung zu betreiben, muss ein Schimpanse eine gewisse Ahnung davon haben, was anderen Schimpansen durch den Kopf geht. Wenn Primatologen die eindrucksvolle Fähigkeit von Affen zum »Gedankenlesen« hervorheben, meinen sie dieses Vermögen.

Die Raffinesse des Gedankenlesens erhöht sich bei unserem zweiten Betrugsbeispiel um ein oder zwei Stufen. Um ihre eigene Aufmerksamkeit und ihre Blicke zu unterdrücken, muss das Pavianweibchen S nicht nur eine Vorstellung davon haben, dass auch andere die Loranthusrebe sehen könnten, sondern zudem darum wissen, dass andere zur Kenntnis nehmen könnten, wie sie die Rebe anschaut. S begreift also, dass andere merken könnten, dass sie etwas Wichtiges an dem Baum sieht. Wenn sie die Rebe erblickt, sprechen wir von einer Vorstellung erster Ordnung: S hat sich eine visuelle Vorstellung von der Welt gemacht. Wenn einer ihrer Gefährten erkennt, dass S etwas Interessantes gesehen hat, dann hat er sich ein Bild von ihrem Bild der Welt gemacht. Dies bezeichnet man als Vorstellung zweiter Ordnung: die Vorstellung einer Vorstellung. Wenn S jedoch bewusst wird, dass andere möglicherweise gemerkt haben, dass sie etwas Interessantes gesehen hat, dann handelt es sich um die Vorstellung einer Vorstellung einer Vorstellung, also um eine Vorstellung dritter Ordnung.

Whiten und Byrne legen ein noch beeindruckenderes Beispiel vor: Ein Schimpanse – nennen wir ihn Schimpanse 1 – soll mit Bananen gefüttert werden. Sie befinden sich in einem Metallkasten, der per Fernsteuerung aufgemacht wird. Als sich der Kasten öffnet, erscheint ein weiterer Schimpanse, den wir Schimpanse 2 nennen wollen. Schimpanse 1 schließt den Metallkasten rasch und nimmt ein paar Meter weiter Platz. Schimpanse 2 kommt nicht näher, sondern versteckt sich hinter einem Baum und beobachtet den Schimpansen 1. Nachdem Schimpanse 1 den Kasten geöffnet hat, stürmt Schimpanse 2 hervor und entreißt ihm die Bananen. Schimpanse 1 kann sehen, dass Schimpanse 2 ihn sehen kann – eine Vorstellung dritter Ordnung –, aber Schimpanse 2 kann sehen, dass Schimpanse 1 sehen kann, dass er ihn sieht. Hier scheint ein wahrhaft bemerkenswerter Fall einer Vorstellung vierter Ordnung vorzuliegen.

Die gleiche Fähigkeit, die Gedanken anderer zu durchschauen, lässt sich mühelos beobachten, wenn Affen Bündnisse mit- und gegeneinander bilden. Der Schlüssel zu jedem erfolgreichen Bündnis – auch dem einfachsten – besteht darin, nicht nur zu verstehen, wie sich die eigenen Handlungen auf andere auswirken, sondern auch, was genauso wichtig ist, vorauszusehen, welche Reaktion die eigenen Handlungen bei anderen auslösen werden. Man muss sich also der Beziehung zwischen dem bewusst sein, was man tut, und dem, was andere aufgrund dessen tun werden (der Leser erinnere sich an Luits und Nikkies Gewaltkampagne gegen die weiblichen Angehörigen der Kolonie). Wer das versteht, der weiß, auf welche Weise das eigene Handeln die Handlungen anderer auslöst. Daher setzt die erfolgreiche Gründung auch der schlechtesten Bündnisse voraus, dass ein Affe sich in die Gedankenwelt seiner Gefährten versetzen kann.

Kurz, das Intelligenzwachstum, das wir bei Menschenaffen und Affen vorfinden, anscheinend jedoch nicht bei anderen sozialen Lebewesen, ist das Ergebnis einer doppelten Anforderung: stärker zu intrigieren als andere, deren Zielscheibe man ist, und intensiver zu lügen, als man belogen wird. Der Charakter der Affenintelligenz wird unverrückbar durch diese Anforderungen geformt. Wir sind intelligenter geworden, damit wir die Gedanken von unseresgleichen besser verstehen können, wodurch wir in der Lage sind, sie zu täuschen und für unsere eigenen Zwecke einzusetzen – also genau das Gleiche, was sie mit uns anstellen wollen. Alles andere – unser beeindruckendes Verständnis der natürlichen Welt, unsere geistige und künstlerische Kreativität – kam später und als Konsequenz davon.

8

Bis jetzt habe ich die interessanteste Frage unbeantwortet gelassen. Nein, ich habe die interessanteste Frage noch nicht einmal gestellt: Warum haben die Wölfe dem Weg zur Intelligenz, den Affen so wirkungsvoll einschlugen, keine Beachtung geschenkt? Hier zucken die Experten die Achseln. Manche deuten an, es könne etwas mit der Gruppengröße zu tun haben. Aber das ist kaum mehr als eine vage Andeutung in Richtung einer Antwort, denn niemand hat je einen Zusammenhang zwischen der Gruppengröße und der Zweckmäßigkeit von Intrigen und Betrug herstellen können. Ich habe eine andere Idee: eine Hypothese, die scheu, aber dennoch sichtbar an beiden Seiten fast jeder Zeile hervorkriecht, die je über Affen geschrieben wurde.

Luit macht einem Weibchen Avancen, während Nikkie, der gerade das offizielle Alphamännchen ist, rund 50 Meter weiter im Gras liegt. Luits Flirttechnik ist einfach: Er zeigt dem Weibchen seinen erigierten Penis, wobei er Nikkie den Rücken zukehrt, damit dieser nicht sehen kann, was sich abspielt. Misstrauisch geworden, steht Nikkie auf. Luit entfernt sich langsam ein paar Schritte von dem Weibchen und setzt sich hin, wiederum mit dem Rücken zu Nikkie. Er möchte nicht den Eindruck erwecken, dass er sich nur in Bewegung gesetzt habe, weil der Anführer vorgerückt ist. Aber Nikkie geht weiter langsam auf Luit zu und hebt unterwegs einen schweren Stein auf. Luit schaut sich gelegentlich um, um Nikkies Näherkommen zu beobachten, und dann blickt er hinunter auf seinen Penis, dessen Erektion allmählich nachlässt. Erst als Luits Penis schlaff ist, dreht er sich vollends um und schlendert auf Nikkie zu. Dann demonstriert er überzeugend, welch ein draufgängerischer Schimpanse er ist, indem er an dem Stein schnüffelt, bevor er sich davonmacht und Nikkie mit dem Weibchen allein lässt.

Warum haben wir einen evolutionären Pfad beschritten, den der Wolf verschmähte? Passagen wie diese – und es gibt viele davon – liefern uns eine eindeutige Antwort: *Sex* und *Gewalt*. Durch sie wurden wir zu den Männern und Frauen, die wir heute sind. Selbst ein vom Glück begünstigter Wolf – ein Alpharüde oder ein Alphaweibchen – hat nur ein- oder zweimal im Jahr Sex. Viele Wölfe müssen ganz darauf verzichten, ohne allerdings Anzeichen erkennen zu lassen, dass sie ihn vermissen oder unter ihrer erzwungenen Abstinenz leiden. Als typischem Affen will es mir nicht recht gelingen, sexuelle Dinge objektiv zu betrachten, doch man stelle sich einen Ethologen vom Mars vor, der eine Vergleichsstudie über das Sexualleben von Wölfen und Menschen anfertigt. Könnte er nicht zu dem Schluss gelangen, dass die Einstellung der Wölfe zum Sex in vielerlei Hinsicht gesund und diszipliniert ist? Sie genießen es, wenn sie ihn haben, aber er fehlt ihnen nicht, wenn sie ohne ihn auskommen müssen.

Würden wir das Wort Wolf durch das Wort Mensch und das Wort Sex durch das Wort Alkohol ersetzen, könnten wir sagen, dass der Mensch eine der Gesundheit förderliche Haltung entwickelt habe, da er sich sinnvoll zwischen den Lastern exzessiven Genusses und repressiver Enthaltsamkeit bewege. Aber wir bringen es nicht über uns, Sex ebenfalls auf diese Art zu betrachten. Natürlich sollten wir ihn vermissen, wenn wir ihn nicht haben, denken wir zwangsläufig, denn er ist natürlich und gesund. So denken wir, weil wir Affen sind. Im Vergleich zum Wolf ist der Affe süchtig nach Sex.

Warum ist das der Fall? Vielleicht liegt es einfach daran, dass Wölfe nicht wissen, was ihnen entgeht. Zumindest hegt der Affe in mir diesen Gedanken. Wolfsweibchen erleben nur einen einzigen Fortpflanzungszyklus im Jahr. Er dauert ungefähr drei Wochen, und sie ist nur in der mittleren Woche fruchtbar. Gewöhnlich ist es lediglich das Alphaweibchen eines Rudels, das fortpflanzungsfähig wird. Die Gründe dafür sind ungeklärt. Einige Forscher meinen, der soziale Stress, den der Status von untergeordneten Weibchen mit sich bringt, hindere sie daran, den Fortpflanzungszyklus zu beginnen. Das ist jedoch nur eine Vermutung.

Affen dagegen wissen normalerweise, was ihnen entgeht. Der arme jugendliche Brenin mit seinen irregeleiteten und immer wieder vereitelten Versuchen, sich mit jeder Hündin im Tuscaloosa County zu paaren; mit seiner Missachtung von Rasse und Größe; und mit seiner völligen Geringschätzung der Zwänge, die schlicht durch physische Gegebenheiten auferlegt werden, hatte die gesunde und beherrschte Einstellung zum Sex, die unser imaginärer Ethologe vom Mars loben würde, noch nicht gemeistert. Andererseits muss er geahnt haben, dass er etwas verpasste, denn warum sonst hätte er all die Mühe aufgebracht? Aber infolge meiner nicht nachlassenden Wachsamkeit konnte er nicht erfahren, was genau ihm entging. Und daran sollte sich viele Jahre lang nichts ändern.

Sobald man weiß, was man verpasst, kann man Sex und Fortpflanzung natürlich auf eine Weise trennen, die Brenin versagt war. Er wurde durch einen blinden genetischen Trieb motiviert, nicht durch ein Verständnis des sich daraus ergebenden Vergnügens, denn letzteres war ihm nicht bekannt. Wir Affen dagegen sind gründlich über das Vergnügen informiert. Für den Wolf ist es eine Folge des Fortpflanzungstriebs, während der Affe diese Beziehung umgekehrt hat: Für ihn ist die Fortpflanzung eine gelegentliche – manchmal unbequeme – Folge des Vergnügungstriebs. Selbstverständlich gibt es an dieser äffischen Umkehrung nichts auszusetzen. Unterschiedliche Arten vertreten eben unterschiedliche Ansichten über die Beziehung zwischen Fortpflanzung und Vergnügen. Andererseits ist die Umkehrung nicht unbedingt die beste Lösung.

Immerhin hat sie eine eindeutige Konsequenz: Die Motivation, zu intrigieren und zu betrügen, ist bei Affen weit ausgeprägter als bei Wölfen. Intrigen und Betrug sind die Mittel, mit denen der Affe das Verlangen, das durch die äffische Umkehrung entsteht, befriedigen kann. Das soll allerdings nicht heißen, dass Affen nicht auch aus nichtsexuellen Gründen intrigieren und betrügen würden. Oben haben wir erfahren, wie das Pavianweibchen S ein Täuschungsmanöver einsetzte, um sich ein schmackhaftes Loranthusbüschel zu sichern. Hier versuchen wir jedoch zu verstehen, wodurch genau sich Affen von Wölfen unterscheiden. Ein Wolf kann genauso sehr von einem versteckten Nahrungslager angezogen werden wie ein Affe, doch im Unterschied zum Affen wird er nicht versuchen, sich durch Täuschung in den Besitz des Futters zu bringen. Das legt die Schlussfolgerung nahe, dass die Fähigkeit des Affen zum Betrug in einem anderen Rahmen und aus einem anderen Grund erworben wurde. Der Rahmen und der Grund werden, wie ich meine, zum Teil durch die äffische Umkehrung von Vergnügen und Fortpflanzungserfolg geliefert.

Die Geschichte des menschlichen Denkens – und nicht nur des westlichen Denkens – organisiert sich um die Trennung von Vernunft oder Intelligenz einerseits und Vergnügen oder Genuss andererseits. Die beiden letzteren sind dem Reich der gemeinen oder groben Begierden zugeordnet. Es sind Intelligenz oder Verstand, die uns zu Menschen machen und die uns von der übrigen Natur unterscheiden. Ich glaube jedoch, dass Vernunft und Vergnügen weit enger miteinander verbunden sind, als wir einzugestehen bereit sind. Unsere Rationalität ist teilweise eine Konsequenz unseres Strebens nach Vergnügen.

Nicht nur die Motivationen zur Intrige und zum Betrug sind für Affen größer, sondern auch die Risiken. Nikkie hatte nicht vor, Luit sanft zur Ordnung zu rufen, sondern er hob einen schweren Stein auf, um heftiger auf den anderen einzuschlagen, als ihm dies mit bloßen Händen möglich gewesen wäre. Bei der Erörterung der eindrucksvollen Pläne und Täuschungen von Affen übergeht man häufig, dass die Methoden, mit denen sie ihre Vorhaben durchsetzen, eine bestimmte Art von Bosheit in sich bergen. Unter Wölfen ist eine solche Bosheit nicht anzutreffen. Der Kampf zwischen Brenin und Rugger war ein jäher, improvisierter Ausbruch. Damit will ich nicht sagen, dass sie einander bei passender Gelegenheit nicht getötet hätten. Ich kann nicht sicher sein, ob der Kampf, wenn er fortgesetzt worden wäre, mit dem Tod eines der beiden geendet hätte, aber jedenfalls hätte es mich nicht überrascht. Allerdings lässt sich nicht ernsthaft behaupten, dass der Tod eines der beiden geplant gewesen war. Brenin und Rugger hatten einfach die Beherrschung verloren. Ihre Ausschreitungen waren die Folge ihrer Heißblütigkeit und damit Affekthandlungen.

Nehmen wir an, Brenin und Rugger sowie Nikkie und Luit wären Menschen. Wie würde es ihnen vor Gericht ergehen? Brenin und Rugger würden verurteilt werden, weil sie die Beherrschung verloren hatten. Und wenn Nikkie beim Anblick Luits, der gerade ein Weibchen bezirzte, wütend geworden wäre und ihn auf der Stelle angegriffen hätte, würde es zu einem ähnlichen Urteil kommen. Doch Nikkie war auf dem Weg hinüber zu Luit stehen geblieben, um einen Felsbrocken aufzuheben. Wenn Nikkie Luit angegriffen hätte – und jedes klare Anzeichen von Indiskretion durch Luit hätte unzweifelhaft als Auslöser genügt –, dann würde (und sollte) er wegen seiner Attacke härter verurteilt werden. Das Aufheben des Steines beweist einen Vorsatz, und nach dem Gesetz genügt es, wenn eine vorherige Planung nachgewiesen werden kann. Nikkies Verbrechen wäre kaltblütig, nicht heißblütig gewesen. Ein mitfühlender Richter hätte den Sieger des Kampfes zwischen Brenin und Rugger, wäre es zu einem tödlichen Ausgang gekommen, wegen Totschlags verurteilt. Nikkie jedoch, motiviert durch böswillige Absicht und mit dem Stein in der Hand, wäre wegen Mordes zur Verantwortung gezogen worden. Das scheint mir der grundsätzliche Unterschied zwischen der Bosheit von Wölfen und der Bosheit von Affen zu sein: Es ist der Unterschied zwischen Totschlag und Mord.

Die böswillige Absicht durchzieht so viele äffische Interaktionen, dass sie als vorherrschender menschlicher Charakterzug erscheinen muss. Mehr noch, der vielleicht für sich genommen größte Beitrag, den Affen in der Weltgeschichte geleistet haben – der entscheidende Beitrag, für den sie stets in Erinnerung bleiben werden –, ist die Erfindung der böswilligen Absicht. Wenn die Umkehrung des Verhältnisses zwischen Fortpflanzung und Vergnügen die äffische Inversion ist, dann können wir die böswillige Absicht als äffische Erfindung bezeichnen.

Intrigen und Betrug werden umso wichtiger, wenn man es mit einem Lebewesen zu tun hat, das böswillige Absichten hegen kann. Man versetze sich in Luits Lage, als Nikkie mit einer Waffe in der Hand auf ihn zukam. Wäre Luit ein Wolf gewesen, hätten sich die Dinge viel weniger bedrohlich für ihn entwickelt. Das dominante Männchen hätte ihn vielleicht angegriffen, doch durch seine Unterwerfung wäre es Luit möglich gewesen, eine schwere Strafe zu vermeiden. Aber wenn Nikkie nicht von Luits Täuschungen überzeugt worden wäre, hätte er ihn unweigerlich gnadenlos zusammengeschlagen. Gleichgültig, wie untertänig Luit sich entschuldigt hätte und wie ehrlich seine Reuebekundungen gewesen wären, hätte sich am Ergebnis nichts geändert. Für einen Wolf ist alles rasch vergeben und vergessen, ein Affe dagegen wird von böswilliger Absicht motiviert und lässt sich nicht so leicht besänftigen. Ein Affe verhält sich seinesgleichen gegenüber so brutal, wie ein Wolf es niemals fertigbrächte.

9

Zwei Dinge erfüllten den Philosophen Kant mit immer neuer Bewunderung und Ehrfurcht: »Der gestirnte Himmel über mir und das moralische Gesetz in mir.« Kant war im Preußen des 19. Jahrhunderts keineswegs untypisch. Eine Untersuchung der Geschichte des menschlichen Denkens zeigt, dass wir zwei Dinge höher schätzen als alle anderen: erstens unsere Intelligenz, die uns beispielsweise gestattet, die Vorgänge am Sternenhimmel über uns zu verstehen. Und zweitens schätzen wir unser moralisches Empfinden: unser Gefühl für Recht und Unrecht, für Gut und Böse; das Gefühl, das uns den Inhalt des Sittengesetzes enthüllt. Wir glauben, dass wir uns durch unsere Intelligenz von allen anderen Tieren unterscheiden. Und das stimmt.

Rationalität und Moral entsteigen jedoch nicht wie Aphrodite voll entwickelt den Wellen. Unser Verstand ist beeindruckend und einzigartig, doch er ist auch ein Gebäude, das auf einer Grundlage der Gewalt und des Strebens nach Vergnügen errichtet wurde. Bei Nikkie finden wir äußerst vage Hinweise auf ein im Entstehen begriffenes Moralempfinden, auf ein primitives Gerechtigkeitsgefühl: Luit entging schweren Schlägen, weil Nikkie keine hinreichende Begründung für Maßnahmen gegen ihn hatte.

Es ist kein Zufall, dass sich das Gerechtigkeitsgefühl als Erstes in einem Affen herausbildete. Wenn ein Affe einen anderen in böswilliger Absicht angreift, die nicht durch rituelle Versöhnungsgesten des Opfers umgelenkt werden kann, dann ist es wichtig, dass derartige Angriffe nicht allzu häufig stattfinden, weil sich die Kolonie sonst bald auflöst. Und daher finden wir beim Affen infolge seiner Bosheit und Brutalität zumindest die Ansätze zu einer gewissen Sensibilität. Nikkie erkennt, wenn auch verschwommen, dass ein Angriff auf Luit Gründe haben muss, die durch angemessenes Beweismaterial belegt werden. Die Beweise liefern eine Rechtfertigung und eine Autorisierung für seinen Angriff. Gründe, Beweise; Rechtfertigung, Autorisierung – nur ein wirklich scheußliches Lebewesen benötigt all diese Begriffe. Je unangenehmer das Lebewesen, desto boshafter ist es, und je gleichgültiger es sich gegenüber Versöhnungsmöglichkeiten verhält, desto dringender benötigt es ein Gerechtigkeitsgefühl. In der gesamten Natur steht der Affe völlig allein da,

denn er ist das einzige hinreichend unangenehme Lebewesen, um zu einem moralischen Geschöpf zu werden.

Das Beste an uns entsteht durch das Schlechteste. Das
ist nicht unbedingt ein Nachteil, aber wir müssen diese Tatsache im Gedächtnis behalten.

Die Schönheit und das Tier

1

Als junger Wolf hatte Brenin ein Lieblingsspiel: Er stahl Kissen vom Sofa oder von den Sesseln. Wenn ich mich anderswo aufhielt, etwa in meinem Arbeitszimmer, erschien er mit dem Kissen im Maul an der Tür, um dann, wenn er sicher war, dass ich ihn gesehen hatte, durch das Haus davonzurennen: durch das Wohnzimmer, die Küche und dann hinaus in den Garten. Ich heftete mich an seine Fersen, doch das Spiel war eine Verfolgungsjagd, die sich recht lange hinziehen konnte.

In der Dressur hatte ich das Fallenlassen von Gegenständen mit ihm bereits eingeübt – es war eine der Funktionen des Befehls »Aus!« –, weshalb ich ihn jederzeit dazu bringen konnte, das Kissen loszulassen. Aber dazu hatte ich nicht das Herz, und außerdem machte das Spiel viel mehr Spaß. Also hetzte er durch den Garten – die Ohren angelegt, den Schwanz niedergedrückt, die Augen vor Aufregung glänzend –, während ich hoffnungslos hinter ihm herdonnerte. Bis zum Alter von etwa drei Monaten war Brenin sehr leicht zu fangen, und ich tat nur so, als wäre er zu schnell für mich. Aber die Vorspiegelung ging allmählich in Realität über. Bald machte er kleine Schlenker und wandte sich in die eine Richtung, bevor er die andere einschlug. Nachdem ich diesen Trick durchschaut hatte, wurden die Schlenker zu doppelten Finten. Schließlich wurde das Spiel mit einem Wirrwarr aus Finten, doppelten Finten und dreifachen Finten gespielt – Finten, die mit anderen Finten verschachtelt waren. Ich bin sicher, dass Brenin, wenn er in Spiellaune war, keine Ahnung hatte, was er als Nächstes tun würde. Und daher hatte ich natürlich keinen Anhaltspunkt.

Wie sich versteht, wirkten seine Ausweichmanöver Wunder für meine Rugbyqualitäten. Meine Rugbytaktik hatte immer auf dem Plan beruht, über die Gegner hinweg-, statt um sie herumzulaufen, weshalb ich als »Bosher« bezeichnet wurde. Das klappte im Vereinigten Königreich bestens, jedoch weniger gut in den USA, wo Spieler im Allgemeinen viel größer und im amerikanischen Football geübt sind. Dort ist das Tackling von grausamer Härte. Allerdings sind die Spieler leichter zu verwirren, und ich wurde durch Brenins Anleitung zum flinken, allen Angriffen ausweichenden Dämon der südöstlichen Vereinigten Staaten.

Meine Unfähigkeit, Brenin zu fangen, brachte eine gewisse Frechheit hervor, die sich bald in einer von ihm eingeführten Neuerung ausdrückte. Wenn ich durch und durch erschöpft war, blieb er mir gegenüber stehen und ließ das Kissen genau in der Mitte zwischen uns fallen. »Los«, lautete die Botschaft, »nimm's nur!« Sobald ich mich vorbeugte, um es aufzuheben, machte er einen Satz, schnappte das Kissen, und die Jagd begann erneut. Gleichgültig, wie rasch ich mich vorbeugte und nach dem Kissen griff – Brenin war immer ein kleines bisschen schneller. Dies erwies sich als nützliche, übertragbare Fertigkeit: Einmal spielte er das gleiche Spiel mit einem gerade gebratenen Huhn, das er aus der Küche gestohlen hatte, als ich einen Moment lang unaufmerksam gewesen war. Sicher, ich hätte ihm befehlen können, es fallen zu lassen, aber welchen Zweck hatte das? Nachdem er das Huhn im Maul gehabt hatte, war ich ohnehin nicht mehr auf den Verzehr erpicht, und so vergnügten wir uns wieder mit dem Verfolgungsspiel.

Manche professionelle Tiertrainer hätten unser Spiel voller Entsetzen betrachtet. Das weiß ich, weil ich es von ihnen gehört habe. Sie hatten einen zweifachen Einwand: Erstens sei das Spiel dazu angetan, Brenin erregbarer werden zu lassen – keine Eigenschaft, die man bei einem Wolf verstärken möchte. Zweitens könne meine Unfähigkeit, Brenin zu fangen, ihn zu dem Schluss verleiten, dass er mir physisch überlegen sei, und ihn veranlassen, den Alphastatus für sich zu beanspruchen. Es mag sich um grundsätzlich gerechtfertigte Befürchtungen gehandelt haben, doch in Brenins Fall blieben sie ohne Grundlage. Das liegt meiner Meinung nach daran, dass die Spiele stets nach einem eindeutigen Ritual verliefen, das einen klaren Beginn und ein klares Ende hatte. Wenn ich mich im Wohnzimmer aufhielt, gestattete ich Brenin nie, sich der Kissen zu bemächtigen. Jeder seiner Versuche wurde durch ein energisches »Aus!« blockiert. So erfuhr er, dass das Spiel nur zu bestimmten Zeiten gespielt werden konnte. Und es gelangte immer zu einem definitiven Schluss. Ich sagte: »In Ordnung, das war's!«, wonach ich ihm befahl, mir das Kissen zu bringen und es fallen zu lassen. Dann gingen wir ins Haus, und ich gab ihm einen Leckerbissen, was das Ende des Spiels bekräftigte und eine positive Assoziation bei Brenin weckte.

All das lief eine Zeitlang reibungslos. Doch als Brenin etwa neun Monate alt war, beschloss er, noch eins draufzusetzen. Als ich eines Morgens im Arbeitszimmer saß, hörte ich eine Reihe dumpfer Geräusche aus dem Wohnzimmer. Nicht mehr zufrieden damit, die Kissen in den Garten zu tragen, hatte Brenin den, wie er glaubte, guten Einfall gehabt, auch den Sessel hinauszuschleppen. Die dumpfen Geräusche rührten daher, dass er den Sessel wiederholt an den Türrahmen geknallt hatte, während er versuchte, ihn in den Garten zu zerren. Nun begriff ich, dass ein radikaleres Verfahren erforderlich war, um Brenin Unterhaltung zu verschaffen. Alle Umstände erwogen, schien es am günstigsten für uns beide zu sein, wenn er ständig erschöpft war. Und so begannen wir, gemeinsam zu joggen.

2

Einen Wolf unter Kontrolle zu halten, indem man dafür sorgt, dass er ständig erschöpft ist, mag eine von mehreren Methoden sein, doch man erkennt schon nach kurzem Nachdenken, dass es keine sehr gute Prozedur ist. Zugegebenermaßen wurde Brenin anfangs durch unsere Läufe ermüdet. Ich ebenso, aber das war weniger wichtig, da ich nicht versuchte, Möbel in den Garten zu zerren. Andererseits wurde Brenin immer fitter und dadurch noch fähiger, das Haus und sein Inventar jederzeit zu verwüsten. Bald betrachtete er die Läufe, nach denen er früher für den Rest des Tages in einen Schlummer der Ermattung gefallen war, als sanfte Lockerungsübungen. Deshalb wurde die Strecke, die wir zurücklegten, zwangsläufig immer länger. Doch Brenin wurde dadurch natürlich noch trainierter.

Der Leser kann sich wahrscheinlich ausmalen, welche Pläne ich schmiedete. Ein Fahrrad war theoretisch eine Alternative, aber die Leute in Alabama konnten sich damals noch nicht für Fahrräder erwärmen – eine Tatsache, die mir durch eine Beinahe-Enthauptung nahegebracht wurde. Es handelte sich um einen Vorfall, bei dem ich auf einem Fahrrad dahinrollte und bei dem ein paar volltrunkene Hinterwäldler mit einem Baseballschläger und einem Pick-up Anstoß an mir nahmen. Nur linke, kommunistische Hippies und Bettnässer, so hieß es damals, fuhren mit eigener Körperkraft durch Alabama. Folglich war die Fahrrad-Alternative nicht unbedingt eine, die ich zu jener Zeit weiter ausprobieren wollte.

Also lief ich weiter, und Brenin schloss sich mir an. Wir beide wurden fitter und schlanker und härter. Dieser pragmatische Ansatz im Hinblick auf meine neue Fitness schlug jedoch bald in etwas anderes um. Beim gemeinsamen Jogging entdeckte ich etwas Demütigendes und Wesentliches: Ich war mit einem Geschöpf zusammen, das mir in den meisten wichtigen Punkten fraglos, nachweisbar, hoffnungslos und kategorisch überlegen war.

Das führte zu einem Wendepunkt in meinem Leben. Ich bin ein selbstbewusster Mann. Wenn man mich nicht für arrogant hält – einige mögen mich dafür halten –, dann höchstens deshalb, weil ich mich darauf verstehe, solche Dinge zu verbergen. Ich erinnere mich nicht, einem anderen Menschen gegenüber je ähnliche Gefühle gehabt zu haben. Das entspricht nicht meinem Charakter. Aber nun erkannte ich, dass ich nicht wie ich selbst, sondern lieber wie Brenin sein wollte.

Meine Erkenntnis war in erster Linie ästhetischer Natur. Wenn wir joggten, glitt Brenin mit einer Eleganz und Ökonomie der Bewegungen über den Boden, die ich nie an einem Hund beobachtet habe. Wenn ein Hund dahintrabt, kann man, wie geschmeidig und zügig seine Gangart auch sein mag, in der Bewegung seiner Pfoten stets einen kleinen vertikalen Vektor erkennen. Sollten Sie einen Hund haben, dann beobachten Sie ihn bei Ihrem nächsten Spaziergang einmal ganz genau. Während sich seine Pfoten vorwärtsbewegen, schieben sie sich, so geringfügig es sein mag, auch nach oben und nach unten. Und diese Bewegung der Pfoten überträgt sich auf die Schultern und den Rücken, die auf und ab schaukeln, wenn der Hund vorwärtsläuft. Je nach der Rasse Ihres Hundes wird diese Bewegung offensichtlich oder kaum wahrnehmbar sein. Aber sie ist immer vorhanden, wenn Sie aufmerksam genug hinschauen.

Bei Brenin war eine solche Bewegung nicht zu erkennen. Ein Wolf setzt seine Knöchel und großen Pfoten ein, um voranzukommen. Dadurch sind seine Schritte viel sparsamer, denn seine Läufe sind unverändert gerade und bewegen sich nach vorn und nach hinten, doch nicht auf und ab. Wenn Brenin trabte, blieben seine Schultern und sein Rücken also flach und auf gleicher Höhe. Aus der Entfernung sah es aus, als schwebe er ein paar Zentimeter über dem Boden. War er besonders glücklich oder erfreut, wechselte er zu einem übertriebenen Hüpfen über. Doch seine Standardbewegung war das Gleiten. Brenin lebt nicht mehr, und wenn ich versuche, ihn mir vorzustellen, ist es schwierig, mir dieses Bild mit den für eine konkrete Darstellung notwendigen Details vor Augen zu führen. Aber seine Essenz ist für mich immer noch vorhanden. Ich habe ihn weiterhin vor mir: den gespenstischen Wolf im frühmorgendlichen Dunst von Alabama, wie er mühelos – schweigend, geschmeidig und gelassen – über den Boden gleitet.

Der Kontrast zu dem geräuschvollen, schnaufenden und bleifüßigen Affen, der neben ihm dahinlief, hätte nicht deutlicher oder deprimierender sein können. Ich wollte fähig sein, locker dahinzutraben. Ich wollte über den Boden gleiten, als schwebte ich ein paar Zentimeter darüber. Aber egal, wie gut ich im Laufen wurde – und ich wurde sehr gut –, würde ich dazu nie imstande sein.

Aristoteles unterschied die Seele der Pflanzen einmal von denen der Tiere. Pflanzen hätten lediglich eine der Ernährung dienende Seele, deren Funktion es sei, für die Aufnahme, Verarbeitung und Ausscheidung von Nahrung zu sorgen. Die Tiere hingegen hätten eine bewegliche Seele. Meiner Meinung nach ist es kein Zufall, dass er die Seele der Tiere mit Bewegung in Zusammenhang brachte. Abweichend von dem, was ich als Student lernte, glaube ich nicht, dass Aristoteles einfach darauf hinauswollte, dass Tiere von einem Ort zum anderen ziehen, Pflanzen jedoch nicht. Er hatte in der Regel nichts für Banalitäten übrig. Vielmehr sollte man, wenn man die Seele des Wolfes – sein Wesen, das, was den Wolf ausmacht – verstehen will, darauf achten, wie er sich bewegt. Andererseits ist die griesgrämige, unbeholfene Hektik des Affen, wie ich voller Kummer und Bedauern einsah, ein Ausdruck der griesgrämigen und unbeholfenen Seele, die sich hinter jener Hektik verbirgt.

Trotz dieses recht unglücklichen Artenneides schritt meine physische Umwandlung rasch voran. Als Brenin ein Jahr alt war, hatte er eine Schulterhöhe von 86 Zentimetern und wog 54 Kilogramm. Nachdem er voll ausgewachsen war, wies er weitere 2,5 Zentimeter und zusätzliche 14 Kilo auf. Er war unglaublich stark, weshalb auch ich stärker werden musste. Einerseits konnte ich es mir nicht leisten zuzulassen, dass mein Alphastatus durch ihn gefährdet wurde. Und andererseits war ich dafür verantwortlich, ihn im Umgang mit anderen Hunden im Zaum zu halten. Vorfälle wie der mit Rugger waren in erster Linie deshalb selten geworden, weil Brenin meinen Befehlen gehorchte. Das durfte sich auf keinen Fall ändern. Also vertraute ich Brenin vier- oder fünfmal pro Woche für zwei Stunden einem Babysitter an, suchte das Fitnessstudio auf und trainierte heftiger als je in meinem Leben. Als Brenin ein Jahr und ich 27 Jahre alt war, maß ich 1,75 Meter – daran hatte sich seit meinem zwölften Lebensjahr nichts geändert – und wog 91 Kilo. Mein Körperfettanteil lag bei 8 Prozent. Und ich konnte 143 Kilo Bankdrücken.

Außerdem konnte ich wenigstens 54 Kilo curlen. Das wusste ich nicht durch mein Training, sondern wegen der Methode, mit der ich Brenin von Hunden trennte. Wirkliche Kämpfe waren, wie erwähnt, selten, aber ich konnte recht gut voraussehen, wann sich eine Schlacht abzeichnete. Dann packte ich Brenin an beiden Seiten seines Halses, hob ihn hoch und hielt sein Gesicht an meines. Ich schaute ihm in die bernsteinfarbenen Augen und flüsterte: »Willst du dich mit mir anlegen, mein Junge?«

Das klingt natürlich furchtbar machohaft, was es vermutlich auch war. Wenn man Woche für Woche vier- oder fünfmal ins Fitnessstudio geht, dann schwappt einem eine Menge Testosteron durch den Körper. Aber der Machismo hatte seinen Sinn. Wolfseltern tragen ihre Jungen am Nacken durch die Gegend. Wenn das geschieht, hören die Welpen auf, sich zu widersetzen, und fügen sich den Eltern. Indem ich Brenin auf diese Weise hochhob, bekräftigte ich die Tatsache, dass ich die Vaterfigur in unserer Beziehung war und dass er keinen Widerstand leisten sollte. Wahrscheinlich verstand Brenin ganz genau, was sich abspielte: Ich lieferte ihm ein leicht zu durchschauendes Szenario, das seinen jeweiligen Plänen eindeutig ein Ende setzte. Allerdings funktionierte die Methode nur mit seiner Kooperation. Er war mindestens so groß wie ich, deshalb konnte ich ihn nur am Nacken vom Boden heben, wenn er seine Hinterläufe einzog – wie ein Kaninchen, das aus dem Hut eines Zauberers hervorkommt.

3

Eines Nachmittags während des langen, heißen und äußerst schwülen Sommers in Alabama beschloss ich, zum Joggen aufzubrechen. Außerdem plante ich, was untypisch war, Brenin nicht mitzunehmen. Er war seit zwei Tagen nicht ganz auf der Höhe gewesen, und ich wollte ihn nicht der Hitze und Schwüle aussetzen. Damit war er nicht einverstanden, und er machte keinen Hehl aus seinem Missvergnügen. Ich ließ ihn unter Aufsicht einer Freundin im Haus zurück.

Nach einer offenbar kurzen Versuchsreihe gelang es Brenin, die Gartenpforte zu öffnen – im Wesentlichen, indem er die Scharniere zerbrach. Dann rannte er hinter mir her. Da sich unsere Route von Tag zu Tag änderte, muss er meiner Witterung gefolgt sein.

Ungefähr zehn Minuten nach dem Start hörte ich das Kreischen von Bremsen, gefolgt von einem lauten, Übelkeit erregenden Aufschlag. Ich drehte mich um und sah Brenin, der von einem Chevrolet Blazer angefahren worden war, auf der Straße liegen. Ein Blazer ist, zur Information für nichtamerikanische Leser, ein Geländewagen. In Europa entspricht ihm der Vauxhall oder Opel Frontera, doch der in Amerika verkaufte Blazer ist größer. Er war mir kurz zuvor mit einer Geschwindigkeit von 70 bis 80 Stundenkilometern entgegengekommen.

Brenin blieb ein paar Sekunden lang, die mir den Atem stocken ließen, heulend auf der Straße liegen, bevor er sich aufrappelte und im Wald neben der Straße verschwand. Ich brauchte fast eine Stunde, um ihn zu finden, aber er wies, wie sich herausstellte, kaum Verletzungen auf. Jennifer, unsere Tierärztin, bestätigte, dass er zwar einige Schnittwunden und Prellungen, doch keinen Knochenbruch davongetragen hatte. Nach ein oder zwei Tagen war er wieder wohlauf. Der Chevy dagegen hatte stärkere Blessuren hinnehmen müssen.

Ich wäre durch den Zusammenstoß mit dem Blazer getötet worden, während Brenins physische Wunden nach ein paar Tagen verheilt waren. Und psychische Wunden schien er überhaupt nicht erlitten zu haben. Schon am folgenden Tag drängte er mich, mit ihm zu joggen, und er zeigte auch nach dem Unfall nie die geringste Furcht vor Autos, die auf der Straße an ihm vorbeirasten. Brenin war in physischer wie psychischer Hinsicht ein sehr robustes und ausgeglichenes Tier. Das sollte der Leser im Gedächtnis behalten, wenn ich die nächste Geschichte erzähle.

Ein paar Jahre später waren wir erneut unterwegs. Wir wohnten nun in Cork in Irland und liefen gemeinsam am Ufer des Flusses Lee entlang. Nachdem wir den Lee Valley Park hinter uns gelassen hatten, steuerten wir auf eine Wiese mit grasenden Kühen zu, die am Fluss lag. Die meisten Menschen halten Kühe für schwerfällige und begriffsstutzige Geschöpfe, die ihr Leben in einer giftigen Atmosphäre des Herumstehens, Kauens und Glotzens verbringen. Brenin und ich wussten es besser. Hin und wieder, wenn die Sonne genau am richtigen Punkt steht und der Wind die Verheißung des Sommers herüberträgt, vergessen Kühe, was sie sind – wozu zehn Jahrtausende der Zuchtauswahl sie gemacht haben –, um zu tanzen und zu singen und ihrer Freude über das Leben an einem Tag wie diesem Ausdruck zu verleihen.

Die Kühe schienen Brenin außerordentlich gernzuhaben, und er erwiderte ihre Gefühle unzweifelhaft. An Frühlingstagen wie diesem stürmten sie bei unserem Anblick aus den fernsten Winkeln der Wiesen herbei und begrüßten uns muhend und blökend. Der Grund war vermutlich der, dass man ihnen gerade die Kälber weggenommen hatte – es waren Milchkühe – und dass sie Brenin für einen der ihren hielten, einen verlorenen Sohn, der in die grüne Heimat zurückgekehrt war. Vielleicht glaubte Brenin, dass sie ihn als Gott verehrten: als Gott der Kühe. Wie auch immer, er trabte auf sie zu und leckte jeder über die große feuchte Nase. Er mochte wenig für andere Hunde übriggehabt haben, doch Kühe waren ihm wirklich sehr sympathisch.

Die Felder waren mit Elektrozäunen abgesichert, damit die Kühe nicht davonlaufen konnten. Auf dem Rückweg packte ich Brenins Halsband, da Paco, ein großer Bernhardiner, vor uns aufgetaucht war. Brenin vertrat allen großen Rüden gegenüber immer noch eine feindselige Haltung, und ich hatte keine Lust, mich einschalten und die beiden voneinander trennen zu müssen. Während ich sein Halsband umfasste, duckten wir uns unter einen der Elektrozäune. Mein Ellbogen berührte den Zaun, und der Schock wurde auf Brenin übertragen. Er machte sich auf eine nicht sehr würdevolle Art davon, die eher an eine verbrühte Katze als an den Gott der Kühe denken ließ, und rannte stracks an dem konsternierten Paco vorbei. Und er blieb erst stehen, als er das drei Kilometer entfernte Auto erreicht hatte. Dort wartete er auf mich, als ich schließlich besorgt und atemlos eintraf.

Wir hatten fast ein Jahr lang an den meisten Tagen – und bei jedem Wetter – die gleiche Strecke zurückgelegt, aber dazu war er nun nicht mehr bereit. Er weigerte sich rundweg und ließ sich nicht umstimmen, ob ich nun bettelte oder versuchte, ihn zu bestechen oder zu nötigen. So schrecklich ist Elektrizität also für Wölfe. So sehr müssen sie Strom hassen.

Vielleicht glauben Sie, dass Brenin sich ein wenig theatralisch benahm. Schließlich war es nur ein milder Stromschlag gewesen. Wenn Sie diesen Eindruck haben, dann denken Sie bitte an den Chevy Blazer. Unter dem Strich scheint ein milder Stromschlag für Brenin viel abschreckender gewesen zu sein als ein Zusammenstoß mit einem Geländewagen.

4

Wer das menschliche Böse in all seiner Reinheit, seinem Einfallsreichtum und seiner Willkür betrachten will, findet es in einer Shuttle-Box. Dieses Foltergerät wurde von den Psychologen R. Solomon, L. Kamin und L. Wynne an der Harvard University erfunden. Die Box besteht aus zwei durch eine Schranke getrennten Abteilungen. Den Boden beider Abteilungen bildet ein Gitter, das unter Strom gesetzt werden kann. Solomon und seine Kollegen steckten einen Hund in eine der Abteilungen und versetzten ihm über seine Pfoten dann einen starken Stromschlag. Instinktiv sprang der Hund von einer Abteilung in die andere. Dieses Verfahren wiederholten sie im Rahmen eines typischen Experiments mehrere hundert Mal. Doch der Sprung wird für das Tier immer schwerer, da die Experimentatoren die Schranke ständig erhöhen. Schließlich ist der Hund nicht mehr zu dem Sprung imstande und stürzt auf das unter Strom stehende Gitter zurück – ein keuchendes, zuckendes, schreiendes Wrack.

Bei einer Variante wird der Boden auf beiden Seiten der Schranke unter Strom gesetzt. Wohin der Hund auch springt, stets erhält er einen Stromschlag. Da der Schmerz sehr heftig ist, versucht er immer wieder zu entkommen, so sinnlos es auch ist. Also springt er von einem elektrisierten Gitter zum anderen.

Als die Forscher das Experiment zu Papier brachten,

schrieben sie, der Hund habe ein »scharfes, vorwegnehmendes Jaulen« ausgestoßen, »das zu einem gellenden Schrei wurde, wenn er auf dem elektrisierten Gitter landete«. Das Endergebnis ist das gleiche: Der Hund – urinierend, seinen Darm entleerend, jaulend und zitternd – liegt erschöpft auf dem Boden. Nach zehn bis zwölf Tagen solcher Experimente leistet der Hund den Stromschlägen keinen Widerstand mehr.

Hätten Solomon, Kamin und Wynne diese Versuche in ihrer Privatsphäre unternommen, wären sie angeklagt, zu einer Geldstrafe verurteilt und wahrscheinlich für fünf bis zehn Jahre mit einem Tierhaltungsverbot belegt worden. Man hätte sie einsperren sollen. Aber da sie ihre Arbeit in einem Harvard-Labor verrichteten, wurden sie stattdessen mit den zweifelhaften Insignien des akademischen Erfolgs belohnt: mit einem bequemen Leben, großzügigen Gehältern, der Verehrung durch ihre Studenten und der Eifersucht anderer Hochschullehrer. Durch die Folterung von Hunden machten sie Karriere und brachten eine ganze Dynastie von Nachahmern hervor. Derartige Experimente setzten sich mehr als drei Jahrzehnte lang fort. Ihr berühmtester Imitator, Martin Seligman, amtierte unlängst als Präsident der American Psychological Association. Inzwischen widmet Seligman sich anderen Dingen. Er konzentriert sich nun auf das Glück. Natürlich nehmen Hunde nicht an Experimenten teil, die sie glücklich machen. Sie werden nur zu den scheußlichen Experimenten zugelassen.

Warum wurde diese Folter genehmigt? Warum hat man sie als wertvolle Forschungsarbeit eingestuft? Die Experimente hatten den Zweck, das Depressionsmodell der sogenannten erlernten Hilflosigkeit zu etablieren. Es basiert auf der Annahme, dass Depression erlernt werden könne. Eine Weile maßen Psychologen ihrer Bestätigung durch die Experimente große Bedeutung zu. Allerdings kamen sie keinem Menschen je zugute. Nach 30 Jahren der Hinrichtung von Hunden und verschiedenen anderen Tieren durch Stromschläge gelangte man zu dem Schluss, dass das Modell einer sorgfältigen Prüfung nicht standhielt.

Aus solchen Experimenten können wir aufschlussreiche Erkenntnisse über das menschliche Böse gewinnen.

5

Das Böse macht neuerdings schlechte Zeiten durch. Nicht in dem Sinne, dass es nicht viel davon gäbe – ganz im Gegenteil –, sondern in dem Sinne, dass es vielen angeblich intelligenten Menschen widerstrebt, seine Existenz einzuräumen. Der Grund ist, dass sie das Böse für ein überholtes Relikt des Mittelalters halten: eine übernatürliche Kraft, die vom Teufel stammt, der sein diabolisches Werk verrichtet, indem er den Herzen von Männern und Frauen das Böse einpflanzt.

Heutzutage neigen wir dazu, es mit Anführungszeichen zu versehen. Dieses »Böse« wird entweder als Ergebnis irgendeiner Geisteskrankheit und damit als medizinisches Problem gewertet oder als Ergebnis der einen oder anderen gesellschaftlichen Malaise, also als soziales Problem betrachtet. Das hat zwei Konsequenzen: Erstens glaubt man, das »Böse« sei nur in den Randbereichen der Gesellschaft vorhanden, bei den psychisch oder sozial Benachteiligten. Zweitens meint man, eigentlich sei niemand daran schuld. Menschen, die das begehen, was wir geneigt sein könnten, eine »böse« Tat zu nennen, dürfen für ihre Handlungen nicht verantwortlich gemacht werden. Entweder sind sie geisteskrank oder durch ihre sozialen Umstände aller Chancen beraubt. Sie mögen medizinisch oder gesellschaftlich dysfunktional sein, doch moralisch gesehen sind sie nicht böse. Das Böse ist nie das, was es zu sein scheint, sondern immer etwas anderes.

Ich halte all das für völlig falsch. Dem zeitgenössischen – und angeblich aufgeklärten – Konzept des Bösen fehlt etwas sehr Wichtiges. Mir geht es nicht darum, den mittelalterlichen Begriff des Bösen als übernatürlicher Kraft zu verteidigen. Aber die beiden zentralen Hypothesen der heutigen Auffassung vom Bösen – dass es nur am Rand der Gesellschaft existiere und dass niemand daran schuld sei – sind meiner Ansicht nach nicht aufrechtzuerhalten. Stattdessen schlage ich eine Definition des Bösen vor, die trügerisch einfach ist. Erstens: Das Böse besteht aus sehr schlimmen Dingen. Zweitens: Böse Menschen sind diejenigen, die infolge eines bestimmten Versagens sehr schlimme Dinge tun.

Beginnen wir mit dem Versuch zu verstehen, wie wir der Idee des Bösen gegenüber so argwöhnisch geworden sind. Der heutige Argwohn gegenüber dem Begriff des Bösen beruht auf der Annahme, dass nur böse Menschen böse Taten begingen und dass böse Menschen von bösen Motiven angetrieben würden. Wenn man jedoch keine Kontrolle über seine Motive habe – weil man krank oder gesellschaftlich nicht integriert ist –, dann habe man auch keine Kontrolle über die Taten.

Diese Verbindung zwischen bösen Taten und bösen Motiven ist kein Zufall. Sie geht auf eine Unterscheidung zurück, die ursprünglich im Mittelalter getroffen wurde: die zwischen dem »moralisch« und dem »natürlich« Bösen. Mittelalterliche Philosophen wie Thomas von Aquin vermerkten, das Böse – sie dachten dabei an Schmerz, Leid und derartige Phänomene – habe zwei unterschiedliche Ursachen: natürliche Ereignisse und menschliche Einwirkung. Erdbeben, Überschwemmungen, Orkane, Krankheit, Dürren und so weiter könnten alle schweres und andauerndes Leid verursachen. Letztere bezeichneten sie als das natürlich Böse, und sie unterschieden es von den Schmerzen und Leiden, die durch menschliche Einwirkung hervorgerufen wurden – also durch das von Menschen begangene Böse. Dies nannten sie das moralisch Böse.

Die Vorstellung von der Einwirkung – dem Handeln – setzt ein Motiv oder eine Absicht voraus. Erdbeben oder Überschwemmungen haben kein Motiv. Sie handeln nicht, sondern sie geschehen einfach nur. Menschen dagegen können handeln, können Dinge tun. Doch etwas zu tun – statt es einfach auf sich zukommen zu lassen – erfordert ein Motiv. Wer die Treppe hinunterstürzt, tut nichts, sondern ihm stößt etwas zu. Echte Handlungen erfordern Motive. Daher folgern manche (obwohl dies nicht wirklich zwingend ist), dass ein böser Mensch jemand sei, der aus bösen Motiven handelt.

Das Ergebnis ist ein stark intellektualisierter Begriff des moralisch Bösen. Ein gutes Beispiel liefert Colin McGinn, ein Freund von mir und einer der besten heutigen Philosophen, der das moralisch Böse im Wesentlichen als eine Art Schadenfreude versteht. Dies mag sich nach einer guten Möglichkeit anhören, das Böse einzustufen. Ist es etwa nicht böse, sich am Schmerz, Leid oder Unglück anderer zu weiden? Und wer so etwas tut, ist doch bestimmt beispielhaft für einen bösen Menschen? Ich glaube jedoch nicht, dass diese Auffassung sinnvoll ist.

Ein kleines Mädchen wurde schon sehr früh Opfer eines Missbrauchs, denn ihr Vater vergewaltigte es jahrelang immer wieder. Sie mögen sich, genau wie ich damals, entsetzt fragen, wie sich ihre Mutter dabei verhielt. Hatte sie nicht gemerkt, was vorging? Die Antwort des Mädchens erschütterte mich bis ins Mark, und daran hat sich nichts geändert.

Wenn ihr Vater betrunken nach Hause kam, fluchend und streitsüchtig – ein häufiges Ereignis in ihrer Familie –, befahl die Mutter ihr, »hineinzugehen und ihn ruhig zu halten«. Wann immer ich mir ein Bild des menschlichen Bösen vergegenwärtigen muss, brauche ich nur an diese Frau zu denken, die ihre Tochter drängt, hineinzugehen und ihn ruhig zu halten.

Hier sind zwei Akte des Bösen im Spiel: die wiederholten Vergewaltigungen durch den Vater und die vorauseilende Komplizenschaft der Mutter. Und es ist schwer zu entscheiden, welche Tat schlimmer ist. Die Mutter war unzweifelhaft ein Opfer, doch verhielt sie sich weniger böse? Sie verkaufte den Körper, die Unschuld und fast mit Sicherheit jede Chance eines künftigen Glücks ihrer Tochter gegen die vorübergehende Befreiung von ihrem monströsen Mann. Es ist anzunehmen, dass sie ihre bösen Taten aus Furcht beging und nicht wegen irgendeines Entzückens über das Leid und Elend ihrer Tochter. Doch das ändert nichts an der Tatsache, dass ihre Handlungen denkbar böse waren. Das führe sich jeder vor Augen, der die Auffassung vertreten möchte, Opfer könnten nicht böse sein. Wenn dieser Vater und diese Mutter nicht beide böse waren, wer dann?

In keinem der beiden Fälle kann das Böse jedoch wirklich über Motive verstanden werden, jedenfalls nicht über nach McGinn entscheidende Motive. Wer weiß, welche Beweggründe der Vater hatte? Vielleicht wusste er, dass sein Tun böse war. Vielleicht auch nicht. Nehmen wir Letzteres an. Stellen wir uns vor, dass er sein Handeln für einen ganz natürlichen Aspekt des Familienlebens hielt. Vielleicht war er selbst unter ähnlichen Umständen aufgewachsen. Vielleicht dachte er, dies sei schlicht der Gang der Dinge. Vielleicht hielt er es für sein Recht als Vater, der an der Entstehung seiner Tochter mitgewirkt hatte, die absolute Herrschaft über sie auszuüben – das Recht eines Schöpfers über seine Schöpfung. Vielleicht glaubte er, seiner Tochter einen Gefallen zu tun, indem er sie, natürlich so einfühlsam wie möglich, auf ihr künftiges Geschlechtsleben vorbereitete.

Darauf kann ich nur antworten: Wen interessiert es, was er dachte? Es gibt keinen Grund, über seine Motive zu spekulieren. Selbst wenn er glaubte, nichts Unrechtes zu tun – selbst wenn er glaubte, das Richtige zu tun –, verringert dies das Böse um keinen Deut. Seine Handlungen gehören trotzdem zu den denkbar bösesten.

Man kann böse sein – wie die Mutter –, wenn man seine Pflicht gegenüber Schutzbefohlenen verletzt, gleichgültig, wie sehr man sich selbst bedroht fühlt. Man kann böse sein – wie der Vater in unserer völlig spekulativen Rekonstruktion seiner Motive –, weil man hoffnungslos dumm ist. Aber in beiden Fällen ist das Böse nicht mit der Freude am Schmerz, Leid oder Unglück anderer verknüpft. Vorsätzliche Niedertracht hat für mich wenig mit der Essenz des Bösen zu tun. Das soll nicht heißen, dass Niedertracht keine Rolle beim Verüben böser Taten spielte. Offensichtlich kommen solche Fälle vor, aber ich will darauf hinaus, dass sie relativ selten sind.

Blenden wir nun vom Leid der Tochter ein paar Jahre weiter auf die Verurteilung der Eltern. Nehmen wir an, Vater und Mutter wurden irgendwann überführt und bestraft – wobei man darüber streiten mag, ob die Strafe je ausreichen könnte. Ich bin mir nicht sicher, wie die emotionale Reaktion der Tochter unter solchen Umständen aussehen würde. Wahrscheinlich hätte sie gemischte Gefühle. Doch nehmen wir einmal an, sie wäre außer sich vor Freude, und zwar nicht, weil sie meint, die lange Gefängnisstrafe könne der Rehabilitation der Eltern dienen, weil man ihnen endlich die erforderliche Hilfe leistet. Und nehmen wir an, sie wäre nicht außer sich vor Freude, weil ihre Eltern nun wenigstens keinem anderen mehr schaden könnten oder wegen des Abschreckungseffekts der Strafe auf andere Pädophile. Nein, nehmen wir an, sie wäre aus einem viel einfacheren und fundamentaleren Grund entzückt: aus Vergeltung.

Angenommen, sie hätte gehofft, dass ihr Vater nicht bloß mit Freiheitsentzug bestraft werden würde. Angenommen, sie hätte gehofft, dass er eine Zelle mit einem Riesenkerl teilen müsse, der eine Vorliebe für Analverkehr und Vergewaltigung hätte und es ihm mit gleicher Münze heimzahlen würde. Wäre das eine böse Hoffnung? Würde sie dadurch zu einem bösen Menschen werden?

Ich glaube nicht. Ihr Wunsch nach Rache wäre bedauerlich und vielleicht ein Hinweis auf das Vorhandensein dauerhafter psychischer Schäden, die ihr nie gestatten würden, ein wirklich normales Leben zu führen. Mag sein. Aber unter den gegebenen Umständen könnte man die Frau schwerlich als böse bezeichnen. Die Freude über das Unglück böser Menschen, unter deren Untaten man persönlich gelitten hat, ist vielleicht kein glänzendes Beispiel moralischer Entwicklung und Reife; doch sie ist weit davon entfernt, böse zu sein.

Also meine ich, dass Schadenfreude weder eine notwendige noch eine hinreichende Voraussetzung für einen bösen Charakter ist. Sie ist nicht notwendig, weil man auch dann böse sein kann, wenn man sich nicht am Schmerz, Leid oder Unglück anderer erfreut. Man kann böse sein, wenn man, wie die Mutter, seine Pflicht versäumt. Und man kann böse sein, wenn man, wie der Vater in unserer spekulativen und vermutlich von den Tatsachen abweichenden Rekonstruktion seiner Motive, durch und durch dummen Überzeugungen anhängt. Und Schadenfreude reicht nicht aus, um jemanden zu einem bösen Menschen zu machen. Die Freude über den Schmerz böser Menschen bedeutet nicht unbedingt – besonders wenn man unter ihnen gelitten hat –, dass man ebenfalls böse ist.

Manch einer könnte schockiert darüber sein, dass ich die Experimente von Solomon, Kamin und Wynne im selben Atemzug mit dem Fall des missbrauchten Mädchens erwähnt habe – als würde ihr Leid dadurch in irgendeiner Weise herabgesetzt werden. Eine solche Einschätzung hat jedoch keine logische Grundlage. Die Fälle laufen parallel. Beide sind durch sehr schlimme Dinge gekennzeichnet: durch Leid und Schmerz in einem für die meisten von uns nicht vorstellbaren Ausmaß. Und diese sehr schlimmen Dinge sind das Ergebnis eines Versagens der Täter. Dieses Versagen kommt letztlich einem Pflichtversäumnis gleich, aber wir haben es mit zwei unterschiedlichen Pflichten zu tun.

Erstens geht es um das Unvermögen, seine moralische Pflicht zu erfüllen. Sie dient dazu, jene zu schützen, die sich nicht gegen andere verteidigen können, von denen sie für minderwertig und deshalb für entbehrlich gehalten werden. Wenn hier keine grundlegende moralische Verpflichtung besteht, wo denn dann? Die Mutter hatte sich dieses Versäumnisses schuldig gemacht. Ihre unzweifelhafte Angst vor ihrem Mann mag ihre Schuld mindern, kann sie jedoch nicht auslöschen.

Hier muss jedoch noch eine andere Art der Pflicht angeführt werden: eine, die von den Philosophen als epistemische Pflicht bezeichnet wird. Sie macht es uns zur Aufgabe, unsere Überzeugungen einer angemessen kritischen Prüfung zu unterziehen: zu untersuchen, ob sie aufgrund des verfügbaren Beweismaterials gerechtfertigt sind, und sich im Rahmen des Möglichen zu vergewissern, ob abweichende Indizien vorliegen. Heutzutage schätzen wir die epistemische Pflicht gering. Sie wird so selten befolgt, dass die meisten Menschen sie nicht einmal als Pflicht betrachten (und das ist ein Versagen der epistemischen Pflicht). Unserer – möglicherweise wenig plausiblen – Rekonstruktion seiner Motive zufolge war der Vater eines solchen Versäumnisses schuldig.

Ähnliche Versäumnisse finden wir bei Solomon, Kamin und Wynne sowie bei ihren zahlreichen Nachahmern vor. Natürlich stoßen wir auf alberne, ungerechtfertigte Überzeugungen; zum Beispiel auf die, dass die Folterung von Hunden mit Elektrizität irgendetwas Interessantes über das Wesen der menschlichen Depression und ihre vielfältigen Ursachen, Ätiologien und Syndrome enthüllen könne. Zudem handelt es sich um eine Missachtung der moralischen Pflicht, ein hilfloses fühlendes Geschöpf vor einem Leid zu schützen, das sich die meisten von uns glücklicherweise nicht einmal vorstellen können.

Wir Menschen erkennen das Böse auf der Welt nicht, weil wir so sehr von glänzenden, funkelnden Motiven abgelenkt werden, dass wir die sich dahinter verbergende Hässlichkeit nicht wahrnehmen. Sich auf diese Weise ablenken zu lassen ist eine nur den Menschen eigene Schwäche. Wann immer wir das Böse in seinen verschiedenen Formen und Tarnungen genauer betrachten, stoßen wir auf eine Vernachlässigung der epistemischen und der moralischen Pflicht. Böses, das auf dem Vorsatz beruht, Schmerz und Leid zu verursachen und sich daran zu erfreuen, bildet eine seltene Ausnahme.

Dies hat eine wichtige Folge: Es gibt mehr böse Taten und mehr böse Menschen, als wir einräumen oder uns vorstellen möchten. Wenn wir das Böse mit einer Krankheit oder einem sozialen Niedergang in Zusammenhang bringen, halten wir es für etwas Außergewöhnliches, das am Rand der Gesellschaft existiert. Doch in Wirklichkeit durchdringt es alle gesellschaftlichen Bereiche. Es haftet Missbrauch begehenden Vätern und sich mitschuldig machenden Müttern an. Aber es ist in gleichem Maße ein Merkmal von privilegierten und zufriedenen Harvard-Psychologen, angeblichen Experten auf dem Gebiet der geistigen Gesundheit, die, wie wir annehmen sollten, nur mit den besten Absichten für die Menschheit handeln.

Ich habe auch schon böse Taten begangen, sehr viele. Und Sie ebenfalls. Das Böse ist alltäglich; es ist abgedroschen. Es ist banal.

In ihrer brillanten Erörterung des Prozesses gegen Adolf Eichmann stellt Hannah Arendt die Idee der Banalität des Bösen vor. Eichmanns Verbrechen als Referatsleiter im Reichssicherheitshauptamt, das mitverantwortlich für die systematische Ermordung von rund sechs Millionen Juden war, wären nicht aus dem Wunsch heraus entstanden, die Gefangenen zu quälen oder sie zu erniedrigen. Solche Gelüste seien ihm fremd gewesen. Vielmehr hätten sich seine Untaten auf sein Unvermögen gegründet, mit seinen Opfern mitzufühlen, sowie auf seine Unfähigkeit, seine Überzeugungen und Werte angemessen zu überprüfen.

Ich stimme Hannah Arendt zu, dass das Böse banal ist. Aber das wird es nicht durch unsere Unfähigkeit, sondern durch unseren Unwillen. Solomon, Kamin und Wynne waren nicht unfähig, ihre Überzeugungen zu überprüfen, sondern lediglich nicht willens, das zu tun. Auch waren sie nicht unfähig, die Hunde vor weiteren Folterungen zu schützen, sondern nur nicht willens, so zu handeln.

Immanuel Kant sagte einmal zu Recht, Sollen impliziere Können. Wenn man sagt, man solle etwas tun, setzt man voraus, dass man dazu fähig ist. Umgekehrt bedingt die

Aussage, dass man etwas nicht tun solle, auch die Fähigkeit, es nicht zu tun. Wenn wir die Banalität des Bösen auf Unfähigkeit zurückführen, erhalten wir eine nur zu bequeme Entschuldigung: Wir hätten nicht anders handeln können, als es tatsächlich der Fall war. Unfähigkeit beseitigt Schuldhaftigkeit, aber so leicht können wir uns nicht von Schuld freisprechen lassen.

Die Vernachlässigung der moralischen und epistemischen Pflicht, die nicht auf Unfähigkeit, sondern auf Unwillen zurückgeht, lässt den größten Teil des Bösen auf der Welt entstehen. Daneben gehört jedoch noch etwas zum Bösen, ohne das kein Versagen irgendeine Konsequenz hätte: die Hilflosigkeit des Opfers.

6

Sie mögen bemerkt haben, dass die Grundrichtung dieses Kapitels nicht allzu gut zum Thema der Einzigartigkeit der Affen im vorigen Kapitel passt. Dort habe ich ausgeführt, dass Affen fraglos eines in die Welt bringen: eine böswillige Absicht, die ihren Umgang miteinander antreibt. Daraus ergibt sich naturgemäß der Gedanke, dass das unverwechselbar menschliche Böse durch bewusste Arglist entsteht. Im vorliegenden Kapitel argumentiere ich jedoch, dass der größte Teil des von Menschen bewirkten Bösen nicht von Heimtücke, sondern von dem Unwillen herrührt, seine moralische und epistemische Pflicht zu erfüllen. Aber wir haben erst die Hälfte unserer Darstellung des Bösen hinter uns und damit noch reichlich Zeit, die äffische Erfindung ins Spiel zu bringen. Heimtücke ist ohne Zweifel wichtig für das menschliche Böse, jedoch weniger für die Ausführung von Taten als für die Bereitung des Bodens, auf dem jene Taten stattfinden können. Die Bosheit der Affen – insbesondere der menschlichen Affen – ist in ihrer Erzeugung von Hilflosigkeit zu finden. Dadurch schaffen menschliche Affen die Möglichkeit ihres eigenen Bösen.

Die Hunde waren so hilflos wie die Tochter. Kinder sind von Natur aus hilflos, doch Hunde sind dazu gemacht worden. Solomon, Kamin und Wynne bildeten sich ein, das Phänomen der erlernten Hilflosigkeit zu untersuchen, während sie in Wirklichkeit Hilflosigkeit erzeugten. Das mag ironisch erscheinen, doch hier kann von Ironie keine Rede sein, nur von Vorsatz. Um die Hilflosigkeit bei Menschen zu untersuchen, mussten sie diesen Zustand zuerst bei Tieren herstellen. In seinem Roman *Die unerträgliche Leichtigkeit des Seins* schreibt der tschechische Autor Milan Kundera etwas über das Wesen der menschlichen Güte, das ich für äußerst wichtig und zutreffend halte:

> Die wahre menschliche Güte kann sich in ihrer absoluten Reinheit und Freiheit nur denen gegenüber äußern, die keine Kraft darstellen. Die wahre moralische Prüfung der Menschheit, die elementarste Prüfung (die so tief im Innern verankert ist, dass sie sich unserem Blick entzieht) äußert sich in der Beziehung der Menschen zu denen, die ihnen ausgeliefert sind: zu den Tieren. Und gerade hier ist es zum grundlegenden Versagen des Menschen gekommen, zu einem so grundlegenden Versagen, dass sich alle anderen aus ihm ableiten lassen.

Wenn wir Menschen den Motiven eine so unverhältnismäßig große Bedeutung zuschreiben und wenn diese nichts als Masken sind, hinter denen sich eine hässliche Wahrheit verbirgt, dann müssen wir diese Motive beiseiteräumen, um die menschliche Güte zu verstehen. Wenn andere Menschen machtlos sind, haben wir kein eigennütziges Motiv, sie anständig oder respektvoll zu behandeln. Sie können uns weder helfen noch behindern. Wir fürchten sie nicht, noch brauchen wir ihre Unterstützung. In einer solchen Situation ist das einzige Motiv, sie mit Anstand und Respekt zu behandeln, moralischer Natur: Wir behandeln sie so, weil es das richtige Verhalten ist. Und wir tun es, weil es unserem Wesen entspricht.

Ich beurteile Personen immer danach, wie sie Schwächere behandeln. Ich beurteile den reichen Restaurantbesucher danach, wie er die Kellner und Kellnerinnen behandelt. Ich beurteile den Bürochef danach, wie er seine Angestellten behandelt. Auf diese Weise kann man viel über einen Menschen erfahren. Doch auch hier führt der Test nicht immer zu korrekten Ergebnissen. Der gekränkte Kellner kann in die Suppe des Gastes spucken (oder noch Schlimmeres tun). Der Büroangestellte kann schlechte Arbeit leisten und seinem Chef dadurch Probleme mit dessen Vorgesetzten bereiten. Man findet etwas Wesentliches über einen Menschen heraus, wenn man sich ansieht, wie er Schwächere behandelt. Doch am meisten erfährt man über einen Menschen, wenn man beobachtet, wie er die völlig Machtlosen – jene, die hilflos sind – behandelt. Und wie Kundera hervorhebt, sind Tiere die wahrscheinlichsten Kandidaten für einen solchen Zustand.

Ironischerweise schnitt Brenin für ein Lebewesen, das traditionell den finsteren Aspekt der menschlichen Seele symbolisiert, in Kunderas Test gar nicht schlecht ab. Der Gegner in seinen Kämpfen, so brutal und blutig diese sein mochten, war immer ein Hund, der ihm an Größe, Aggressivität und Wildheit nicht nachstand. Mit anderen Worten: Brenin kämpfte nur mit Hunden, die er als konkrete oder potenzielle Bedrohung empfand. Ich kannte viele von ihnen, denn sie gehörten meinen Rugbykameraden oder ihren Freunden. Manche dieser Hunde waren bereit, mit dem Kopf voran durch eine Glasscheibe zu springen, wenn sie einen Kampf auf der anderen Seite witterten. Sie stellten – und das ist die einfache, reine Wahrheit – eine konkrete oder potenzielle Bedrohung dar.

Hunde, die offenkundig schwächer als Brenin waren, behandelte er gleichgültig oder mit einer seltsamen Freundlichkeit. Ich erinnere mich an einen sechs Monate alten Labradorrüden, der, gefolgt von seinem verzweifelten Besitzer, aus großer Entfernung auf Brenin zustürmte. In seiner Aufregung bedrängte er meinen Wolf von allen Seiten, was dieser nicht ausstehen konnte. Aber er hatte keine Möglichkeit, sich zur Wehr zu setzen. Am Ende nahm er den Kopf des Labradors in die Schnauze und hielt ihn fest, um ihn zu bändigen. Sie hätten die Miene des Besitzers sehen sollen! Vielleicht werde ich vom rosigen Licht der Nostalgie irregeführt, aber soweit ich mich erinnere, blieb Brenins moralische Reputation, gemessen an Kunderas Test, ziemlich intakt.

Genau wie sich wahre menschliche Güte nur in der Beziehung zu denen, die machtlos sind, äußern kann, ist Schwäche – oder wenigstens relative Schwäche – eine notwendige Voraussetzung für das menschliche Böse. Und hier treffen wir auf das grundlegende Versagen unserer Gattung. Menschen sind die Tiere, die Schwäche herstellen. Wir nehmen Wölfe und machen sie zu Hunden. Wir nehmen Büffel und machen sie zu Kühen. Wir nehmen Hengste und machen sie zu Wallachen. Wir schwächen Dinge, damit wir sie benutzen können. In dieser Hinsicht sind wir einzigartig im Tierreich. Das missbrauchte Kind war von Natur aus hilflos. Dagegen waren Solomons, Kamins und Wynnes Hunde das

Produkt von 15000 Jahren sozialer und genetischer Manipulation, die sie am Ende unerbittlich in eine unter Strom gesetzte Shuttle-Box brachte.

Menschen sind nicht die Einzigen, die Schwache oder Hilflose schlecht behandeln. Alle Tiere beuten die Schwachen aus. Allerdings bleibt ihnen in der Regel nichts anderes übrig. Ein Wolfsrudel führt gewöhnlich erst einmal zahlreiche Scheinangriffe auf eine Karibuherde aus, um herauszufinden, welches Herdenmitglied Zeichen der Schwäche aufweist. Sobald das Wolfsrudel diese Zeichen entdeckt hat, konzentriert es seine Energie auf das betreffende Tier. Eine Wolfsmutter tötet ihr Junges, wenn es ungewöhnliche Merkmale von Schwäche aufweist. Das Leben ist ein zutiefst unerfreulicher Prozess, in dem die Schwachen von den Starken ausgesondert werden. Das Leben ist durch und durch grausam.

Charakteristisch für die Menschen ist jedoch, dass sie die Unerfreulichkeit des Lebens verfeinert und dadurch intensiviert haben. Durch sie hat die Grausamkeit des Lebens ein neues Niveau erreicht. Wollte man Menschen mit einem einzigen Satz definieren, würde der folgende ausreichen: Menschen sind die Tiere, welche die Möglichkeit ihres eigenen Bösen erschaffen.

Es ist nicht zufällig dazu gekommen. Wie ausgeführt, steht die soziale Intelligenz beim Affen an erster Stelle. Wir verstehen uns so gut darauf, Schwächen bei anderen Tieren zu erzeugen, weil wir in der Lage waren, dies zunächst bei uns selbst zu praktizieren. Die Intrigen und Lügen eines Affen dienen dem Zweck, stärkere Artgenossen schwächer werden zu lassen. Der Affe in uns sucht stets nach Möglichkeiten, andere Affen zu schwächen. Er hält unablässig nach einer Gelegenheit Ausschau, Böses zu tun.

Aber wie man in den Wald hineinruft, so schallt es zurück. Es ist unmöglich, andere als Auszubeutende mit zu entlarvenden Schwächen zu sehen, ohne dass sich diese Haltung irgendwann gegen den Betreffenden kehrt und seine Selbsteinschätzung entscheidend beeinträchtigt. Ich betrachte mich implizit als Eigner von zu entlarvenden Schwächen, weil ich andere mein Leben lang so gesehen habe. Die Schwäche, die wir in uns selbst erzeugen, beruht auf einer bestimmten Denkweise über uns selbst und über die bösen Taten, die wir begehen. Wir wimmern unsere Entschuldigungen; wir verweisen schniefend auf mildernde Umstände. Wir hätten nichts anderes tun können, versichern wir uns selbst und allen, die es hören wollen. Das mag stimmen, doch unsere Schwäche besteht darin, dass wir dies für wichtig halten. Ein Wolf entschuldigt sich nicht. Er tut, was er tut – vielleicht, was er tun muss –, und akzeptiert die Konsequenzen.

Die Vorstellung, dass das Böse eine Krankheit oder das Ergebnis einer sozialen Malaise sei, kommt letztlich dadurch zustande, dass wir nun auch in uns selbst die Hilflosigkeit hervorbringen, die wir sorgfältig bei anderen erzeugt haben. Wir glauben, nicht einmal mehr eine moralische Bewertung verdient zu haben. Wenn wir gut oder schlecht sind, dann ist dies etwas, das durch andere, nichtmoralische Begriffe erklärt werden muss; es entzieht sich unserer Kontrolle. Unseren moralischen Status von uns zu weisen, unsere eigene Verantwortung bei der Erzeugung des Bösen zu entschuldigen – das ist der deutlichste Ausdruck der Erschaffung des Bösen, die denkbar klarste Ausdrucksform der Schwäche, die wir beharrlich in unserer eigenen Seele aufgebaut haben. Wer sich die Moral als etwas im Grunde anderes vorstellt, offenbart eine so greifbare Schwäche, dass nur ein Mensch sie übersehen kann. Wir sind nicht mehr stark genug, um ohne Entschuldigungen zu leben. Wir sind nicht einmal mehr stark genug, um zu unseren Überzeugungen zu stehen.

Das Universum begann, so erzählt man uns, mit einem großen Knall. Ihm folgte eine rasche Ausdehnung: von einem unvorstellbar kleinen einzelnen Punkt zu einem unvorstellbar großen und sich ständig erweiternden Kosmos. Schließlich kühlte sich dieser Kosmos so sehr ab, dass Materie entstehen konnte, was zu dem vertrauten Dualismus des heutigen Universums führte: Raum und Materie. Letztere verdichtete sich weiter, wonach sie separate Sterne und später Planeten hervorbrachte. Auf einigen Planeten – wir wissen von wenigstens einem, doch vermutlich gibt es mehr – entstand Leben. Ursprünglich handelte es sich um einfache organische Moleküle, die in einer Suppe aus noch einfacheren Bestandteilen schwammen. Doch diese Moleküle konkurrierten miteinander um die freien Atome in der Suppe. Die zunehmende Komplexität eines Moleküls konnte nur mit der Stagnation oder dem Untergang anderer erkauft werden. Von Anfang an war das Leben ein Nullsummenspiel. Deshalb wurden einige Moleküle zu Spezialisten für die Entdeckung von Schwächen anderer. Sie entwickelten sich zu Molekül-Kannibalen, nutzten die von ihnen gefundenen Schwächen, brachen Nachbarmoleküle auf und eigneten sich deren Atome an. Dieser Prozess zog sich über Milliarden Jahre hin und brachte immer komplexere lebende Moleküle hervor.

Nicht, dass das Universum darauf hätte einwirken können. Soweit wir wissen, ereigneten sich die Dinge in ihm ohne eine übergreifende Steuerung oder Kontrolle. Doch nach ungefähr vier Milliarden Jahren geschah etwas Unerwartetes und recht Beeindruckendes: Das Universum erwarb die Fähigkeit, sich selbst Fragen zu stellen. Winzige Teile stellten Fragen über sich selbst, über andere Bereiche des Universums und sogar über das Universum als Ganzes. Und eines Tages Anfang der neunziger Jahre liefen zwei Produkte dieses Prozesses, von denen eines solche Fragen liebte, gemeinsam durch die Kühle eines Frühsommermorgens in Alabama. Der kleine Teil des Universums, der unbeholfen und schnaufend durch die Straßen von Tuscaloosa tapste, stellte sich folgende Frage: Hat es sich gelohnt? Nach vier Milliarden Jahren blinder, gedankenloser Entwicklung umfasst das Universum auch mich. Hat es sich gelohnt? Und eine ähnliche Frage: Nach vier Milliarden Jahren blinder, gedankenloser Entwicklung umfasste das Universum auch Brenin. Wessentwegen hat es sich mehr gelohnt?

Von uns beiden war ich vermutlich der Einzige, der diese Fragen stellen konnte. Werde ich dadurch zu einem lohnenderen Produkt für das Universum? Die meisten Menschen sind dieser Meinung. Laut Martin Heidegger besteht die Besonderheit – und damit der Wert – des Menschen in der Tatsache, dass er ein Wesen ist, das sein Sein thematisiert. Das heißt, er ist ein Geschöpf, das Fragen wie: »Was bin ich?« und: »Hat es sich gelohnt?« stellen kann. Damit ist es, grob gesagt, unsere Rationalität, durch die wir besser werden als andere Tiere. Es ist jedoch sehr schwierig zu verstehen, was das Wort »besser« bedeutet. Ich konnte mich besser durch komplexe logische oder begriffliche Probleme hindurcharbeiten – zumindest an meinen guten Tagen und nach meiner ersten morgendlichen Koffeinzufuhr. Aber Brenin konnte besser laufen. Welche dieser Fähigkeiten war besser?

Die vielleicht einfachste Methode, das Wort »besser« zu verstehen, wäre die Gleichsetzung mit »nützlicher«. Doch auch in diesem Fall ist »besser« notwendigerweise auf das betreffende Lebewesen zu beziehen. Was für mich nützlich war, brauchte es nicht unbedingt für Brenin zu sein – und umgekehrt. Es war nützlich für Brenin, schnell laufen und in einem Sekundenbruchteil die Richtung wechseln zu können, denn so war er, jedenfalls in der Heimat seiner Ahnen, imstande, die Tiere zu fangen, die er für seine Ernährung brauchte. Für mich dagegen waren solche Fähigkeiten weit weniger nützlich. Jedes Tier hat seine eigene Lebensweise, und welche Fähigkeiten besser oder nützlicher sind, hängt von den jeweiligen Lebensumständen ab.

Das Gleiche gilt, wenn wir versuchen, »besser« im Sinne von Vortrefflichkeit zu verstehen. Als ehrgeiziger und subtil nach Erfolg strebender Affe habe ich mich vermutlich immer um Vortrefflichkeit bemüht – na ja, vielleicht nicht immer, doch zumindest in der jüngeren Vergangenheit. Für mich ist Vortrefflichkeit damit verbunden, schwierige begriffliche Probleme durchdenken und die Ergebnisse meines Grübelns zu Papier bringen zu können. Laut einer langen Tradition des Denkens, eingeleitet von Plato, ist Rationalität die charakteristische menschliche Vortrefflichkeit. Aber damit wird nur bestätigt, dass die Vorstellung von Vortrefflichkeit von der Lebensweise des jeweiligen Tieres abhängt. Für den Geparden ist Vortrefflichkeit mit Geschwindigkeit gleichzusetzen, denn darauf ist er spezialisiert. Für den Wolf besteht Vortrefflichkeit unter anderem in einer bestimmten Art der Ausdauer, die es ihm ermöglicht, seine Beute über 30 Kilometer weit zu verfolgen. Was man als vortrefflich einstuft, hängt davon ab, was man ist.

Rationalität ist besser als Geschwindigkeit oder Ausdauer – zu dieser Aussage fühlen wir uns, möglicherweise zwangsläufig, hingezogen. Aber auf welcher Grundlage können wir die Behauptung rechtfertigen? Es gibt keine objektive Bedeutung von »besser«, die uns ein solches Urteil gestattet. Sobald wir es aussprechen, verliert das Wort »besser« seine Bedeutung. Wir können nur von dem reden, was besser für einen Menschen oder was besser für einen Wolf ist. Ein allgemeiner Maßstab, an dem sich die unterschiedlichen Bedeutungen von »besser« messen ließen, existiert nicht.

Das zu begreifen fällt uns Menschen schwer, weil wir Mühe haben, uns selbst objektiv zu betrachten. Auch ich kann den Verdacht nicht ganz abschütteln, dass ich etwas übersehe. Hier ist also eine Übung in Objektivität. Die Philosophen des Mittelalters benutzten eine Wendung, die ich sowohl für schön als auch für wichtig halte: *sub specie aeternitatis* – unter dem Gesichtspunkt der Ewigkeit. Unter dem Gesichtspunkt der Ewigkeit betrachtet man sich selbst nur als einen Punkt unter vielen in der gewaltigen, von Sternen übersäten Schwärze des Universums. Unter dem Gesichtspunkt der Ewigkeit sind wir Menschen bloß eine Art unter vielen – eine Art, die noch nicht sehr lange existiert und alle Hinweise darauf liefert, dass sie bald nicht mehr existieren wird. Von welchem Interesse ist, unter dem Gesichtspunkt der Ewigkeit, meine Geschicklichkeit, mich durch komplexe begriffliche Probleme hindurchzuarbeiten? Warum sollte dies, unter dem Gesichtspunkt der Ewigkeit, von größerem Interesse sein als Brenins Geschicklichkeit, über den Boden zu gleiten, als schwebe er ein paar Zentimeter darüber? Die Vorstellung, dass, unter dem Gesichtspunkt der Ewigkeit, meine Geschicklichkeit bedeutender sei, beruht auf kleinkarierter Einbildung.

Auch wenn wir kein Urteil über andere Tiere fällen können, auch wenn die Vorstellung, dass wir objektiv besser als sie seien, nicht schlüssig ist, dürfen wir sie gleichwohl bewundern. Und unsere Bewunderung stützt sich auf die Erkenntnis, so betrüblich sie auch sein mag, dass die anderen Tiere etwas besitzen, das uns fehlt. Häufig, vielleicht sogar in der Regel, ist das, was wir an anderen bewundern, eine Eigenschaft, die wir bei uns selbst vermissen. Was also fehlte diesem Affen und bewog ihn, den neben ihm laufenden Wolf so sehr zu bewundern?

Selbstverständlich war ich mit einer Schönheit konfrontiert, die ich auf keinen Fall nachahmen konnte. Der Wolf ist Kunst in ihrer höchsten Ausprägung, und man kann nicht mit ihm zusammen sein, ohne dass sich die eigene Stimmung hebt. Ich mochte, wenn wir unseren täglichen Lauf begannen, noch so schlechter Laune sein – angesichts der ruhigen, gleitenden Schönheit fühlte ich mich stets besser. Sie vermittelte mir das Gefühl zu leben. Wichtiger noch: Man kann schwerlich eine solche Schönheit vor sich haben, ohne sich ihr annähern zu wollen.

Doch während die Kunst des Wolfes etwas war, das ich nicht nachahmen konnte, lag ihr etwas anderes zugrunde: eine Stärke, der ich mich wenigstens zu nähern vermochte. Der Affe, der ich bin, ist ein mürrisches, schwerfälliges Geschöpf, das Schwäche einsetzt: eine Schwäche, die er bei anderen erzeugt und mit der er selbst infiziert ist. Diese Schwäche ermöglicht es dem Bösen – dem moralisch Bösen – , in der Welt Fuß zu fassen. Die Kunst des Wolfes dagegen gründet sich auf seine Stärke.

Als Brenin etwa zwei Monate alt war, nahm ich ihn wie gewöhnlich mit zum Rugbytraining. Das war die Zeit, in der er Spaß daran gefunden hatte, Rugger zu quälen, und dieser konnte ihn überhaupt nicht leiden. Schließlich verlor Rugger die Beherrschung, packte Brenin am Hals und drückte ihn auf den Boden. Es gereichte ihm sehr zur Ehre, dass er sich damit zufriedengab, denn er hätte Brenins schmalen Hals wie einen Zweig durchbeißen können. Sogar ein Pitbull ist fähig, Kunderas Test zu bestehen. Aber es war Brenins Reaktion, die ich nie vergessen werde. Die meisten Welpen hätten vor Angst und Schrecken aufgekreischt. Brenin dagegen knurrte. Es war nicht das Knurren eines Welpen, sondern ein tiefes, ruhiges und sonores Geräusch, das über sein zartes Alter hinwegtäuschte. Das ist Stärke. Und es ist das, was ich immer versucht habe, mir zu eigen zu machen, und was ich mir auch für die Zukunft wünsche. Als Affe werde ich das Ziel nicht erreichen, doch ich habe eine moralische Verpflichtung, es nie zu vergessen und es im Rahmen meiner Möglichkeiten anzustreben. Wenn ich so stark sein kann wie ein zwei Monate altes Wolfsjunges, dann wird das moralisch Böse nicht in mir gedeihen können.

Ein Affe hätte sich verdrückt, um insgeheim seine Rache zu planen und um jene zu schwächen, die stärker als er sind und ihn erniedrigt haben. Und danach kann Böses verübt werden. Ich bin ein Affe durch den Zufall meiner Geburt, doch in meinen besten Momenten bin ich ein Wolfsjunges und fletsche trotzig die Zähne gegenüber einem Pitbull, der mich zu Boden drückt. Mein Knurren ist das Wissen um den kommenden Schmerz, denn Schmerz ist typisch für das Leben. Es ist die Einsicht, dass ich nur ein Welpe bin und dass der Pitbull des Lebens meinen Hals wie einen Zweig durchbeißen kann. Aber es ist auch der Wille, unter keinen Umständen klein beizugeben.

Ich hatte einmal einen Kollegen, der, ungewöhnlich für Philosophen, gläubig war. Er erklärte seinen Studenten immer wieder: Wenn die Kacke am Dampfen ist, werdet ihr an Gott glauben. Vielleicht hat er recht. Wenn die Kacke am Dampfen ist, suchen die Menschen nach Gott. Wenn die Kacke am Dampfen ist, erinnere ich mich an ein kleines Wolfsjunges.

Der Betrüger

1

Es gibt eine Legende über die Begegnung zwischen einem Wolf und dem heiligen Franz von Assisi. Der Wolf terrorisierte die Bewohner des umbrischen Ortes Gubbio, und Franz wurde gebeten, ihn von seinem Tun abzubringen. Das Raubtier und der Heilige trafen sich eines Tages außerhalb der Stadtmauern und schlossen einen Vertrag, den der zuständige Ortsbeamte beglaubigte. Der Wolf erklärte sich bereit, die Bewohner und ihr Vieh in Ruhe zu lassen. Im Gegenzug versprachen die Bürger von Gubbio, den Wolf zu füttern und ihm Zugang zu dem Städtchen zu gewähren. Diese Geschichte erheitert mich, denn ich hatte kurz vorher aus eigenem Antrieb eine recht ähnliche Vereinbarung mit Brenin getroffen. Genauer gesagt lautete der Vertrag, den ich mit dem jungen Brenin geschlossen hatte, folgendermaßen:

Also gut, Brenin, ich nehme dich überallhin mit: zu meinen Vorlesungen, zum Rugbytraining nach den Vorlesungen und zu den Heim- und Auswärtsspielen am Wochenende. Auch wenn ich zum Einkaufen fahre, darfst du mitkommen, aber du musst im Auto bleiben (ich werde mich beeilen!). Natürlich werde ich dich nicht in der Tageshitze im Auto zurücklassen, denn zum Glück haben wir einen rund um die Uhr geöffneten Supermarkt in der Nähe. Ich werde darauf achten, dass du täglich einen langen und interessanten Spaziergang machst, und beim Jogging darfst du ebenfalls mitkommen. Jeden Tag erhältst du eine gute, nahrhafte Mahlzeit. Wenn du dich abends hinlegst, wirst du nach einem weiteren wundersamen Tag der Freude und der Neuheiten so müde sein, wie es sich gehört.

Hier ist noch etwas – es ist mir noch nicht klar, aber es wird mir mit den Jahren schmerzlich bewusst werden: Jedes Haus, das ich kaufe, wird mich mindestens 50 Riesen mehr kosten, als es ohne dich der Fall wäre, weil es einen ausreichend großen Garten haben muss, in dem du herumlaufen kannst. Du für deinen Teil darfst das Haus nicht zerstören. Mehr will ich gar nicht. Sicher, manchmal könntest du unwiderstehlich durch ein Hungry Man Meal verlockt werden, das ich unklugerweise in deine Reichweite gestellt habe. So ist das Leben. Ich werde nicht darauf herumreiten oder dir deshalb das Leben schwer machen. Ich möchte nur, dass du das verdammte Haus in Ruhe lässt. Das bedeutet, dass keiner der darin vorhandenen Gegenstände zerstört wird. Und obwohl ich verstehe, dass du ein junger Wolf bist und dass Unfälle passieren können, besonders nachts, versuch bitte, nicht auf die Teppiche zu pinkeln.

Wenn man mein Haus durch den Ort Gubbio und mich durch den heiligen Franz ersetzt, sind die beiden Geschichten fast deckungsgleich. Aber im Gegensatz zum heiligen Franz brach ich den Vertrag, und das macht mir sogar noch heute, mehr als ein Jahrzehnt später, zu schaffen.

Mein Aufenthalt in Alabama war im Wesentlichen eine sieben Jahre dauernde Party. Ich habe in vieler Hinsicht

Glück gehabt, zum Beispiel, weil ich Gelegenheit hatte, in allen wichtigen Belangen (was Partys, das Trinken und die verschiedenen Sportarten angeht) zweimal das Leben eines Studenten zu führen. Beim zweiten Mal war es viel vergnüglicher, möglicherweise, weil ich nun Geld hatte. Oder vielleicht ist, so wie die Jugend an die jungen Menschen verschwendet ist, das Studentenleben an die Studenten verschwendet. Wer weiß?

Unsere wilden Tage änderten sich für immer, als Brenin vier und ich 30 Jahre alt war. Ehrlich gesagt, wir wurden wahrscheinlich beide ein wenig zu alt für dieses Leben. Ich hatte meinen Posten in Alabama mit 24 Jahren angetreten, aber man kann nur eine gewisse Zeit lang studentische Rugbypartys besuchen, bevor die Sache ein wenig trist und dann etwas gruselig wird. Der unmittelbare Grund für unseren Umzug war jedoch nicht mein fortschreitendes Alter, sondern das meines Vaters. Eine Lungenentzündung folgte der anderen. Ich befürchtete, dass er sterben würde, und hatte das Gefühl, der Heimat näher sein zu müssen. Natürlich erholte sich der alte Knabe dann völlig. Er weilt noch heute unter uns. Aber inzwischen war es zu spät: Meine Tage der Bierfasspartys und der spärlich bekleideten Rugger Huggers lagen hinter mir.

Es war die denkbar beste Lösung, obwohl es mir damals nicht so vorkam. Ich hatte in der Philosophie nämlich noch etwas zu erledigen. Das liederliche, wenn auch äußerst unterhaltsame Leben in Alabama hatte zur Folge gehabt, dass ich nichts mehr schrieb und publizierte. Da ich offenbar nicht diszipliniert genug war, den mich umgebenden Verlockungen zu widerstehen, musste ich meine Umgebung wechseln. Also beschloss ich, bevor ich über den Atlantik zurückkehrte, mir etwas ganz Ruhiges auszusuchen. Ich brauchte eine ländliche Gegend für Brenin und vor allem einen Ort, an dem ich durch absolut nichts vom Schreiben abgelenkt wurde. Deshalb zogen wir nach Irland, und ich übernahm eine Dozentenstelle am University College Cork. Ach ja, der andere nicht unwichtige Faktor, der meine Entscheidung beeinflusste: Es war die einzige Universität, an der man verrückt genug war, mir eine Stelle anzubieten. So ist es, wenn man sieben Jahre lang Party macht.

Es gab allerdings ein Problem: Brenin musste sechs Monate in der Obhut der irischen Regierung verbringen, und zwar im Quarantänezentrum Lissadell in Swords, nördlich von Dublin. Es war in der Zeit vor der Einführung von Haustierpässen, und Brenin musste sechs Monate lang in die Quarantäne gehen. Es war ein unglaublich dummes und schädliches System. Man hatte es vor der Erfindung von Tollwutimpfstoffen eingeführt, und sowohl in Großbritannien als auch in Irland brauchte man fast ein Jahrhundert, um sich auf diese »neue« medizinische Entwicklung einzustellen. Brenin war von klein auf jährlich gegen Tollwut geimpft worden, und die Antikörper waren nachweislich in seinem Blut vorhanden. Trotzdem musste er, wie Tausende von Hunden in einer ähnlichen Situation, seine Zeit absitzen.

Ich weiß nicht, was Brenin davon hielt, aber für mich war es die schlimmste Erfahrung, die ich je durchmachen musste. In vielen Nächten während jener sechs Monate weinte ich mich in den Schlaf. Ich bin immer noch nicht sicher, ob ich das Richtige für ihn tat, denn sechs Monate sind eine sehr lange Zeit im Leben eines Wolfes. Immerhin unterschied sich Brenin von durchschnittlichen Hunden durch seine Ausgeglichenheit. Schon als Welpe ließ er sich durch nichts Angst einjagen. Seine Begegnungen mit Rugger, dem Pitbull, mögen als Beispiel dienen. Vermutlich hätte er seine Zeit im Schlaf absitzen können. Tatsächlich tat er es souverän und ohne irgendeines der psychischen Probleme, die viele Hunde in der Quarantäne heimsuchen.

In Lissadell herrscht übrigens ein ziemlich mildes Regime. Majella, die Leiterin, liebte Brenin – verständlicherweise, denn er war der bei weitem ansehnlichste »Hund«, der Irland je mit seiner Anwesenheit beehrt hatte. Damals gab er sich als Malamut aus – das jedenfalls schrieb ich ins Einfuhrdokument –, denn der juristische Status von Wölfen in Irland ist fragwürdig. Malamuts waren zu jenem Zeitpunkt in der Republik noch unbekannt, und nicht einmal die Tierärzte wussten, worauf sie achten mussten. Wegen seines überwältigend guten Aussehens und seiner freundlichen, höflichen Art räumte Majella ihm verschiedene Privilegien ein. Das wichtigste war das Recht, sich den größten Teil des Morgens in der gesamten Anlage frei zu bewegen. Anscheinend nutzte er diese Zeit dazu, gegenüber den anderen Insassen seine Autorität geltend zu machen, hauptsächlich dadurch, dass er an ihre Käfige urinierte.

Ich besuchte ihn einmal pro Woche – in jenen Tagen brauchte man auf den irischen Straßen zehn Stunden für die Hin- und Rückfahrt –, und wir gingen mehrere Stunden lang gemeinsam durch die Anlage spazieren. Seine Privilegien wurden schließlich eingeschränkt, nachdem er unklugerweise heimlich in Majellas Einkaufstasche gestöbert und rasch ein gefrorenes Huhn verschlungen hatte. Aber mittlerweile stand er sowieso kurz vor der Entlassung.

Nachdem er entlassen worden war, tat ich mein Bestes, um Wiedergutmachung zu leisten. Das bedeutete täglich lange Läufe. Wir verbrachten jenen Sommer – er kam im Juni auf freien Fuß – auf dem Grundstück meiner Eltern in West-Wales. Da Brenin eine sofortige Abneigung gegen die Deutschen Doggen meiner Eltern, Bonnie und Blue, empfand, mussten wir uns in dem Wohnmobil am Ende des Gartens niederlassen. Denn innerhalb von Stunden nach unserer Ankunft hatte Brenin mehrere Male versucht, Blue zu töten. Tagsüber liefen wir über die prächtigen Strände von Freshwater West, Broadhaven South und Barafundle, der Brenin liebsten Gegend. In den Dünen hinter Barafundle wimmelte es von Kaninchen, und hier lernte Brenin etwas, das ich ihm in Alabama wegen der Schlangen nicht gestatten konnte: zu jagen.

Am Ende des Sommers zogen wir nach Irland. In unserem ersten Jahr wohnten wir in Bishopstown, einem Vorort am Westrand von Cork City. Ich versuchte, Brenins Leben möglichst wie in Alabama zu gestalten. Deshalb joggten wir jeden Tag, gewöhnlich zum Lee Valley Park und zu den angrenzenden Feldern. Oder wir fuhren zum Powdermills Park in Ballincollig. An den Wochenenden machten wir uns in verschiedene Gegenden auf: zum Strand bei Inchydoney, nach Glengarra Woods hinter Mitchelstown auf der Straße nach Dublin, zu einem Klippenspaziergang in Ballycotton und vielen anderen Zielen. Damals begann ich zu surfen, und an zwei Tagen der Woche gingen wir, wenn der Wellengang nicht dagegen sprach, an den windgepeitschten Strand von Garretstown hinunter, wo Brenin im Wasser herumplätscherte, während ich versuchte, auf meinem Brett stehen zu bleiben.

Die Quarantäne mochte belastend gewesen sein, aber dies war eine viel bessere Umgebung für ihn als Alabama – und dank des heiligen Patrick brauchten wir uns keine Sorgen wegen Schlangen zu machen.

2

Die Tatsache, dass etwas unvermeidlich ist, lässt es nicht unbedingt weniger unerfreulich werden. Ich wusste, dass ich wieder über den Atlantik zurückkehren würde, ich wusste, dass Brenin die Quarantäne nicht erspart bleiben würde, und ich wusste, dass er in Irland – in einem Klima und einer Landschaft, die viel günstiger für ihn waren – ein weitaus angenehmeres Leben führen würde. Aber trotzdem kann ich das Entsetzen jenes Tages im frühen Dezember, als ich ihn nach Atlanta fuhr und in ein Flugzeug laden ließ, immer noch nicht ganz abschütteln. Noch heute werde ich von Albträumen darüber geplagt und wache unter zwei vernichtenden Schlägen auf. Zunächst bin ich traurig, weil ich Brenin in meinem Traum verraten habe, und dann fällt mir ein, dass er tot ist. Die Legende über den heiligen Franz und den Wolf von Gubbio ist eine glückliche Geschichte, weil der Vertrag eingehalten wird. Aber wir kennen auch eine viel düsterere Geschichte über einen Wolf und einen Vertrag und über die grässlichen Folgen des Vertragsbruchs.

Fenrisulfur war ein gigantischer Wolf der nordischen Mythologie. Er wuchs unter unglücklichen Familienumständen auf, denn sein Bruder Jörmundgandr, die Midgardschlange, wurde von Odin ohne jeden plausiblen Grund ins Meer geworfen. Seine Schwester Hel sah sich nun aufgrund der Aussage einer alten Frau von zweifelhafter Zurechnungsfähigkeit, doch nachweisbarer Bosheit in die Welt der Toten verbannt.

Die erste Lektion, die wir also vermutlich über die Götter lernen sollten, ist schlicht genug: Man kann ihnen nicht trauen. Und auch Fenrisulfur hatte den Göttern nie eine Handhabe geliefert, ihm mit Argwohn zu begegnen. Im Gegenteil, wenn man bedenkt, dass er ein Riesenwolf war, der dem Vernehmen nach am Tag Ragnarök, dem Ende der Welt, die Sonne verschlucken sollte, hatte er ein Leben von höchst bemerkenswerter Zurückhaltung geführt. Aber als er größer wurde, begannen die Götter, ihn zu fürchten. Ihre Lösung – typischerweise frei von jeglicher Fantasie – bestand darin, ihn anzuketten und dann zu vergessen. Als Erstes stellten sie eine Kette namens Leding her, die Fenrisulfur jedoch bald sprengte. Dann schmiedeten sie Dromi, eine weitere Eisenkette, die zweimal so stark war wie Leding. Auch sie sprengte er. Nun ließen sie von ihren Zwergen eine weitere Kette anfertigen. Sie war aus dem Geräusch eines Katzenschrittes, dem Bart einer Frau, den Wurzeln eines Berges, dem Geist eines Bären, dem Atem eines Fisches und dem Speichel eines Vogels hergestellt.

Damit sind wir bei der zweiten Lektion, die wir über die Götter lernen sollten – einer Lektion, die auf recht offene Art die Erklärung für die erste liefert. Nicht, dass die Götter besonders dumm wären, wiewohl einige von ihnen, seien wir ehrlich, die Weisheit nicht mit Löffeln gefressen haben. Auch sind sie nicht unbedingt bösartig und heimtückisch, obwohl viele von ihnen so charakterisiert werden müssen. In erster Linie ist eine gewisse Unfähigkeit für sie kennzeichnend, das Denken anderer zu verstehen. Die Götter verfügen über keine Bewusstseinstheorie, sondern sie weisen lediglich eine angeborene Unfähigkeit auf, sich in die Lage anderer Personen zu versetzen. Es fehlt ihnen an Einfühlungsvermögen. Offen gesagt ist es wahrscheinlich am sichersten, sämtliche Götter als Soziopathen einzustufen.

Glaubten sie wirklich, dass Fenrisulfur nicht misstrauisch werden würde? Er hatte keinen Anlass geliefert, ihn für einen besonders unintelligenten Wolf zu halten. Aber sie versuchten, ihn mit den beiden schwersten und dicksten Eisenketten, die je geschmiedet worden sind, zu fesseln.

Das gelingt nicht, und die Götter präsentieren ihm eine Art Seidenband. Glauben sie immer noch nicht, dass er etwas ahnen könnte? Fenrisulfur stellt sie nämlich zur Rede. Nein, nein, versichern sie ihm, es ist kein Trick. Beim Leben meiner Mutter, soll Odin gesagt haben, wobei er vielleicht meinte, sich in einem subtilen Insiderwitz zu ergehen (was lediglich das umfassende Textmaterial darüber bestätigt, dass Subtilität nie Odins Stärke war).

Die offizielle Version der Ereignisse geht folgendermaßen weiter: Tyr, der mutigste der Götter, erklärte sich bereit, Fenrisulfur als Geste des guten Willens die Hand ins Maul zu legen und sie edel für das Allgemeinwohl zu opfern. Aber die Mythologie wird natürlich von den Siegern geschrieben.

Vielleicht habe ich zu viel Zeit mit einem Wolf verbracht, doch diese offizielle Version ist mir nie sehr überzeugend vorgekommen. Im Gegenteil, sie weist alle Anzeichen einer Fassung auf, die Tyr später erfand und hartnäckig verfocht. Man kann sich des Verdachts nicht erwehren, dass Tyr nicht der mutigste, sondern der degenerierteste und grausamste der Götter war. Und angesichts des weithin bekannten, doch kaum erläuterten Interesses, das er an Fenrisulfurs Aufzucht gezeigt hatte, ist es leider möglich, dass der Wolf schon als Welpe unter Tyrs Quälereien litt. In diesem Fall dürfte der Gott hoch oben auf der Liste der Kandidaten gestanden haben, die Fenrisulfur beißen wollte. Auch ist es zweifelhaft, dass Tyr seine Hand freiwillig in das Maul des gigantischen Wolfes legte. Vielmehr dürfte Odin es ihm unter Androhung größter und langwieriger Schmerzen für den Fall der Weigerung befohlen haben. Man kann sich also Tyrs Miene vorstellen, als er sich schließlich dazu durchringt, Odin zu gehorchen, oder, besser gesagt, als er sich dazu durchringt, den anderen Göttern, die seine Hand in

Fenrisulfurs Maul zwingen, keinen Widerstand zu leisten. Der Wolf zwinkert Tyr unmerklich zu, und der mutigste der Götter macht sich mit Sicherheit in die Hose.

Vielleicht war Tyrs Hand den Einsatz wert. Vielleicht hatte Fenrisulfur nichts dagegen, sich auf das Spiel der Götter einzulassen. Seine Zeit würde erst viele Jahre später kommen. Als es so weit war, nämlich als Ragnarök, der Endkampf der Götter und Riesen, anbrach, hatte Fenrisulfur der Legende zufolge solche Ausmaße angenommen, dass sein Oberkiefer den Himmel und sein Unterkiefer die Erde berührte. Aber all das sollte noch auf sich warten lassen. Er war ein sehr ausgeglichener Wolf und konnte seine Strafe im Schlaf absitzen. Und so verbrachte er die Jahre auf der Insel Lyngvi, wo er an einen Fels namens »Schrei« gebunden wurde.

Tyr wollte natürlich Rache. Nicht zufrieden damit, dass Fenrisulfur bis ans Ende der Zeit gefesselt war, stieß er ihm ein Schwert in den Rachen. Dadurch strömte dem Wolf Geifer aus dem Maul und bildete einen Fluss, der »Hoffnung« hieß. Die Kette, mit der Fenrisulfur bis Ragnarök gefesselt war, trug den Namen Gleipnir: Betrüger.

Die Tragödie bei dieser Geschichte ist die, dass niemand wissen kann, wie Fenrisulfur sich verhalten hätte, wenn er nicht so scheußlich behandelt worden wäre. Am Tag Ragnarök verbündete er sich bekanntermaßen mit den Riesen gegen die Götter und rächte sich an Odin, indem er ihn verschlang. Doch für wen hätte er Partei ergriffen, wenn die Götter nicht vertragsbrüchig geworden wären? Und welches Recht hatten sie nach dem Vertragsbruch, Fenrisulfurs Unterstützung zu erwarten?

Der Schrecken jener Fahrt nach Atlanta bestand nicht in dem Wissen, dass ich Brenin schrecklich vermissen würde, sondern darin, dass ich nicht ahnte, für wen er in Europa Partei ergreifen würde: für die Götter oder für die Riesen?

Und welches Recht hatten die Götter – wenn ich es bescheiden und, ich versichere, sarkastisch so ausdrücken darf –, nach ihrem Verrat auf seine Unterstützung zu hoffen?

In manchen Versionen des Mythos durchschauen die Götter die Unvermeidlichkeit ihrer Handlungen. Sie wissen, dass sie bei der Fesselung von Fenrisulfur keine Wahl haben. Sie wissen, dass sie bei Ragnarök unterliegen werden, denn die Zeit der Götter wird vorbei sein, und die Epoche der Riesen muss beginnen. Sie wissen, dass die Fesselung von Fenrisulfur und sein Bündnis mit den Riesen für ihre Niederlage erforderlich sind. Sie wissen, dass sie selbst nicht anders handeln können. Aber das Wissen um das Notwendige erlöst uns nicht von der schweren Last, es in die Tat umzusetzen.

Der Abschied von Brenin an jenem Tag in Atlanta brach mir das Herz, weil ich nicht wusste, ob er – Brenin, mein Buffalo Boy – noch da sein würde, wenn ich ihn wiedersah, oder ob er durch einen anderen Wolf, der in seinem Pelz lebte, ersetzt worden wäre.

3

Im Rückblick ist es nur natürlich – und vielleicht deprimierend vorhersehbar –, dass sich ein Philosoph die Gründung unserer kleinen, aus zwei Mitgliedern bestehenden Nation in Form eines Vertragsabschlusses vorstellt. Die Idee des Gesellschaftsvertrags spielt eine herausragende Rolle in der Geschichte des westlichen Denkens. Ihr Hauptbegründer war ein englischer Philosoph des 17. Jahrhunderts: Thomas Hobbes.

Hobbes fand die Natur abstoßend – rot an Zähnen und Klauen (wie Tennyson es später ausdrückte). Einst hätten die

Menschen in einem Naturzustand gelebt und unablässig im Krieg miteinander gelegen. Niemand habe sich sicher gefühlt, niemandem habe man vertrauen können. Weder Freundschaft noch Zusammenarbeit seien möglich gewesen. Wir hätten wie Tiere gelebt – oder so, wie Tiere nach Hobbes' Meinung lebten –, und folglich sei unsere Existenz in der Regel »einsam, armselig, ekelhaft, tierisch und kurz« gewesen.

Deshalb hätten wir laut Hobbes einen Vertrag geschlossen. Diese Vereinbarung besagte im Wesentlichen: Du bist bereit, das Leben, die Freiheit und den Besitz anderer unter der Bedingung zu respektieren, dass sie ihrerseits dein Leben, deine Freiheit und deinen Besitz achten. Du erklärst dich also bereit, andere nicht zu töten, und sie erklären sich bereit, dich nicht zu töten. Du erklärst dich bereit, andere Menschen nicht zu versklaven, und sie tun das Gleiche. Du erklärst dich bereit, das Heim und das Eigentum anderer Menschen nicht zu rauben, und sie geben das gleiche Versprechen ab. Die Gesellschaft beruhe also auf dem Prinzip: »Wie du mir, so ich dir« – oder zumindest auf dem Vorsatz: »Wenn du davon Abstand nimmst, mir ein Messer in den Rücken zu stoßen, werde auch ich davon Abstand nehmen, dir ein Messer in den Rücken zu stoßen.«

Hobbes sprach von einer Umwandlung der Wildnis – wie er sie verstand – in die Zivilisation. Diese Umwandlung werde durch den Vertrag gefördert. Wenn man ihn akzeptiere, müsse man gewisse Einschränkungen seiner Freiheit hinnehmen, was jedoch vertretbar sei, weil sich das Leben durch den Vertrag verbessere. Das bessere Leben sei der Zweck und die Rechtfertigung der Gesellschaft sowie der Zweck und die Rechtfertigung der Moral.

Unglücklicherweise enthält Hobbes' Darstellung dessen, wie wir uns über die an Zähnen und Klauen rote Natur erhoben und die Wildnis zugunsten der Zivilisation aufgegeben hätten, so große Löcher, dass ein ausgewachsener, 68 Kilo schwerer Brenin mühelos durch sie hätte hindurchspazieren können. Vor dem Vertrag waren wir laut Hobbes Wilde, denn wir hätten der an Zähnen und Klauen roten Natur angehört, und unser Leben sei einsam, armselig etc. gewesen. Nach dem Vertrag seien wir jedoch zu zivilisierten Menschen geworden, und unser Leben habe sich stark verbessert.

Eine Frage, die sich Hobbes anscheinend nie stellte, ist folgende: Wie können diejenigen, die wirklich rot an Zähnen und Klauen sind, an den Verhandlungstisch geholt werden? Und was noch wichtiger ist: Was wäre geschehen, wenn man sie dorthin geholt hätte? Wenn wir vor dem Vertrag wirklich so armselig und ekelhaft waren, wie Hobbes behauptete, hätten wir dann die für einen Vertragsschluss nötige Zusammenkunft nicht als ideale Gelegenheit genutzt, ein oder zwei Rivalen umzubringen oder der Konkurrenz sonst wie unsere Autorität aufzuzwingen? Die Vertragssituation wäre katastrophal gewesen, ein Blutbad. Das Leben wäre armseliger und einsamer, ekelhafter und tierischer und – ohne den geringsten Zweifel – kürzer geworden. Das ist der Haken: Verträge können nur zwischen zivilisierten Menschen geschlossen werden. Also kann ein Vertrag nicht die Zivilisation bewirkt haben.

Ungeachtet der offensichtlichen Wahrheit, dass die menschliche Zivilisation niemals durch einen Vertrag begründet werden konnte, behaupten manche Philosophen, es sei nützlich, sich die Zivilisation so vorzustellen, als wäre sie auf diese Weise geschaffen worden. Wenn wir uns dies vorstellten, könnten wir nämlich herausfinden, wie eine faire Gesellschaft – eine gerechte Zivilisation – aussähe. Und anschließend könnten wir ermitteln, was für Regeln diesem Zweck dienen würden. Ich habe früher einen ähnlichen

Standpunkt vertreten, heute tue ich das jedoch nicht mehr. Die Bedeutung des Vertrags steckt, wie ich nun glaube, in dem, was er über uns enthüllt – und das ist wieder ein keineswegs schmeichelhafter Aspekt der menschlichen Natur.

Manchmal kommt es nicht auf das an, was eine Theorie aussagt, sondern darauf, was sie aufzeigt. Jede Theorie beruht auf gewissen Mutmaßungen. Einige davon mögen klar sein – der Urheber der Theorie ist sich ihrer bewusst und erkennt sie an. Aber es gibt stets auch Mutmaßungen, die nicht klar sind und es vielleicht nie sein werden. Damit wird die Aufgabe des Philosophen im Wesentlichen zu einer archäologischen Arbeit. Statt den Boden aufzugraben, dringt er tiefer in die Theorie ein und legt, soweit es seine Begabung und Hartnäckigkeit erlauben, die verborgenen Mutmaßungen frei, auf denen die Theorie basiert. Das meine ich mit dem, was die Theorie aufzeigt und was wichtiger sein kann als ihr Wortlaut.

Was zeigt die Theorie des Gesellschaftsvertrags auf? Sie soll die Grundlagen und die Legitimität von Moral und Zivilisation zum Gegenstand haben. Die Frage ist: Wovon handelt sie wirklich? Die Antwort lautet: von zwei Dingen. Das eine ist offensichtlicher als das andere, doch keines von beiden kann als schmeichelhaft bezeichnet werden.

4

Das Erste, was die Theorie des Gesellschaftsvertrags aufzeigt, ist unsere spezifisch menschliche – oder, genauer gesagt, äffische – Machtbesessenheit. Die Theorie führt zu einer augenfälligen Schlussfolgerung: Du hast jemandem gegenüber, der erheblich schwächer als du ist, keinerlei moralische Verpflichtungen. Du schließt aus einem von zwei Gründen Verträge ab: weil dir andere helfen oder weil sie dir wehtun können. Du brauchst Hilfe? Kein Problem: Jemand wird dir helfen, wenn du versprichst, ihm, wenn es nötig ist, ebenfalls beizustehen. Du möchtest dich gegen Mord, Überfälle und Versklavung schützen? In Ordnung: Andere werden sich bereit erklären, dir nichts Derartiges anzutun, wenn du zusicherst, ihnen ebenfalls nichts anzutun. Das jedoch bedeutet, dass du nur Gründe hast, Verträge mit denen zu schließen, die dir helfen oder die dir wehtun können. Auch ist es nur dann sinnvoll, einen Vertrag zu schließen, wenn wir zumindest eine ungefähre Machtgleichheit zwischen beiden Parteien voraussetzen. Dem wird fast jeder, der an den Vertrag glaubt, zustimmen. Die Folge ist, dass Menschen, die erheblich schwächer sind als du – alle, die dir weder helfen noch wehtun können –, aus dem Rahmen des Vertrags herausfallen.

Doch man bedenke, dass der Vertrag die Rechtfertigung für Zivilisation, Gesellschaft und Moral liefern soll. Und wer aus dem Rahmen des Vertrags herausfällt, befindet sich auch außerhalb der Zivilisation, ebenso wie jenseits der Grenzen der Moral. Du hast also keine moralische Verpflichtung denen gegenüber, die erheblich schwächer sind als du. Das ist die Konsequenz, wenn man die Zivilisation auf einen Vertrag gründen will.

Der Zweck der Moral besteht darin, mehr Macht zu sammeln. Das ist das Erste, was die Theorie des Gesellschaftsvertrags verdeutlicht – die erste Voraussetzung, auf der die Theorie beruht. Wildnis oder Zivilisation: Welche von beiden ist wirklich rot an Zähnen und Klauen?

Wenn wir tiefer vordringen, stoßen wir auf die zweite uneingestandene Voraussetzung. Der Vertrag basiert auf einem kalkulierten Opfer wegen eines erwarteten Gewinns. Du gibst nur deshalb etwas auf, weil du damit rechnest, im

Gegenzug etwas Besseres zu erhalten. Du verkaufst deine Freiheit für deinen Schutz, weil du diesen Schutz höher bewertest als die Freiheit. Um den Schutz des Vertrags zu genießen und andere zu veranlassen, deine Interessen zu schützen, musst du bereit sein, genauso für sie einzutreten. Und das kann dich viel kosten: Zeit, Energie, Geld, deine Sicherheit, vielleicht sogar dein Leben. Die Opfer, die du für den Schutz durch den Vertrag bringst, sind nicht immer gering, sondern manchmal äußerst weitreichend. Du bringst sie nur deshalb, weil du glaubst, im Gegenzug mehr zurückzuerhalten.

Aber hier ist das entscheidende Schlupfloch. Du brauchst deine Freiheit gar nicht zu verkaufen. Du brauchst diese Opfer gar nicht zu bringen. Wichtig ist nicht, dass du Opfer bringst, sondern dass andere glauben, du tätest es. Ich passe auf dich auf, heißt es, wenn du auf mich aufpasst. Aber es spielt keine Rolle, ob du wirklich auf andere aufpasst. Worauf es ankommt, ist der Glaube, dass du es tust. Ob du wirklich ein Opfer bringst, ist irrelevant. Beim Vertrag geht es allein um den Anschein. Wenn du in den Genuss der durch den Vertrag zugesicherten Vergünstigungen kommen kannst, ohne die erforderlichen Opfer zu bringen, dann bist du zweifellos gegenüber dem armen Trottel, der tatsächlich seine Zeit, seine Energie, sein Geld und seine Sicherheit opfert, im Vorteil. Es liegt im Wesen des Vertrags, den Schwindel zu belohnen. Das ist ein tiefgreifendes strukturelles Merkmal: Wenn du betrügen kannst, genießt du die Vorzüge des Vertrags, ohne seine Kosten übernehmen zu müssen.

Schwindler haben nie Erfolg, reden wir uns ein. Doch der Affe in uns weiß, dass diese Behauptung nicht zutrifft. Schwerfällige, ungeschickte Schwindler haben nie Erfolg, denn sie werden entlarvt und müssen mit den Konsequenzen fertig werden. Man verfemt und verachtet sie und grenzt sie aus. Aber was wir Affen verachten, ist die Ungeschicklichkeit und Unbeholfenheit ihrer Bemühungen. Der Affe in uns verachtet nicht den Schwindel an sich, sondern im Gegenteil, er bewundert ihn. Der Vertrag sieht keine Belohnung für den Schwindel als solchen vor, sondern nur für den gekonnten Schwindel.

Der Vertrag ist angeblich das, was uns zu zivilisierten Menschen macht. Aber er bewirkt auch einen ständigen Druck in Richtung Betrug. Das, was uns zivilisiert, lässt uns gleichzeitig zu Betrügern werden. Andererseits kann der Vertrag nur funktionieren, wenn Betrug nicht die Regel, sondern die Ausnahme ist. Wenn jeder stets erfolgreich jeden anderen betröge, würde jede mögliche soziale Ordnung und jeder Zusammenhalt in sich zusammenbrechen. Also machte der Vertrag uns auch zu Entdeckern von Betrug. Dem Bemühen, zu immer geschickteren Betrügern zu werden, steht die Fähigkeit gegenüber, zu immer geschickteren Entdeckern von Betrug zu werden. Die menschliche Zivilisation und letztlich auch die menschliche Intelligenz verdanken sich einem Wettrüsten, und die wirksamsten Gefechtsköpfe sind Lügen. Wenn du zivilisiert und kein Lügner bist, dann wahrscheinlich deshalb, weil du nicht gut lügen kannst.

Was sagt all das über uns aus? Was für ein Tier würde meinen, sein wertvollster Besitz, die Moral, solle durch einen Vertrag untermauert werden? Was für ein Tier würde meinen, dass es herausfinden könnte, wie eine gerechte und faire Gesellschaft aussieht, indem es sie auf einen hypothetischen, von ihren Mitgliedern akzeptierten Vertrag gründet? Für einen Wolf, doch anscheinend nicht für einen Affen, läge die Antwort auf der Hand: ein Betrüger.

5

Ich habe einmal ein Buch über den Gesellschaftsvertrag geschrieben. Die Inspiration dazu ging von Brenin aus, der das tat, worauf er sich am besten verstand. Vor unserem ersten gemeinsamen Weihnachtsfest in Europa reisten wir von Irland nach Wales, um meine Eltern zu besuchen. Brenin hielt sich trotz einiger Meinungsverschiedenheiten mit Bonnie und Blue immer gern in Wales auf, denn meine Mutter verwöhnte ihn mit Dingen, die er von mir nicht bekam. Zum Beispiel entdeckte er durch sie die Wonnen des Käsegenusses.

Käse erwies sich mit Abstand als seine Lieblingsspeise und übertraf mühelos das Rindfleisch, das ich manchmal für ihn kaufte. Wenn meine Mutter eine Mahlzeit zubereitete, zu der Käse gehörte, hielt sich Brenin unweigerlich in der Küche auf. Er saß da und gab ein Geräusch von sich, das sich schwer beschreiben lässt, weil es von keinem Hund hervorgebracht wird. Es war eine kurze, schrille Folge von Lauten zwischen einem Bellen und einem Heulen. Wölfe bellen nur, solange sie Welpen sind, denn es bedeutet im Grunde: »Komm und steh mir bei. Hier spielt sich etwas ab, und ich traue der Sache nicht.« Brenin bellte also nicht, doch er heulte hin und wieder. Wenn er aufgeregt war – und Käse hatte unweigerlich eine solche Wirkung auf ihn –, stieß er eine Serie von abgehackten »Whoas« aus. Dies wurde von gelegentlichen Hüpfern und von einem Verhalten begleitet, das ich nie zuvor erlebt und dessen ich ihn nicht für fähig gehalten hatte: Er richtete sich auf und bettelte. Irgendwann warf meine Mutter ihm ein Stück Käse zu, und das Ganze begann von neuem. Damit vergnügte er sich stundenlang, wenn die Zubereitung der Mahlzeit besonders aufwendig war. Später wurden die Verrichtungen meiner Mutter nebensächlich. Sie brauchte sich nur in der Nähe des Kühlschranks aufzuhalten, um ihn hektisch werden zu lassen.

Vor diesem Weihnachtsfest fuhren wir mit Irish Ferries von Rosslare nach Pembroke. Die Passage dauerte gewöhnlich rund vier Stunden. Ich hatte Brenin im Auto zurückgelassen, denn die Alternative waren die Käfige auf dem Wagendeck, da er mich nicht nach oben begleiten durfte. Wir hatten die Fahrt schon mehrere Male ohne negative Auswirkungen hinter uns gebracht. In der Regel ließ ich ihn längere Zeit über den Strand bei Rosslare laufen, um ihn ein wenig zu ermüden, bevor wir an Bord gingen. Aber diesmal, während wir durch die Milford-Haven-Wasserstraße glitten und ungefähr zehn Minuten bevor wir in Pembroke anlegen sollten, schaute ich von meinem Buch auf und erblickte Brenin, der fröhlich durch den Passagiersalon in Richtung des Restaurants trottete. Mehrere Angestellte von Irish Ferries folgten ihm und taten so, als würden sie versuchen, ihn zu fangen, obwohl sie in sicherer Distanz blieben. Ich rief seinen Namen, und wie bei dem berüchtigten Hungry-Man-Vorfall fünf Jahre früher erstarrte er mitten im Lauf und drehte mir den Kopf zu, während seine Wile-E.-Miene erkennen ließ, dass er um den Ernst der Lage wusste.

Ich hatte das Autofenster einen Spalt offen gelassen, damit Brenin etwas mehr Luft bekam. Irgendwann während der Überfahrt musste er die Scheibe hinuntergedrückt haben und war aufs Wagendeck geklettert. Das Deck war normalerweise abgesperrt, doch jemand musste es aufgeschlossen haben, als wir uns der Wasserstraße näherten, was Brenin die Flucht ermöglichte. Danach gelang es ihm, sich über vier Treppen einen Weg hinauf zum Passagiersalon zu suchen. Vielleicht hatte er nach mir Ausschau gehalten, oder er war, was wahrscheinlicher ist, dem Essensgeruch gefolgt.

Ich wage mir kaum vorzustellen, was geschehen wäre,

wenn er das Restaurant tatsächlich erreicht hätte. Schließlich weiß ich nur zu gut, was in Vorlesungen passieren konnte, wenn ein Student Lebensmittel in einem nicht sicher zugeschnallten Rucksack bei sich hatte. Ich malte mir aus, wie die Gäste schreiend aus dem Schiffsrestaurant rannten und wie Brenin, die Pfoten auf dem Tisch, voller Freude ihre zurückgelassenen Speisen verschlang. Und natürlich widmete er sich zuerst den Käsegerichten.

Auf der Rückfahrt nach Weihnachten beschloss ich, einem möglichen Massaker im Restaurant zuvorzukommen, indem ich dafür sorgte, dass die Autofenster wirklich nur einen winzigen Spaltbreit geöffnet waren. Wie sich herausstellte, war das ein schwerer Fehler. Brenin riss das Auto buchstäblich in Stücke. Als er fertig war und nachdem man mich benachrichtigt hatte, gab es im Wageninnern nichts mehr, was sich als Autobestandteil erkennen ließ. Die Sitze waren zerfetzt, die Sitzgurte durchgekaut und der Deckenbelag heruntergerissen, so dass es fast unmöglich war, durch die Fenster zu schauen. Außerdem hatte er eine große Tüte mit Hundefutter aufgeschlitzt und ihren Inhalt in alle Winkel verteilt.

Ich wurde von den halb verzweifelten, halb amüsierten Besatzungsmitgliedern hinunter aufs Wagendeck gerufen und betrachtete das Innere meines Autos – oder das, was noch übrig war – ein paar Minuten lang ungläubig. Der Angestellte auf dem Wagendeck hatte ein Messer bei sich, und ich bat ihn, es mir zu leihen. Schließlich musste ich die herunterbaumelnden Fetzen des Deckenbelags abschneiden, wenn ich auf der geplanten Fahrt nach Hause wenigstens ein Minimum an freier Sicht haben wollte. Der Mann zögerte seltsamerweise, sich von seinem Messer zu trennen, und meine Nachfrage ergab, dass er annahm, ich hätte vor, Brenin umzubringen.

Von wegen! Ich erklärte – anscheinend werde ich durch Schocks veranlasst, den Dozentenmodus einzuschalten –, dass ich zwar nicht sehr begeistert vom Gang der Ereignisse sei, doch Brenin nicht dafür verantwortlich machen könne. Er sei nicht dazu imstande, moralische Verantwortung zu tragen, versicherte ich dem grinsenden Mann. Jemanden wie Brenin bezeichne man als moralischen Empfänger, nicht als moralischen Agenten. Er verstehe nicht, was er tue, und könne deshalb nicht wissen, dass es falsch sei. Er habe einfach nur das Auto verlassen wollen. Wie andere Tiere habe Brenin Rechte – zum Beispiel auf eine gewisse Art der Behandlung und der Lebensweise –, aber keine sie begleitenden Verpflichtungen. Dann tat ich das Einzige, was ein Philosoph mit Selbstachtung unter solchen Umständen tun konnte: Ich fuhr nach Hause und schrieb ein Buch über das Thema.

Meine Grundidee war, dass man einen Weg finden müsse, die Tiere in den Gesellschaftsvertrag mit einzubeziehen, indem man den Vertrag fairer gestaltete. Stellen Sie sich vor, Sie hätten gerade zusammen mit einer Gruppe von Freunden eine Pizza bestellt. Wie können Sie dafür sorgen, dass jeder einen fairen Anteil bekommt? Eine einfache Methode ist folgende: Einer der Beteiligten zerteilt die Pizza und erhält das letzte Stück. Wenn er nicht weiß, welches Stück er bekommt, kann er die Dinge nicht zu seinen Gunsten arrangieren. Ihm bleibt nichts anderes übrig, als die Pizza fair zu zerschneiden. Nun stellen Sie sich vor, die Pizza sei unsere Gesellschaft. Wie sorgen Sie dafür, dass die Gesellschaft fair ist? Genau wie wir eine faire Zerteilung der Pizza dadurch bewirkt haben, dass der Beauftragte nicht wusste, welches Stück er erhalten würde, könnten wir eine faire Gesellschaft gewährleisten, indem wir es jemandem gestatten, die Organisationsform festzulegen, ohne dass ihm mitgeteilt wird, welche Rolle er anschließend in dieser Gesellschaft spielen wird. Diese fantasievolle Methode wurde ursprünglich von John Rawls, einem inzwischen verstorbenen Harvard-Philosophen, entwickelt. Er nannte das dadurch entstehende System den »Urzustand«.

Rawls benutzte den Urzustand dazu, den Vertrag fairer zu gestalten, indem er soziale Gerechtigkeit auf Fairness reduzierte. Mein Einwand lautete, dass Rawls eine Quelle der Unfairness in seiner Entwicklung des Urzustands übersehen hat. Er beharrte darauf, das Wissen darum, wer man ist und was man sehr schätzt, bei der Entscheidung für die Organisationsform der Gesellschaft auszuschließen. Man weiß nicht, ob man ein Mann oder eine Frau, schwarz oder weiß, arm oder reich, intelligent oder dumm etc. sein wird. Genauso wenig darf man erfahren, ob man religiös oder atheistisch, eigennützig oder uneigennützig etc. ist. Aber Rawls erlaubt die Kenntnis darüber, was man ist und was man tun kann. Der Betreffende weiß also, dass er ein Mensch ist und rational denkt.

Ich hielt dagegen, dass auch solche Kenntnisse ausgeschlossen werden müssten, wenn der Vertrag wahrhaft fair sein solle. Außerdem brachte ich vor, dass Rawls implizit geplant habe, solche Kenntnisse auszuschließen, obwohl er selbst geglaubt habe, nichts dergleichen zu planen. Das Ergebnis war mithin eine Form des Rawl'schen Kontraktualismus, die er selbst gehasst hätte. Doch die Vorzüge bestanden darin, dass nicht nur Tiere in den Vertrag einbezogen wurden, sondern auch solche Menschen, die in den traditionellen Vertragsversionen ausgegrenzt werden: Kleinkinder, Senile, Wahnsinnige etc. Kurz gesagt: die Schwachen.

6

Das so entstandene Buch trug den Titel *Animal Rights: A Philosophical Defence*. Wenn Sie eine Erstausgabe auftreiben können, werden Sie Brenin auf dem Cover sehen. Es war nicht mein erstes Buch, doch dasjenige, das mir half, meine Karriere nach der siebenjährigen Party in Alabama wieder auf Kurs zu bringen. Und der Preis? Ein wertloses Auto und ein Leben ohne Fleisch. Das war der eigentliche Pferdefuß bei Brenins Zerstörungslust an jenem Tag.

Natürlich wäre die Lektion unwirksam geblieben, wenn ich nicht bereits über gesellschaftsvertragliche Auffassungen von Moral nachgedacht hätte. Damals hielt ich sogar ein Seminar über das Thema ab. Jedenfalls zog diese unglückliche Ballung der Ereignisse für mich eine ziemlich öde Zukunft als Vegetarier nach sich. Wäre ich im Urzustand – in meiner neueren, faireren Version des Urzustands –, würde ich keine Welt wählen, in der Tiere zum Zwecke des Verzehrs gezüchtet und aufgezogen werden. Sie führen ein elendes Leben und sterben eines grässlichen Todes. Und da die Kenntnis meiner eigenen Spezies hinter dem Schleier der Ignoranz bleiben muss, könnte ich im Urzustand schließlich auch eines dieser Tiere sein. Wenn man im Urzustand ist, wäre es irrational, eine solche Welt zu wählen. Mithin ist sie unmoralisch. Das war von meinem Standpunkt aus bedauerlich, denn ich vermisste die saftigen Steaks und Brathühner. Doch die Moral tendiert manchmal dazu, unbequem zu sein.

Eine Zeitlang war ich sogar Veganer und sollte, moralisch gesprochen, immer noch einer sein, denn das ist die einzig konsequente moralische Haltung Tieren gegenüber. Aber obwohl ich kein so schlechter Mensch bin, wie ich sein könnte, bin ich auch kein so guter Mensch, wie ich sein sollte. Ich versuchte, mich an Brenin zu rächen, indem ich mir Mühe gab, auch ihn zum Vegetarier zu machen, aber er wollte nichts davon hören. Er weigerte sich ohne Umschweife, vegetarische Hundenahrung zu fressen, wenn sie für sich allein serviert wurde – und wer kann ihm deswegen Vorwürfe machen? Hätte ich den Inhalt einer Dose Pedigree Chum daruntergemischt, wäre die Sache anders ausgegangen, aber das hätte natürlich dem Zweck der Übung widersprochen.

Am Ende schlossen wir einen Kompromiss: Ich wurde Vegetarier, und er wurde Pescetarier. Nun vermischte ich vegetarisches Trockenfutter mit Thunfisch aus der Dose – delfingerecht gefangen, wie sich versteht, und wegen des Quecksilberpegels unter Vermeidung von Gelbflossenthunfisch – und manchmal mit ein paar Käsebrocken. Ich hoffe, er vermisste Fleisch nicht so sehr wie ich – und ich vermisse es immer noch. Wie ich vermute, zog er sein neues Futter sogar vor, besonders an den Tagen, an denen ich Käse hinzufügte. Wenn nicht, dann hätte er vielleicht daran denken sollen, als er mein Auto zerfetzte. Und zur Hölle mit dem, was ich dem Besatzungsmitglied auf dem Wagendeck gepredigt hatte.

War es unmoralisch von mir, Brenin eine Diät aufzuzwingen? Das wurde mir hin und wieder vorgehalten. Aber man betrachte die Alternative. Zwei Tassen Trockenfutter mit Rind und eine Dose Fleisch pro Tag für den Rest seines Lebens wären mehreren Kühen gleichgekommen – selbst wenn man berücksichtigt, dass Trockenfutter wahrscheinlich nicht annähernd die angegebene Fleischmenge enthält.

Brenin jedenfalls schien seine neue Nahrung zu schmecken, denn er verschlang sie so rasch wie das Fleischfutter zuvor, und außerdem bin ich mir ziemlich sicher, dass eine Dose Thunfisch viel besser mundet als eine Büchse Rindfleisch. Er konnte sich also fast ohne Mühe auf die neue

Ernährung umstellen, und sie machte nicht den Tod mehrerer Kühe erforderlich. Wenn Brenin das Futter verweigert oder weniger gefressen oder abgenommen hätte oder krank geworden wäre, hätte die Sache ganz anders ausgesehen. Aber die Wahl bestand, kurz gesagt, darin, einige recht triviale Interessen Brenins gegen ein lebenswichtiges Interesse der Kühe abzuwägen.

Und das ist im Wesentlichen die moralische Argumentation für den Vegetarismus: Das vitale Interesse von Tieren, ein elendes Leben und einen grässlichen Tod zu vermeiden, wiegt erheblich schwerer als das recht triviale Interesse von Menschen an ihren Gaumenfreuden. Angesichts der Tatsache, dass Brenin Pescetarier und kein Vegetarier war, hatte die neue Ernährung natürlich einige Nachteile für die Thunfische. Aber sie führen ein viel besseres Leben als Kühe. – Jedenfalls redete ich mir das ein.

7

Bei dem Vertrag geht es, wie ich oben aufgezeigt habe, vor allem um zwei Dinge: um Macht und Betrug. Mein Buch handelt – wie so ziemlich alles, was in den letzten Jahren über den Gesellschaftsvertrag geschrieben wurde – davon, wie die Auswirkung der Machtungleichheiten auf die moralische Entscheidungsbildung verringert werden kann. Dadurch bleibt das eigentliche Problem jedoch unberührt. Man kann die wirklichen Nachteile des Vertrags nicht beseitigen, indem man einfach versucht, ihn fairer zu gestalten. Das eigentliche Problem ist der Betrug und seine Grundlage: die Berechnung. Mittlerweile glaube ich, dass der Vertrag ein von Affen erfundenes Instrument ist, das die Interaktion zwischen Affen regulieren soll.

Wenn wir die Frage, was richtig und falsch ist, durch das Prisma des Vertrags betrachten, so erhalten wir eine für Fremde entworfene Sichtweise der Moral: Ihr Zweck ist es, die Interaktionen zwischen Menschen zu regulieren, die einander kaum kennen und sich nicht besonders grün sind. Wenn wir die Moral so verstehen, gelangen wir natürlich zu dem Schluss, dass Gerechtigkeit – Fairness – die primäre moralische Tugend sei: die »erste Tugend« sozialer Institutionen, wie Rawls es ausdrückt. Wie sollten Fremde moralisch miteinander umgehen, wenn nicht fair?

Doch neben der Moral für Fremde gibt es auch eine Moral für die Mitglieder des Rudels. Hobbes glaubte, die Natur sei »rot an Zähnen und Klauen«. Wenn ich an die Natur denke, fällt mir der sechs Wochen alte Brenin an dem Tag ein, als ich ihn zum ersten Mal mit nach Hause brachte: ein großer brauner, kuscheliger, destruktiver Teddybär. Denn das war er vor unserer Anpassung aneinander – bevor er ein Teil meiner Zivilisation wurde. Die Natur ist nicht röter und rauer als das, was wir Zivilisation nennen, und es gibt dort keinen Krieg aller gegen alle. Das Leben von Wölfen kann kurz sein, aber unseres ebenfalls. Sie sind nicht einsam und nur nach dem Maßstab arm, den wir an die Dinge anlegen.

Nachdem Brenin und ich an jenem Mainachmittag etwa eine Stunde in meinem Haus verbracht hatten, liebte ich die kuschelige kleine Nemesis von Vorhängen und Klimaanlagen bereits. Das sollte sich nie ändern. Er war natürlich nicht in der Lage, mir zu helfen, und er konnte – wie er bereits bewiesen hatte – nur meinem Portemonnaie wehtun. Dagegen konnte ich nichts unternehmen. Wenn es je einen Vertrag zwischen uns gab, dann war er nebensächlich und beruhte auf einer elementareren und eher instinktiven Moral. Diese verlangte nicht Gerechtigkeit, sondern Loyalität.

Als ich Brenin zum Pescetarier machte, handelte es sich um eine ungewöhnliche Entscheidung. Denn es war eine der wenigen Gelegenheiten, bei denen ich die Interessen von Tieren, denen ich nie begegnet war und nie begegnen würde, über die Interessen meines Wolfes stellte. In diesem Fall stufte ich Gerechtigkeit höher als Loyalität ein. Zugegebenermaßen tat ich es nur, weil ich zu dem Urteil gekommen war, dass die Anforderungen der Loyalität in diesem Fall so gering – Brenin konnte sich auf seine neue Ernährung fast, wenn nicht völlig ohne Beschwerden umstellen – und die Anforderungen der Gerechtigkeit so unzweideutig waren. Aber so etwas kam selten vor. Wenn ich mit meinen Studenten über Gewissensnöte diskutiere, teile ich ihnen gern mit: Hättet ihr euch je zusammen mit mir und Brenin ohne Nahrung in einem Rettungsboot wiedergefunden, wäre euer Schicksal besiegelt gewesen. Sie halten das für einen Scherz.

Eine der schwierigsten moralischen Aufgaben besteht darin, die Bedürfnisse von Fremden gegen die Bedürfnisse des Rudels abzuwägen: die Anforderungen der Gerechtigkeit gegen das hartnäckige Zerren der Loyalität. Fraglos betont die Philosophie während des überwiegenden Teils ihrer Geschichte, dass Moral für Fremde gedacht sei. Das scheint mir kein Zufall, sondern eine Folge unserer äffischen Herkunft zu sein. Wenn man sich die Gesellschaft als eine Ansammlung von Fremden vorstellt, dann sehen wir die Moral als eine Form der Berechnung, die dazu dient, das beste Ergebnis – nach irgendeinem Maßstab für die Einstufung des »Besten« – für alle Beteiligten zu erzielen.

Berechnung ist das, was der Affe in uns am vortrefflichsten beherrscht. Wir schauen unsere Mitaffen nicht an, sondern wir beobachten sie. Wir intrigieren, wir verschwören uns, wir kalkulieren Wahrscheinlichkeiten – und dabei warten wir dauernd auf die Gelegenheit, unseren Vorteil zu nutzen. Die wichtigsten Beziehungen in unserem Leben werden nach Überschuss und Mangel, nach Gewinn und Verlust beurteilt. Was hast du in letzter Zeit für mich getan? Erfüllst du meine Bedürfnisse? Was gewinne ich durch ein Leben mit dir, und was verliere ich? Habe ich bessere Möglichkeiten? Die auf die Gesellschaft als Ganzes bezogene Berechnung – die eher einen moralischen als einen rationalen Charakter hat – ist einfach nur eine Fortführung dieser Grundfertigkeit. Uns Affen kommt es natürlich vor, unser Denken an Vertragsbedingungen auszurichten, denn ein Vertrag ist nichts anderes als ein kalkuliertes Opfer für einen erwarteten Gewinn. Die Idee des Vertrags ist lediglich eine Verschlüsselung von etwas, das sich tief in uns verbirgt. Berechnung macht den Kern des Vertrags und das Herz des Affen in uns aus. Der Vertrag ist eine Erfindung von Affen für Affen. Er kann überhaupt nichts über die Beziehung zwischen einem Affen und einem Wolf aussagen.

Warum lieben wir – oder wenigstens einige von uns – unsere Hunde? Warum habe ich Brenin geliebt? Ich möchte glauben – und hier muss ich wieder zu einer Metapher greifen –, dass unsere Hunde etwas in den tiefsten Winkeln eines längst vergessenen Bereiches unserer Seele anrühren. Dort verweilt ein älterer Teil von uns, der schon dort war, bevor wir Affen wurden. Es ist der Wolf, der wir einst waren. Dieser Wolf weiß, dass Glück nicht in der Berechnung zu finden ist. Er weiß, dass keine wirklich bedeutungsvolle Beziehung je auf einem Vertrag basieren kann. An erster Stelle steht die Loyalität, und das müssen wir beachten, auch wenn der Himmel einstürzt. Berechnung und Verträge kommen stets später, denn der äffische Teil unserer Seele geht aus dem wölfischen Teil hervor.

Das Streben nach Glück und Kaninchen

1

Während der Jahre in Irland war Brenin im besten Alter und sehr stattlich geworden. Er hatte eine Schulterhöhe von 90 Zentimetern und wog 68 Kilo. Brenin war so groß wie die Deutschen Doggen meiner Jugend, aber er hatte einen viel kräftigeren Körperbau. Seine Läufe waren so lang wie die seiner Mutter, und sie gingen in Pfoten von der Größe meiner Fäuste über; außerdem stand er seinem Vater nicht mehr an Breite nach. Sein Kopf, ein ausladender Keil, ruhte auf mächtigen Schultern. Er hatte einen tiefen Brustkasten und schlanke Hüften. Am meisten erinnerte er mich an einen Stier. Wenn ich daran dachte, wie sehr er sich seit den Tagen seiner Jugend in Alabama verändert hatte, fiel mir immer Dylan Thomas' Gedicht »Lament« mit den Zeilen über die Verwandlung eines lockeren Katers in einen muskulösen Stier ein.

Der schwarze Streifen, der sich über seine Schnauze zog, war verblasst, aber immer noch zu erkennen, und er wurde von denselben seltsamen Mandelaugen wie früher gerahmt. Ich habe nicht viele Fotos von Brenin – damals machte ich wenig Aufnahmen –, aber wenn ich versuche, mir sein Bild ins Gedächtnis zu rufen, sehe ich Dreiecke vor mir. An der Oberfläche meines Bewusstseins tauchen immer wieder Dreiecke auf: das Dreieck seines Kopfes und seiner Schnauze; die Dreiecke seiner Ohren, das Dreieck seines seitlichen Rumpfes, der sich von seinen Schultern bis hin zu seinem Schwanz neigte; das Dreieck seines vorderen Rumpfes, der in seine Läufe und riesigen Pfoten überging. Die schwarze Linie auf seiner Schnauze und seine gelben Mandelaugen waren die Brennpunkte, um die sich all diese Dreiecke gruppierten.

Nach etwa einjährigem Aufenthalt in Cork beschloss ich, dass Brenin einen Freund benötigte, und zwar einen, der mehr Beine und eine kältere Nase als ich hatte. Ich blätterte den *Cork Examiner* durch – genau wie ich fünf Jahre vorher die *Tuscaloosa News* durchgesehen hatte – und stieß auf ein Inserat über »Malamuts«. Das war sowohl überraschend als auch beunruhigend. Ein Malamut ist ein arktisches Tier, ein Schlittenhund ähnlich wie ein Husky, doch viel größer und wuchtiger. Vor allem aber war »Malamut« immer noch Brenins offizielle Tarnung. Diese Rasse nannte ich jedem, der sich nach seiner Herkunft erkundigte. Die Iren haben aus irgendeinem Grund Angst vor großen Hunden. Wenn jemand herausgefunden hätte, dass Brenin ein Wolf war, wären wir wahrscheinlich aus dem Land gejagt worden (im besten Fall).

Auf meinem täglichen Gang zur Arbeit machte ich gewöhnlich mit Brenin an einem Tante-Emma-Laden halt. Einmal prangte die Schlagzeile »Wolf« auf der Tafel vor der Tür. Sie bezog sich auf die sehr traurige Geschichte eines (ziemlich kleinen) Wolfsmischlings, der seinem Besitzer davongelaufen und in Nordirland durch die Gegend gestreift war. Obwohl sich die Sache in Nordirland abspielte, waren auch die Medien der Republik außer Rand und Band, genau wie die Frau, die mir jeden Tag eine Dose Cola und ein Käsesandwich servierte. Ich musste mir den üblichen Unfug anhören, und sie gab ihn von sich, ohne Brenin, an den sie sich gewöhnt hatte, auch nur einen Blick zu gönnen. Was ist mit den Kindern? Wölfe sollten verboten werden. Das sind Mörder. Am Ende wurde der Wolf von irgendeinem idiotischen Farmer erschossen, auf den er zuspaziert war, vielleicht, weil er um Futter betteln wollte. Und die Ladenbesitzerin und die Kinder auf der Grünen Insel konnten wieder ruhig schlafen. Wie Clark Kent hatte Brenin also sehr gute Gründe, seine Identität geheim zu halten. Dabei half ich ihm mit seiner Zuordnung zu den »Malamuts«, die in Irland damals praktisch unbekannt waren. Ich hatte gehofft, dass sich daran nichts ändern würde.

Am folgenden Tag fuhren wir in ein kleines Dorf gleich hinter Ennis in County Clare – etwa drei Stunden von unserem Wohnort entfernt. Der Vater des Wurfes erwies sich tatsächlich als Malamut: ein brauner Rüde, der fast so groß wie Brenin war. Dieser hasste ihn natürlich auf den ersten Blick. Die Mutter dagegen war kein Malamut, sondern eine kleine Schäferhündin, vermutlich die hässlichste, die ich je gesehen hatte.

Meiner Erfahrung nach sehen Welpen, wenn sie zwei nicht zueinanderpassende Eltern haben, als Erwachsene immer aus wie der unattraktivere Teil. Deshalb wollte ich nichts mit ihnen zu tun haben. Aber ich änderte meine Meinung, als ich die Kleinen zu Gesicht bekam. Sie waren in einer Garage untergebracht und von Schmutz und Flöhen bedeckt. Ich beschloss, einen zu retten, und suchte mir das größte Weibchen aus dem Wurf aus. Zwar kann ich Welpen nicht widerstehen, doch auf der Heimfahrt hatte ich ein mulmiges Gefühl im Magen. Toll, dachte ich, nun musst du dich wenigstens ein Jahrzehnt lang mit einem hässlichen Schäferhund abfinden. Doch mein Glück hatte mich in jener Woche nicht verlassen. Sie wuchs zu der freundlichsten, mutigsten und intelligentesten Hündin heran, die man sich wünschen konnte – und sie war keineswegs hässlich. Ich nannte sie Nina, die Kurzform von Karenina, nach Karenin, dem Hund in *Die unerträgliche Leichtigkeit des Seins*, einem meiner Lieblingsbücher. Der wiederum hatte seinen Namen von Anna Karenina.

Ich hatte mir hauptsächlich deshalb einen zweiten Hund zulegen wollen, um Brenin Gesellschaft zu verschaffen. Anfangs war er jedoch alles andere als dankbar. Als Welpe quälte Nina ihn unablässig und ließ ihn nicht eine Sekunde lang in Frieden. In kürzester Zeit hatte sie gelernt, sein wildes Erbe auszunutzen, denn sie entdeckte, wie sie ihn dazu bringen konnte, sein Futter wieder von sich zu geben. Wenn sie eine Weile wie rasend an seinem Maul leckte – Brenin versuchte, den Kopf abzuwenden, doch Nina war unerbittlich –, erbrach er sein Abendessen, das Nina dann freudig hinunterschlang. Es war eine Szene, die zugleich ergreifend und ekelhaft wirkte.

Nina wurde sehr rasch zu einem sehr dicken Hündchen und Brenin zu einem sehr dünnen Wolf. Schließlich rettete er sich in einen Teil des Gartens, den sie nicht erreichen konnte, indem er eine weit über einen Meter hohe, fast vertikale Böschung hinaufsprang. Dorthin zog er sich – besonders nach dem Essen – stundenlang zurück, während Nina am Fuß der Böschung kläffte und vergeblich auf und ab hüpfte. Diese Gnadenfrist dauerte jedoch nur ein paar Wochen, denn Nina wurde bald groß genug, um zu Brenin hinaufzuklettern. Immerhin hatte er den Gewichtsverlust wieder wettgemacht.

Trotz der unaufhörlichen Belästigung war Brenin sehr fürsorglich gegenüber Nina, und er gestattete weder Hunden noch anderen Menschen außer mir, sich ihr zu nähern. Und damit komme ich zu meinem zweiten Glücksfall in jener Woche.

Ein paar Tage nach Ninas Eintreffen war eines Abends

gegen Mitternacht ein Geräusch im Garten hinter dem Haus zu hören. Da der Garten an allen Seiten von einer zweieinhalb Meter hohen Hecke umgeben war, konnte sich niemand zufällig dorthin verlaufen haben. Ich hörte das Geräusch nicht, doch Brenin rannte durchs Zimmer und stützte die Pfoten auf die Fensterbank. Ich ließ ihn hinaus, und er raste zu der Böschung am Ende des Gartens, wo er früher Zuflucht vor Nina gesucht hatte. Dann verschwand er hinter einem Baum, zerrte einen Mann hervor, riss ihn zu Boden und hielt ihn fest. Ich zögere, den nächsten Teil wiederzugeben, denn dabei mache ich wirklich keine sehr gute Figur. Zu meiner Verteidigung darf ich anführen: Da ich so lange in den USA gewohnt hatte, wurde ich noch von der amerikanischen Mentalität beeinflusst.

Mein erster Gedanke war: »O mein Gott, wenn er nun eine Waffe hat? Er wird meinen Jungen erschießen!« Also rannte ich in den Garten, trat auf den Mann ein und brüllte nach amerikanischer Art: »Rühr dich nicht, du Arschloch!« Natürlich rührte er sich trotzdem, denn wie hätte er es vermeiden können, da ihn ein Wolf an der Kehle packte und ein Verrückter ihn unter wilden Flüchen mit den Füßen bearbeitete. Nach einer Weile beruhigte sich die Lage. Ich nahm den Mann – er war stämmig, etwa in meinem Alter und hätte mir, wenn ich allein gewesen wäre, einige Schwierigkeiten bereiten können – in einen Doppelnelson: beide Arme unter seinen Achseln hindurch und die Hände hinter seinem Nacken verschränkt. »Was machen Sie in meinem Garten?«, fragte ich. »N-nichts«, antwortete er. Daraufhin führte ich ihn im Polizeigriff durchs Haus und warf ihn auf die Straße.

Ich besaß noch kein Telefon, so dass ich nicht die Polizei rufen konnte. Doch sobald ich meinen Adrenalinschub abgebaut hatte, wurde mir klar, dass mein Verhalten kein guter Einfall gewesen war. Langsam drang mir die Ungeheuerlichkeit dessen, was ich gerade getan hatte, ins Bewusstsein. Wären wir noch in Amerika gewesen und mit einem Eindringling so umgesprungen, hätten mich höchstwahrscheinlich die Nachbarn zusammen mit der Polizei beglückwünscht. Aber in Irland, wo man den Einsatz eines Wolfes zur brutalen Festnahme von Einbrechern nicht mit Wohlwollen betrachtet, sah die Lage anders aus. Zum Glück war es ein kalter Abend im Spätoktober, und der Mann trug einen dicken Mantel. Ich glaube nicht, dass Brenin ihm durch den Stoff viel Schaden zugefügt hatte – jedenfalls sah ich keine Blutspur, als ich ihn hinauswarf. Gleichwohl war dies, alle Umstände erwogen, vielleicht kein schlechter Zeitpunkt, um mit Brenin das Weite zu suchen.

Es mag eine übertriebene Reaktion gewesen sein, doch der Vorfall mit dem Wolfsmischling im Norden hatte mich sehr misstrauisch werden lassen. Deshalb plante ich, Brenin für ein paar Wochen zu meinen Eltern zu bringen, bis sich die Aufregung ein wenig gelegt hatte. Hastig packte ich einen Koffer und stellte mich auf eine Nachtfahrt zu der Fähre in Rosslare ein, wo Brenin, Nina und ich die Reise um neun Uhr antreten und aus dem Land verschwinden konnten, bevor die irische Polizei, die Garda Siochana, wusste, wo wir waren.

Plötzlich klopfte jemand an die Tür. Die Polizei war also schon da. Ich zog die Vorhänge zurück und spähte zur Haustür hin. Meine Gedanken überschlugen sich, und ich überlegte mir: Wie verhält man sich eigentlich bei einer Belagerung? Und vor allem: Wie führt man eine Belagerung herbei, wenn man keine Waffe hat? Und nicht einmal eine Geisel?

Aber ich hätte mir keine Sorgen zu machen brauchen. Es war die Frau von nebenan. Der Eindringling, den Brenin und ich angegriffen hatten, war ihr Mann, mit dem sie in Trennung lebte. Hin und wieder – gewöhnlich, wenn er einen in der Krone hatte – tauchte er auf, um sie zu verprügeln. Von meinem eigenen Standpunkt und dem meines Wolfes gab es noch einen weiteren Vorteil: Laut einer einstweiligen Verfügung durfte er sich dem Haus auf höchstens 30 Meter nähern, was aber anscheinend nicht viel gefruchtet hatte. Jedenfalls war die Wahrscheinlichkeit, dass er sich an die Garda wenden würde, dadurch gesunken, und ich beschloss, unseren mitternächtlichen Exodus nach Rosslare zu verschieben.

Noch heute kann ich kaum glauben, wie viel Glück ich an jenem Abend hatte. Zugegeben, jemand, der sich um Mitternacht in meinem Garten herumdrückte, konnte nichts Gutes im Schilde führen. Aber trotzdem: Wer würde uns noch als Nachbarn haben wollen? Was, wenn ein Kind in unseren Garten geklettert wäre? Genauso hätte die Ladenbesitzerin argumentiert. Ich glaube allerdings, dass nichts passiert wäre. Brenin begegnete nicht vielen Kindern, doch er behandelte die wenigen, die er traf, mit einer beeindruckenden Freundlichkeit und Rücksichtnahme. Immerhin lernte er den kleinen Jungen von nebenan nach diesem Abend recht gut kennen, und Mutter und Sohn gewannen Brenin lieb.

Nichtsdestoweniger gelangte ich durch diese Episode zu einer Einsicht, die, im Rückblick betrachtet, wahrscheinlich seit einiger Zeit in meinem Vorbewusstsein gelauert hatte. Brenin und ich waren einfach ein wenig zu unbeherrscht und deshalb ein wenig zu gefährlich. Wären wir Cowboys gewesen, hätte man mir wahrscheinlich einen juckenden Finger am Abzug bescheinigt. Das geht mir durch den Kopf, wenn ich an mein Verhalten an jenem Abend denke. Ich stürzte mich ein wenig zu schnell auf den Mann, meine rasch zutretenden Füße waren ein wenig zu eifrig bemüht,

Brenins blitzende Zähne zu unterstützen. Unser Loyalitätsgefühl füreinander hatte unser Gerechtigkeitsgefühl gegenüber Dritten bei weitem hinter sich gelassen. Wir waren ein Rudel – eine Nation mit zwei Bürgern – geworden. Und diejenigen außerhalb unserer Nation waren nicht so wichtig für uns, wie sie es hätten sein sollen.

Nach diesem Vorfall könnte manch einer der Meinung sein, dass Brenin nichts in einer zivilisierten Gesellschaft zu suchen hatte. Das mag stimmen, aber mit dem Vorbehalt, dass für mich das Gleiche galt. Jener Abend markierte den Beginn unseres allmählichen Rückzugs aus der Welt der Menschen. Diese Welt – ich will ehrlich sein – widerte mich an. Es empörte mich, dass es im Grunde einen Todesschussbefehl gegen Brenin gab. Es empörte mich, dass man mich zum Flüchtling machte – stets bereit, meine Sachen zu packen und Reißaus zu nehmen. Diese Gedanken waren natürlich melodramatisch und übertrieben. In Wirklichkeit dienten sie als Vorwand, damit ich tun konnte, was ich mir ohnehin vorgenommen hatte. Der eigentliche Wandel hatte sich nicht in der Welt, sondern in mir vollzogen. Aus dem geselligen Partylöwen aus der Zeit in Alabama war etwas ganz anderes geworden: ein Einzelgänger, ein Außenseiter, ein Misanthrop. Nirgends fühlte ich mich zugehörig. Ich war der Menschen überdrüssig und wollte ihren Gestank vergessen.

Ein paar Monate später verließen wir Cork City. Unsere Nachbarin und ihr Sohn waren sehr traurig über unseren Wegzug. Wenn dir das Leben durch einen großen und bösartigen Hund vergällt wird und deine Zivilisation nichts dagegen unternimmt, dann brauchst du manchmal einen noch größeren und bösartigeren Hund, der auf dich aufpasst.

2

Ich kaufte ein kleines Torhaus in der Nähe von Knockduff auf der Halbinsel, die ein paar Kilometer von einem Städtchen namens Kinsale an der irischen Südküste und ungefähr 30 Kilometer von Cork City entfernt liegt. Ich würde gern behaupten, dass ich mich auf den ersten Blick in das Haus verliebte. Aber in Wirklichkeit hielt ich seit einiger Zeit Ausschau nach einer Bleibe, und meine Bemühungen scheiterten immer in letzter Minute, hauptsächlich wegen der Unschlüssigkeit der Verkäufer. Deshalb war meine Reaktion, nachdem ich mir das Haus in Kinsale weniger als zwei Minuten angesehen hatte: Das genügt. Ich machte ein Angebot, und es wurde innerhalb von zehn Minuten akzeptiert.

Das Torhaus war im 18. Jahrhundert gebaut worden und hatte einen Meter dicke Mauern mit weißem Verputz und rohen Steinen um die Türen und Fenster. Vorn und hinten befanden sich braune Stalltüren, und die Fenstersimse waren, wegen der Dicke der Mauern, fast einen Meter tief. Bei der geringsten Ruhestörung richteten sich Brenin und Nina an den Stalltüren auf, so dass ihre großen Pfoten über den Rand hingen. Und wenn die Türen geschlossen waren, sprangen sie auf die Simse und starrten bedrohlich hinaus. Sie waren bestimmt die beste Einbrecher-Abschreckung der Welt.

Freilich schreckten sie auch fast jeden anderen ab. Verständlicherweise zögerte Colm, der Postbote, aus seinem Lieferwagen zu steigen. Er blieb lieber erst einmal darin sitzen und drückte auf die Hupe, bis ich ihm durch ein Winken Entwarnung gab. Später stellte ich einen Briefkasten vor dem Haus auf, so dass er die Post ausliefern konnte, ohne seine mobile Zuflucht verlassen zu müssen.

Das Haus ließ sich leicht durch zwei Worte charakterisieren: winzig und schlicht. Ich glaube, sogar Brenin und Nina fanden es ein bisschen primitiv. Insgesamt gab es nur fünf Räume: Wohnzimmer, Badezimmer, zwei Schlafzimmer und eine Küche, die alle sehr klein waren. Infolge irgendeiner Laune, sei es des Schicksals oder eines exzentrischen Eigentümers, erwies sich das Badezimmer als größter Raum des Hauses. Die Zentralheizung funktionierte nur, wenn es ihr gefiel. Andernfalls musste ich hinaus zum Boiler gehen und mit der Rattenfamilie, die es sich im Kesselraum heimisch gemacht hatte, darüber verhandeln, ob ich das Problem beheben durfte (Brenin und Nina beseitigten diese Schwierigkeit sehr rasch). Es war das erste Haus, das mir gehörte, und ich wurde für verrückt gehalten. Denn der Preis, den ich für dieses winzige, feuchte und zugige Haus, zu dem auch ein verfallenes Hauptgebäude gehörte, bezahlt hatte, galt selbst im modischen Bezirk Kinsale als unverschämt. In Kinsale, der »Gourmet-Hauptstadt von Irland«, waren aus unerfindlichen Gründen Dutzende von exklusiven Restaurants eröffnet worden. Aber ich brauchte mir keine Sorgen zu machen. So, wie sich der irische Immobilienmarkt damals entwickelte, hätte ich mir einen Hühnerstall kaufen und dennoch einen Riesengewinn einfahren können.

Am besten gefiel mir die Lage. Das Torhaus stand, wie erwähnt, unweit von Knockduff etwa drei Kilometer außerhalb von Kinsale auf einer Halbinsel. Das bedeutete, dass Brenin, Nina und ich jeden Tag beim Laufen mehrere hundert Morgen einer sanft geschwungenen Landschaft zur Auswahl hatten. Wir brauchten nur durch die Tür zu treten und fanden uns, so weit das Auge reichte, inmitten von Gerstenfeldern wieder. Sie neigten sich zu einem Waldgebiet hinunter, hinter dem das Meer lag.

Brenin und Nina entdeckten rasch, dass dort, wo Gerste

ist, auch Ratten sind. Und sie fanden ebenfalls rasch heraus, dass man, um Ratten in der Gerste erkennen zu können, eine synoptische Sicht braucht. Und um diese Sicht zu erhalten, mussten sie hochspringen. Die Bewegung erschreckte die Ratten und ließ sie davonflitzen. Von ihrem kurzfristig erhöhten Aussichtspunkt konnten Brenin und Nina das Gewusel in der Gerste erspähen und sich auf ihre Beute stürzen. Ich sah nichts außer gelegentlichen Luftsprüngen, rasch gefolgt vom Untertauchen der Hunde. Sie glichen Lachsen, die aus einem Gerstenmeer hochschnellten. Wahrscheinlich ist es unmöglich, so viel Freude mitzuerleben, ohne ebenfalls von ihr beflügelt zu werden – obwohl die Ratten anderer Meinung gewesen sein könnten.

Die Gerstenfelder gingen in einen Wald über, an dessen Rand ein Kaninchenbau lag. Hier änderte sich Brenins und Ninas Verhalten den Umständen entsprechend. Nachdem sie in den Gerstenfeldern hochgesprungen waren, machten sie sich nun auf die Pirsch: Sie versuchten, sich an sorglose Kaninchen heranzuschleichen, die sich auf der offenen Fläche sonnten. Brenin war dabei viel erfahrener als Nina, die den Plan gewöhnlich platzen ließ, weil sie viel zu früh angriff.

Dafür war ich ihr sehr dankbar. Seit ich *Animal Rights: A Philosophical Defence* geschrieben hatte, war ich offiziell und öffentlich gegen die Tötung von Tieren zum Zeitvertreib oder zur Ernährung. Sogar Ratten bezog ich mit ein, obwohl ich ein Auge zudrückte, wenn sie sich in meinem Kesselraum niedergelassen hatten. Anscheinend äußerte ich mich viel weniger eindeutig zum Thema der Gewalt, wenn es um mitternächtliche Eindringlinge ging, die ihre Frauen verprügelten. Wie auch immer, ich konnte Gewalt gegen Tiere nicht ausstehen. Erstaunlicherweise war ich noch sonderbarer geworden als früher: ein moralistischer Vegetarier, das seltsamste aller Geschöpfe, das dazu verurteilt war, den Rest seiner kümmerlichen Existenz ohne die geschmacklichen Wonnen von Tierfleisch zu durchleben. All das war einzig und allein Brenins Schuld, woran ich ihn erinnerte, wenn ich wieder einmal eines seiner Manöver zum Fangen von Kaninchen durchkreuzt hatte.

3

Bei meiner Abreise aus Alabama nach Irland hatte ich mir vorgenommen, ein Haus auf dem Land zu finden, das so weit wie möglich von der Zivilisation entfernt war, damit ich absolut nichts anderes tun konnte, als zu schreiben. Meistenteils hielt ich mich ziemlich gut an den Plan. Ich hatte Freundinnen, aber sie kamen in mein Leben und verließen es mit einer Regelmäßigkeit wieder, nach der man die Uhr stellen, und mit einer Zwangsläufigkeit, auf die man sein letztes Hemd verwetten konnte. Sie kamen mutmaßlich deshalb in mein Leben, weil ich höflich und geistreich war – jedenfalls wenn ich mich dazu aufraffen konnte – und immer noch ungewöhnlich gut aussah, zumindest für einen Hochschullehrer, denn mein Gesicht war noch nicht durch Jahre alkoholischer Ausschweifungen ruiniert. Sie verließen mich wieder, weil sie rasch begriffen, dass ich wenig für sie empfand und sie nur als bequemes sexuelles Ventil benutzte. Ich war eben nicht in der Lage, mein Leben mit einem Menschen zu teilen; ich hatte andere Sorgen.

Im Grunde genommen war ich wohl von Natur aus ein Misanthrop. Darauf bin ich nicht stolz, und es ist keine Seite meines Charakters, die ich pflegen möchte oder gepflegt habe. Aber das Merkmal ist unübersehbar vorhanden. Mit wenigen Ausnahmen sind meine Beziehungen zu anderen

Menschen stets von dem Gefühl – einer vagen, grüblerischen Einsicht – durchdrungen gewesen, dass ich nur die Zeit totschlüge. So schlich sich der Alkohol in mein Leben ein. Ich hatte mich immer betrinken müssen, um mit Freunden – sei es in Wales, Manchester, Oxford oder Alabama – umgehen zu können. Das soll nicht heißen, dass ich mich nicht vergnügt hätte – im Gegenteil, ich hatte einen Mordsspaß. Allerdings bin ich ziemlich sicher, dass es ohne Alkohol nicht dazu gekommen wäre.

Hier redet nicht bloß ein eingebildeter Wissenschaftler, der sich nur mit denen abgeben möchte, die er intellektuell für seinesgleichen hält. Wissenschaftler langweilen mich sogar noch mehr. Die Schuld liegt nicht bei denen, die ich meine Freunde nennen durfte, sondern bei mir. Ich leide darunter, dass mir etwas fehlt. Und in den seither vergangenen Jahren ist mir allmählich klar geworden, dass die Entscheidungen, die ich getroffen, und das Leben, das ich gelebt habe, Reaktionen auf diesen Mangel sind. Das Wesentliche an mir ist womöglich das, was mir fehlt.

Auch in meiner Berufswahl kommt dieser Mangel höchstwahrscheinlich zum Ausdruck. Vielleicht mit Ausnahme der höheren Gefilde reiner Mathematik oder theoretischer Physik kann man sich kaum etwas Unmenschlicheres vorstellen als die Philosophie. Ihre Anbetung der Logik mit ihrer kalten, kristallenen Klarheit; ihr Vorsatz, die öden, eisigen Gipfel von Theorie und Abstraktion zu erklimmen – all das bedeutet, existenziell entwurzelt zu sein.

Wenn ich an Philosophen denke, dann in erster Linie an Bertrand Russell, der fünf Jahre lang Tag um Tag in der Britischen Bibliothek saß und seine *Principia Mathematica* verfasste – einen unglaublich schwierigen und genialen, wenn auch wahrscheinlich erfolglosen Versuch, die Mathematik aus der Mengenlehre herzuleiten. Russell benötigte 68 Seiten, um allein mit Hilfe der Mengenlehre die, wie er sarkastisch sagte, »manchmal nützliche« Theorie zu beweisen, dass eins plus eins zwei ergibt. Man kann sich also vorstellen, wie lang das Buch ist. Oder ich denke an Nietzsche, einen Krüppel ohne Freunde, ohne Familie, ohne Geld, der von einem Land zum anderen zog und dessen Werk, nach einem vielversprechenden Beginn, nur Ablehnung und Spott erntete. Und man führe sich vor Augen, was ihre Mühen sie kosteten. Russell war in intellektueller Hinsicht nie wieder derselbe, und Nietzsche versank im Wahnsinn – obwohl die Syphilis hier auch eine Rolle gespielt haben dürfte. Die Philosophie ist zerstörerisch, und man sollte Philosophen nicht ermutigen, sondern ihnen sein Beileid aussprechen.

Ich glaube also, dass sich seit meiner Geburt ein Misanthrop in mir verbarg, der nur auf seine Chance wartete. In meinen frühen Jahren wurde er recht gut unter Verschluss gehalten, aber als ich in Irland eintraf, war seine Zeit gekommen. Bedacht, dass meine mathematischen Fähigkeiten zu nichts taugten – daran hatte ein einjähriges Maschinenbaustudium in Manchester keinen Zweifel gelassen –, war die Philosophie wahrscheinlich der einzige Beruf, der mir gestattete, diesen aufstrebenden Misanthropen angemessen zu fördern. Das mir selbst auferlegte Exil aus der Welt der Menschen war nur eine logische Folge dieses Sachverhalts. Und Brenin – der große böse Wolf – wurde zu einem Symbol des Exils. Er war nicht nur mein bester – und einziger – Freund, sondern ich begann auch, mich selbst im Sinne dessen einzuschätzen, was er repräsentierte: die Ablehnung einer menschlichen Welt der Wärme und Freundschaft und die Hinwendung zu einer Welt des Eises und der Abstraktion. Ich war ein Mann der Arktis geworden. Mein Häuschen auf dem Lande – meine zugige, eisige Unterkunft – mit einer Heizung, die selten funktionierte und ohnehin keine

Wärme spendete, war eine geeignete physische Hülle für meine neue emotionale Distanz.

Meine Eltern machten sich schreckliche Sorgen um mich. Ihre ständige Frage bei meinen immer seltener werdenden Besuchen lautete: Wie kannst du bei einem solchen Leben denn bloß glücklich sein?

4

Vielen Philosophen zufolge ist Glück grundsätzlich wertvoll. Damit meinen sie, dass es um seiner selbst, nicht um einer anderen Sache willen wertvoll sei. Die meisten Dinge, die wir schätzen, sind deshalb für uns wertvoll, weil sie uns andere Dinge verschaffen können. Zum Beispiel schätzen wir Geld nur deshalb, weil es uns ermöglicht, andere Dinge zu kaufen: Nahrung, Unterkunft, Sicherheit und vielleicht sogar, wie manche von uns glauben, Glück. Wir schätzen Medikamente nicht um ihrer selbst willen, sondern wegen der Rolle, die sie bei der Genesung spielen können. Geld und Medikamente sind als Mittel, nicht jedoch per se wertvoll. Einige Philosophen halten nur das Glück für grundsätzlich wertvoll, da es das Einzige sei, das wir um seiner selbst willen und nicht um einer anderen Sache willen schätzen, die wir mit seiner Hilfe erlangen können.

Seit den späten neunziger Jahren, als meine Eltern sich um mich Sorgen machten, hat das Glück eine viel höhere Bedeutung gewonnen – nicht so sehr in der Philosophie, sondern in der allgemeineren Kultur. Es ist sogar zu einem Teil des Big Business geworden. Man hat Millionen Hektar Wald auf seinem Altar geopfert, um uns all die Ratgeber zu liefern, aus denen wir erfahren, wie wir dem Glück auf die Schliche kommen können. Auch Regierungen mischen mit und finanzieren Untersuchungen, in denen uns verraten wird, dass wir zwar viel reicher als unsere Vorfahren, aber nicht glücklicher als sie seien. Der Nachweis, dass Geld nicht glücklich macht, ist ein sehr nützliches Instrument für jede Regierung.

Schließlich – und unweigerlich – sind auch die Hochschullehrer, die ein Gespür für jede Absahnerei haben, dazugestoßen. Sie belästigen Passanten auf der Straße – oder, genauer gesagt, sie beauftragen ihre Doktoranden damit – und stellen ihnen unverschämte Fragen wie: »Wann sind Sie am glücklichsten?« Da Zurückhaltung und Diskretion im Kanon der westlichen Tugenden des frühen 21. Jahrhunderts keinen hohen Rang mehr haben, wird diese Frage von vielen Menschen tatsächlich beantwortet. Offenbar sind sie, wie sämtliche Untersuchungen bestätigen, am glücklichsten, wenn sie Sex haben, und am unglücklichsten, wenn sie mit ihrem Chef oder ihrer Chefin reden müssen. Und wenn sie Sex mit ihrem Chef oder ihrer Chefin haben, während sie gleichzeitig mit ihm oder ihr reden, bleibt unklar, was sie sind. Möglicherweise bittersüße Opportunisten.

Was stellen wir uns vor, wenn wir auf die Frage »Wann sind Sie am glücklichsten?« antworten: »Wenn ich Sex habe«? Wir stellen uns Glück als ein Gefühl vor, namentlich das Gefühl des Vergnügens, denn es wird von Sex hervorgebracht, wenn man einigermaßen geschickt dabei ist. Ebenso hat das Unglück, das Gespräche mit dem Chef verursachen, mutmaßlich etwas mit den Gefühlen des Unbehagens und der Beunruhigung oder vielleicht der Übelkeit und Verachtung zu tun, die durch die Unterhaltung ausgelöst werden. Glück und Unglück reduzieren sich auf bestimmte Gefühle. Verbinden wir diesen Gedanken nun mit der Behauptung der Philosophen, dass Glück grundsätzlich wertvoll sei – wahrscheinlich das Einzige im Leben, das wir um seiner selbst und nicht um anderer Dinge willen begehren –, dann gelangen wir zu einem einfachen Schluss: Das Wichtigste im Leben ist, gewisse Gefühle zu hegen. Unsere Lebensqualität, also ob unser Leben gut oder schlecht verläuft, hängt von unseren Gefühlen ab.

Eine nützliche Methode der Charakterisierung von Menschen besteht darin, sie als einen spezifischen Typ von Süchtigen oder Junkies zu beschreiben. Das trifft, vielleicht mit Ausnahme der Menschenaffen, auf kein anderes Tier zu. Menschen sind im Allgemeinen keine Pharma-Junkies (wenngleich es natürlich etliche gibt), sondern Glücks-Junkies. Die Letzteren teilen mit ihren gewöhnlichen Pharma-Cousins ein hartnäckiges Verlangen nach etwas, das ihnen nicht viel Gutes tut und ohnehin nicht sehr wichtig ist. Aber in einem augenfälligen Punkt sind Glücks-Junkies schlimmer. Ein Pharma-Junkie hat eine falsche Auffassung darüber, woher sein Glück kommt. Glücks-Junkies haben eine falsche Auffassung darüber, was Glück ist. Beide sind vereint durch ein Unvermögen, das zu erkennen, was im Leben wichtig ist.

Glücks-Junkies können aus jeder Gesellschaftsschicht stammen und haben jede mögliche Größe und Gestalt. Sie lassen sich nicht unbedingt durch Nadeleinstiche an Armen, Beinen oder Füßen identifizieren; sie brauchen sich nicht täglich einen Schuss zu setzen oder Drogen zu schnupfen. Manche Menschen sind 18–30-Glücks-Junkies. Jeden Freitag- und Samstagabend machen sie sich in ihr jeweiliges Stadtzentrum auf, um sich zu betrinken und/oder sich vollzudröhnen oder um sich, wenn das nicht klappt (und vielleicht sogar, wenn es klappt), an einer Schlägerei zu beteiligen. Ein- oder zweimal im Jahr reisen sie nach Ibiza, Korfu, Kreta, Cancún oder an einen sonstigen angesagten Ort und tun genau das Gleiche, nur ein bisschen intensiver. Das ist es, was sie unter Glück verstehen. Glück ist Vergnügen, und um nichts anderes geht es.

Auch wer nicht zwischen 18 und 30 ist, kann ein 18–30-Glücks-Junkie sein, wie jeder bestätigen wird, der mit der Demografie von Stadtzentren am Samstagabend oder mit Charterflügen nach Korfu vertraut ist. Manche Menschen bleiben ihr ganzes Leben lang 18–30-Glücks-Junkies. Andere jedoch meinen, wenn sie älter, langsamer und schwächer werden, eine gewisse Welterfahrenheit zu entwickeln. Zuerst erweitern sie ihre Auffassung von Glück über die rein hedonistischen und dekadenten Gefühle hinaus, die die 18–30-Jahre kennzeichneten. Für welterfahrene reife Menschen besteht Glück nicht nur – und nicht einmal hauptsächlich – in Gefühlen, die durch Sex, Drogen und Alkohol erzeugt werden. Nun sind sie sich bedeutenderer Emotionen bewusst. Die unzweideutigen, doch häufig entkräftenden Genüsse, die mit dem Konsum eines Flüsschens Stella Artois verbunden sind, werden durch den subtileren Schauder ersetzt, den ein oder zwei Gläschen eines guten Latour hervorrufen. Das aufregende Vergnügen, mit jemandem zu schlafen, den man kaum kennt, wird durch die feineren Genüsse der »ernsthaften« Beziehung ersetzt, die hinsichtlich der sexuellen Aktivität fast dem Umgang mit Geschwistern ähnelt. Der Wunsch, »zu brennen ... brennen ... brennen ... wie fantastische gelbe Wunderkerzen und wie Feuerräder unter den Sternen [zu] explodieren«, wie Kerouac es einst formulierte, wird durch ein erlesenes warmes Glühen ersetzt, wenn diese reifen Menschen zusehen, wie ihre Babys sabbern oder etwas murmeln, das ihr erstes Wort sein könnte oder auch nicht.

Die wachsende Welterfahrenheit wird von einer Erweiterung der Gefühle begleitet, die Menschen der Kategorie Glück zuordnen. Aber diese Erweiterung stützt sich auf das ursprüngliche Modell. Was immer Glück sein mag, es ist irgendein Gefühl. Dadurch definiert sich der Mensch: durch das unablässige und nichtige Streben nach Gefühlen. Kein anderes Tier verhält sich ähnlich. Nur Menschen glauben, dass Gefühle so wichtig sind.

Eine Folge dieser zwanghaften Konzentration auf Gefühle ist die menschliche Neigung zu Neurosen. Dazu kommt es, wenn sich der Nachdruck von der Erzeugung von Gefühlen auf ihre Überprüfung verlagert. Bist du wirklich glücklich darüber, wie sich dein Leben gestaltet? Kann dein Partner deine Bedürfnisse einigermaßen verstehen? Findest du wirklich Erfüllung darin, deine Kinder zu erziehen? Natürlich ist nichts gegen eine Überprüfung des eigenen Lebens einzuwenden. Wir haben nichts anderes, und ein gutes Leben zu führen ist das Wichtigste. Doch charakteristisch für den Menschen ist eine seltsame Interpretation der Form, die diese Untersuchung annehmen muss. Wir glauben, dass die Überprüfung unseres Lebens identisch mit der Überprüfung unserer Gefühle sei. Und wenn wir unsere Gefühle untersuchen, wenn wir nach innen blicken und sehen, was dort ist und was nicht, gelangen wir häufig zu einer negativen Antwort. Wir fühlen uns nicht so, wie wir es wollen oder wie wir es für richtig halten. Was also sollen wir tun?

Als gute Glücks-Junkies machen wir uns auf die Suche nach dem nächsten Fix: einem Toyboy oder Toygirl, einem neuen Auto, einem neuen Haus, einem neuen Leben – einer beliebigen Neuheit. Der Junkie findet Glück stets im Neuen und Exotischen, nicht im Alten und Vertrauten. Und wenn alles andere scheitert, was oft geschieht, gibt es eine Armee hochbezahlter Profis, die uns nur zu gern mitteilen, wie wir unseren nächsten Fix erhalten können.

Kurz gesagt, die klarste und einfachste Charakterisierung der menschlichen Spezies lautet: Menschen sind die Tiere, die Gefühle anbeten.

Nicht dass man mich missversteht. Ich habe nichts gegen Gefühle oder gegen Sex. Anscheinend genauso wenig wie Brenin. Eines Abends im Mai, während der heißesten beiden Wochen, die ich je in Irland erlebt hatte, verschwand er. Es war das einzige Mal in seinem Leben. Ich hatte Nina und ihn hinaus in den Garten gelassen, mich eine Sekunde lang umgedreht, und fort war er. Ich sah noch seinen Schwanz über die Mauer verschwinden, die einen Meter achtzig hoch war. Mich überraschte nicht, dass er es geschafft hatte, über die Mauer zu springen, sondern vielmehr, dass er es wollte. Er hatte zuvor nie eine Neigung zur Flucht erkennen lassen. Ich rannte hinaus auf die Straße, doch er war bereits außer Sicht. Also ließ ich Nina in den Jeep steigen, und wir fuhren in der Gegend herum, um ihn zu suchen. Schließlich entdeckten wir ihn ein paar Kilometer weiter *in flagrante delicto* mit einer weißen Schäferhündin. Die Besitzer waren erbost, aber nach meiner bescheidenen Meinung kann man wirklich nichts Gutes erwarten, wenn man eine läufige Hündin unbeaufsichtigt im Garten lässt.

Alles entwickelte sich bestens für die Besitzer der Schäferhündin, denn sie verdienten später durch den Verkauf der Welpen ein Vermögen. Brenin war inzwischen in der Umgebung von Kinsale berühmt, und es gab offenbar keinen Mangel an Leuten, die bereit waren, eine Unsumme für einen seiner Welpen zu bezahlen. Ich dagegen musste mich mit einem weiteren Hund abfinden, denn ich konnte auf keinen Fall darauf verzichten, mir wenigstens einen von Brenins Nachkommen zuzulegen. Ich ließ ihn nie kastrieren, weil ich es nicht übers Herz brachte. Das war eine vorhersehbare männliche Entscheidung. Männern tränen schon bei dem Gedanken die Augen, ihren Hund kastrieren lassen zu müssen. Aber wir sind bereit, unsere Hündinnen im Handumdrehen zur Sterilisierung zu schicken, obwohl das ein viel schwierigerer und blutigerer Eingriff ist. Und deshalb brauchte ich mir natürlich keine Sorgen wegen Brenin und Nina zu machen: Ich ließ die arme Nina sterilisieren, sobald die Tierärzte erklärten, dass sie das dafür erforderliche Alter erreicht hatte.

Nach etwa dreieinhalb Monaten schloss sich unserem Rudel also ein neues Mitglied an: Brenins Tochter. Ich nannte sie Tess. Ein dritter Hund war für mich so überflüssig wie ein Kropf. Schon jetzt passten kaum Brenin und Nina in den hinteren Teil des Jeeps, obwohl ich die Sitze hatte entfernen lassen. Jeder weitere Hund würde auf dem Beifahrersitz Platz nehmen müssen (und genau das geschah dann tatsächlich auch).

Außerdem stand ich nun vor einem moralischen Dilemma, das ernster war als die berechenbare Unbequemlichkeit, einen weiteren Hund versorgen zu müssen. Ich hatte Brenin nicht als Zuchttier eingesetzt, weil ich genau wusste, dass seine Welpen genau wie er sein würden. Ich erinnerte mich sehr gut daran, wie er sich als junger Wolf benommen hatte, und ich wusste, dass die meisten Menschen nicht in der Lage sein würden, so viel Zeit mit seinen Welpen zu verbringen wie ich mit ihm. Deshalb fürchtete ich, dass es seinen Kindern sehr schlecht ergehen würde. Von diesem Gedanken werde ich noch heute verfolgt. Ich hoffe, dass es seinen Kindern – sie sind inzwischen alte Hunde – gut geht. Und ich bete darum, dass sie ein schönes Leben hinter sich haben. Aber ich befürchte, dass dies nicht für alle gilt, und das tut mir leid.

Vielleicht weil Brenin keine Ahnung von den Konsequenzen hatte, schien ihm sein sexueller Ausflug gefallen zu haben. Er machte mehrere Versuche, seine Heldentat an den folgenden Tagen zu wiederholen. Und dann weinte er sich in den Schlaf, weil ich ihn nicht mehr entkommen ließ. Also wer weiß, ob Brenin, wenn er an einer jener Umfragen der Glücksforscher hätte teilnehmen können, die Frage, »Wann sind Sie am glücklichsten?« nicht mit »Wenn ich Sex habe« beantwortet hätte. Das wäre allerdings sehr bedauerlich, denn dann hätte er sich nur einmal im Leben als wahrhaft glücklich bezeichnen können. Wäre er allerdings in der Wildnis aufgewachsen, hätte er sich vielleicht mit noch weniger Glück begnügen müssen, denn nur das Alphamännchen des Rudels hat überhaupt Sex.

Ich vermute jedoch, dass weder Sex noch irgendwelche Gefühle für Wölfe eine Rolle spielen. Im Gegensatz zu Menschen jagen sie nicht hinter Gefühlen, sondern hinter Kaninchen her.

6

Ich wurde oft gefragt, ob Brenin glücklich sei. In Wirklichkeit meinten die Fragesteller natürlich: Wie konntest du einen Wolf aus der Wildnis reißen, du grausamer, verantwortungsloser Lump, und ihn zwingen, ein durch die menschliche Kultur und Sitten eingeengtes, unnatürliches Leben zu führen? Darauf bin ich bereits eingegangen. Aber nehmen wir einmal an, dass der Einwand berechtigt war. Dann würden wir erwarten, dass Brenin am glücklichsten war, wenn er tat, was ihm im Blut lag. Sex mag dazugehört haben, aber die Jagd nicht weniger.

Ich verbrachte viel Zeit damit, Brenin beim Jagen zu beobachten, um herauszufinden, welche Gefühle, wenn überhaupt, er dabei hatte. Was verspürte er, wenn er auf ein Kaninchen Jagd machte? Kaninchen sind schnell und gewandt und können jähe Haken schlagen. Auf Hochtouren und auf einer geraden Strecke war Brenin schneller, doch nicht einmal er konnte so rasant manövrieren wie ein Kaninchen. Also musste er sich an seine Beute heranpirschen. Und das Wesen des Anpirschens ist es, die Welt so zu gestalten, dass die eigenen Stärken darin besonders zum Tragen und die Stärken der Beute möglichst nicht zum Einsatz kommen. Es ist ein anstrengender Prozess, der eher unangenehm zu sein scheint.

Brenins Geduld war jedenfalls überwältigend. Meistens lag er mit angespannten Muskeln sprungbereit auf dem Boden, wobei seine Nase und seine Vorderläufe zum Kaninchen hin gerichtet waren. Sobald es abgelenkt wurde, schob er sich zentimeterweise voran und blieb wieder regungslos liegen, bis sich eine neue Gelegenheit zum Vorrücken ergab. Es war unklar, wie lange sich dieser Prozess im Zweifelsfall ohne Unterbrechung fortgesetzt hätte, aber nach meiner Beobachtung konnte er mindestens 15 Minuten dauern. Brenin versuchte, eine Situation herbeizuführen, in der seine Stärke – das Überraschungsmoment und eine erstaunliche Beschleunigung über eine kurze Strecke – wichtiger war als die Stärke des Kaninchens, unvermittelt Haken zu schlagen. Gewöhnlich – und glücklicherweise – nahm das Kaninchen seine Witterung auf, bevor diese Umstände eintraten. Wenn Brenin merkte, dass das Spiel aus war, sprang er, wie durch die verzögerte Aktivität angespornt, blitzartig auf das Kaninchen zu. Doch in den meisten Fällen ging er leer aus.

Wenn Brenin in jenen Momenten glücklich war, wie ließ sich Glück dann für ihn beschreiben? Da waren die Qual der Anspannung, die erzwungene Starrheit von Geist und Körper, der unvermeidliche Konflikt zwischen dem intensiven Verlangen zuzuschlagen und dem Wissen, dass dies zum Scheitern führen konnte. Was Brenin sich am meisten wünschte, musste er sich immer wieder versagen. Seine Qual wurde nur teilweise durch sein heimliches Vorrücken gemildert, und sobald er wieder verharrte, begann alles von neuem. Wenn das Glück ist, scheint es mehr mit Pein als mit Ekstase zu tun zu haben.

Vielleicht, könnte man einwenden, war Brenin nur dann glücklich, wenn er das Kaninchen fing. Hoffentlich nicht, denn das gelang ihm nur selten. Aber sein Verhalten ließ auf das Gegenteil schließen. Ob er Erfolg hatte oder nicht – danach rannte er immer mit lodernden Augen auf mich zu und sprang aufgeregt von allen Seiten an mir hoch. Das, dessen bin ich mir ziemlich sicher, war ein glücklicher Wolf, und sein Glück hatte wenig mit der Freude zu tun, die er verspürte, wenn sich seine Kiefer um das Fleisch des Kaninchens schlossen.

Brenins Jagdverhalten erinnerte mich an das, was mich in dem anderen Teil meines Lebens beschäftigte: an die Philosophie. Ich schlich mich nicht an Kaninchen, sondern an Gedanken heran. Brenin jagte Kaninchen, die er häufig nicht fangen konnte. Ich jagte Gedanken, die ich nicht denken konnte. Wenn man sich genug Mühe gibt, kann man sich zwingen, Gedanken zu denken, denen man wegen ihrer Schwierigkeit anfangs nicht gewachsen ist. Aber das ist zutiefst unangenehm. Es tut weh.

Als Erstes kämpft man mit dem langen Unbehagen, das sich einstellt, wenn man auf einem zu schwierigen Gebiet herumirrt – in den brackigen und schlammigen Gewässern eines Sumpfes, in denen man keine Orientierungspunkte und keinen Halt auf festem Boden findet. Dann, vielleicht nach vielen Wochen oder Monaten, stellt sich der Gedanke ein. Er beginnt, gedacht zu werden, und nun muss die Pirsch anfangen. Du spürst den Gedanken wie etwas, das dir in der Kehle steckt und ganz langsam aufsteigt, zusammen mit der süßen Verheißung, freigesetzt zu werden. Aber dann siehst du deinen Irrtum ein, und der Stau rinnt wieder zurück und bleibt – hart, unerbittlich und lästig – in deinem Innern stecken wie ein schlechtes Mahl. Dann siehst du eine neue Möglichkeit, und die Hoffnung steigt erneut auf. Du merkst, wie der Gedanke hochkommt – beinahe, beinahe. Doch er ist noch nicht bereit und fällt wieder zurück. Man kann einen Gedanken nicht zwingen, genauso wenig wie ein Kaninchen. Erst wenn der richtige Zeitpunkt gekommen ist, tritt der Gedanke hervor, und das Kaninchen wird gefangen. Andererseits darf man den Gedanken nicht ignorieren und einfach nur auf ihn warten. Man muss den Druck aufrechterhalten, oder er wird nie erscheinen. Irgendwann, wenn man Glück hat und fleißig ist, wird er an die Oberfläche dringen, und danach ist man in der Lage, etwas zu denken, das vorher zu schwierig war. Die Befreiung ist unleugbar, doch darum ging es eigentlich nicht. Bald wendet man sich dem nächsten Gedanken zu, und das Unbehagen setzt wieder ein.

Glück ist nicht nur erfreulich, sondern auch zutiefst unangenehm. Jedenfalls für mich. Und wie ich vermute, war das auch für Brenin der Fall. Damit meine ich nicht die bekannte Binsenweisheit, dass man die Freuden nur zu schätzen wisse, wenn man zuvor die Leiden durchgemacht habe. Das weiß jeder. Diese Binsenweisheit deutet auf eine kausale Abhängigkeit zwischen der Dankbarkeit für die Freuden und der Leiderfahrung hin. Falls man keine unerfreulichen Dinge durchgemacht habe, werde man nicht in der Lage sein, Freude zu erkennen, wenn man auf sie stoße. Aber das meine ich nicht mit meiner Aussage, dass Glück unerfreulich sei. Im Gegenteil, ich will darauf hinaus, dass das Glück selbst teilweise unerfreulich ist. Das ist eine notwendige Wahrheit über das

Glück – es kann nicht anders sein. Im Glück bilden die erfreulichen und die unerfreulichen Aspekte ein untrennbares Ganzes. Sie können nicht voneinander gelöst werden, ohne dass alles zusammenbricht.

7

Brenin kämpfte gern. Ich nehme an, dass er sich glücklich fühlte, wenn er in einen Kampf verwickelt war. Zu seinem Bedauern hielt ich ihn stets davon ab. Ich versuchte, ihm diesen Aspekt seiner Persönlichkeit abzugewöhnen, doch ohne Erfolg. Erst als er alt und schwach wurde, konnte ich ihm im Beisein anderer großer Rüden vertrauen. Ich finde diese Seite seines Charakters nicht lobenswert, aber ich hatte ein gewisses Verständnis dafür.

Als Jugendlicher war ich ein recht guter Amateurboxer, und während meines Studiums verdiente ich mir mit meinen Fähigkeiten gelegentlich ein Zubrot. Dazu dienten illegale Kämpfe an rasch verlegbaren Stätten in Gegenden wie Ancoats oder Moss Side (obwohl ich mich der letzteren möglichst fernhielt: zu viele clevere, schnelle schwarze Jungs). Man zahlte 50 Pfund als Eintrittsgeld und bestritt dann mehrere Kämpfe am Abend – wenn man Glück hatte. Wer seinen ersten Kampf gewann, erhielt man die 50 Pfund zurück; wer zweimal siegte, bekam das Doppelte seines Einsatzes. Ein dritter Kampf brachte bis zu 200 Pfund ein, wovon ich damals mehrere Monate leben konnte. Aber sobald man verlor, schied man aus. Mein Ziel war es, drei Kämpfe zu gewinnen. Im vierten hielt ich dann die Deckung hoch und wich zurück. So nahm ich die Niederlage hin, um ohne schwere Verletzungen auszusteigen, bevor ich später am Abend auf die guten Boxer traf.

Das Publikum war davon natürlich nicht begeistert und gab seinem Missvergnügen auf altehrwürdige Art durch einen Chor von Buhrufen, Drohungen und Zweifeln an meiner Herkunft und Sexualität Ausdruck. Doch am besten ist mir der Gang zum Ring im Gedächtnis geblieben. Die Menge dürstete selbstredend nach Blut, und ich war so verängstigt, dass mein Gesichtsfeld zu einem engen Tunnel wurde. Meine Beine fühlten sich ungelenk an und ließen sich kaum unter Kontrolle halten. Meine Atmung war schwer und schmerzhaft. Und ich erbrach mich nur deshalb nicht, weil ich es bereits getan hatte. Diese Gefühle und Reaktionen verfolgten mich im gesamten Vorstadium. Aber dann, wenn ich, kurz bevor der Kampf anfing und wenn es keine Fluchtmöglichkeit mehr gab, in der Ringecke stand und zu meinem Gegner hinüberschaute, wurde ich von einem wundervollen Gefühl der Ruhe durchströmt, das sich von meinen Zehen und Fingern wellenförmig in meinem ganzen Körper ausbreitete.

Es war eine seltsame Ruhe, denn die Furcht verebbte nie. Sie war bloß unwichtig geworden. Wenn ich kämpfte, umhüllte mich eine goldene Blase der Konzentration. Die Angst war nun ruhig und positiv geworden und wurde von einer Euphorie begleitet, die sich schwer beschreiben lässt. Sie rührte von etwas her, das ich gut beherrschte, aber auch von der Einsicht, dass ich kein bisschen hinter dem Maximum meiner Fähigkeiten zurückbleiben durfte. Vielleicht lässt sich diese Euphorie am besten als eine Art Wissen bezeichnen.

Die Kämpfe waren nie von persönlichen Gefühlen geprägt. Innerhalb der goldenen Blase spürt man keine Feindschaft. Es handelt sich um eine unpersönliche intellektuelle Anstrengung. Das Wort »intellektuell« mag in diesem Zusammenhang seltsam klingen, aber ich benutze es, weil das Boxen ein bestimmtes Wissen in sich birgt, das nur ihm eigen ist. Es gibt keine andere Möglichkeit, es zu erwerben. Du weißt, wie lange der Gegner seine Hand nach einer Geraden ausstreckt. Das weißt du, obwohl du seine Hand nicht sehen kannst. Du weißt, wie er seine Füße bewegt, wenn er zu einem rechten Haken ansetzt – und das weißt du, obwohl du nicht auf seine Füße schaust. In deiner Blase der Konzentration und an der Grenze deiner physischen und emotionalen Leistungsfähigkeit weißt du Dinge, die du sonst nicht wissen würdest.

Der Gegner hat die Hand nach der Geraden einen Sekundenbruchteil zu lange ausgestreckt, und du schiebst den Kopf nach außen und konterst mit einem linken Haken an der Innenseite seines Armes (die Leser, die etwas von der Materie verstehen, werden aus dieser Beschreibung ableiten können, dass ich Rechtsausleger war – jedenfalls wenn wir annehmen, dass der andere als Linksausleger boxte). Wenn dein Schlag sein Kinn trocken und sauber trifft, dann verspürst du eine Euphorie. Nicht deshalb, weil du deinen Gegner hasst. Im Gegenteil, in deiner Blase der Konzentration empfindest du nichts für oder gegen ihn. Du verspürst Euphorie, weil du kalt und ruhig erschrocken bist, zu Tode erschrocken. Wenn du boxt, lernst du nicht nur deinen Gegner, sondern auch dein eigenes existenzielles Dilemma kennen. Du weißt, dass du am Rand eines Abgrundes balancierst und dass jede falsche Bewegung katastrophale Folgen hat.

Wenn das Leben seine instinktivste und damit seine dynamischste Form annimmt, lassen sich Euphorie und Furcht nicht voneinander trennen. Das Wissen, dass jede Bewegung zum Untergang führen kann, ermöglicht nicht nur die intensivste Euphorie, sondern es verschmilzt auch mit der Euphorie und wird ein Teil davon. Furcht und Euphorie sind zwei Seiten derselben Medaille, zwei Aspekte derselben Gestalt. Euphorie ist nie ganz und gar erfreulich, sondern notwendigerweise auch zutiefst unerfreulich.

8

Eine Theodizee ist ein Versuch, einen Grund für die Unerfreulichkeit des Lebens zu finden. Wie die Bezeichnung verrät, wenden sich Theodizeen traditionell an Gott: Seine Wege sind unergründlich, er stellt uns auf die Probe, er hat uns Willensfreiheit gewährt und so weiter. Aber es gibt auch das, was wir als gottlose Theodizeen einstufen könnten. Die wohl bekannteste ist die Nietzsches, der Schmerz und Leid als notwendige Voraussetzungen für wachsende Stärke ansah. Aber alle Theodizeen sind letzten Endes Glaubensakte, denn sie drehen sich direkt oder indirekt um die Vorstellung, dass das Leben ein Ziel oder einen Zweck habe. Wenn das Leben einen Sinn hat, besteht das Ziel einer Theodizee darin festzustellen, wo Glück, Schmerz und Leid in jenem Kontext angesiedelt sein sollten. Eine der schwersten Aufgaben ist es, nicht einfach nur herauszufinden, dass das Leben keinen Sinn hat, sondern herauszufinden, weshalb der Gedanke, dass es einen Sinn hat – oder haben sollte –, uns von dem, was wirklich wichtig ist, ablenkt. Ich versuche nicht, Schmerz und Leid zu rechtfertigen und eine Theodizee vorzulegen. Das Leben hat keinen Sinn, zumindest nicht nach den üblichen Denkkategorien, weshalb Schmerz und Leid nicht zum Sinn beitragen. Trotzdem sollte ich bald erfahren, dass das Leben einen Wert haben kann, und zwar deshalb, weil gewisse Dinge in ihm geschehen. Dadurch, dass ich im hohen Gras saß und Brenin bei der Pirsch auf Kaninchen zusah, erfuhr ich, dass es im Leben wichtig ist,

Kaninchen und nicht Gefühle zu jagen. Das Beste an unserem Leben – all die Momente, in denen wir, wie wir es formulieren würden, am glücklichsten sind – kommt mir sowohl erfreulich als auch zutiefst unerfreulich vor. Glück ist kein Gefühl, sondern eine Lebensart. Wenn wir uns auf die Gefühle konzentrieren, verfehlen wir das Ziel.

Doch ich sollte bald eine damit verbundene Lektion lernen. Manchmal sind die unerfreulichsten Momente unseres Lebens die wertvollsten. Und sie können nur deshalb die wertvollsten sein, weil sie die unerfreulichsten sind. Uns standen viele unerfreuliche Momente bevor.

Eine Zeit in der Hölle

1

Nach rund fünf Jahren folgte unser Leben in Irland einer Routine, die sowohl vorhersehbar als auch, was meine Karriere anging, einträglich war. Ich stand morgens auf, wann ich Lust hatte. Dann joggte ich mit Brenin und den Hündinnen durch die Felder und hinunter zum Meer. Am Nachmittag fuhr ich nach Cork und kümmerte mich um meine etwaigen Unterrichtsverpflichtungen. Danach besuchte ich das Fitnessstudio, kehrte gegen 18 Uhr heim und begann zu schreiben. Diese Arbeit zog sich bis ungefähr zwei Uhr morgens hin.

Nachdem Nina erschienen war, beschloss ich, Brenin während des Unterrichts zu Hause zu lassen. Mittlerweile hatte sich seine jugendliche Zerstörungswut erheblich abgeschwächt. Gewiss, Nina gab sich alle Mühe, seine Versäumnisse wettzumachen, doch selbst im schlimmsten Fall ließen sich ihre destruktive Findigkeit und Gewalt nie so recht mit denen Brenins vergleichen. Es gefiel ihm nicht, daheimbleiben zu müssen, und ich vermisste ihn in meinem Büro und im Lehrsaal. Manchmal blickte ich mitten in einer Vorlesung zu der Ecke des Saales hinüber und erwartete, ihn zu sehen, bis mir nach einem kurzen Schock einfiel, dass er zu Hause war. Aber ich hielt es für unfair, eine junge Hündin wie Nina allein zu lassen, zumal sie beobachten würde, wie Brenin und ich im Auto davonfuhren. Doch als Tess eintraf, konnte sie Nina Gesellschaft leisten, und wir kehrten zu dem alten Brauch zurück, dass Brenin mich überallhin begleitete.

Tess als halbe Wölfin war etwa halb so zerstörerisch wie der junge Brenin vor einigen Jahren. Aber das war schlimm genug. Sie fraß fast alles im Haus. Die wertvollen antiken Stühle, die meine Großmutter mir vererbt hatte, überstanden nur ein paar Wochen von Ninas Zahnung. Die Wand, welche die Küche von der Waschküche trennte, war eine Trockenmauer, und Nina fraß sich an einem einzigen Nachmittag hindurch. Vielleicht handelte es sich um einen ernsthaften, doch letztlich zwecklosen Versuch, in die Freiheit des Gartens hinter dem Haus zu entkommen. Tess hatte die Zuneigung des jungen Brenin zu Vorhängen geerbt, und sie lernte ziemlich rasch, die Küchenschränke zu öffnen, um den Inhalt zu verschlingen. Dabei spielte es kaum eine Rolle für sie, ob die Dinge essbar waren oder nicht. Nachdem ich kindersichere Riegel an den Schränken angebracht hatte, fraß sie diese ebenfalls. Und schließlich pfuschte sie nicht mehr herum, sondern vertilgte die Schränke selbst. Ich verlor meine Grundbuchurkunden durch eine dieser nachmittäglichen Vernichtungsaktionen, denn Tess verschlang auch sie. Jedenfalls glaube ich, dass es Tess war. Da zwei Hunde daheimblieben, konnte ich bei der Schuldzuweisung nie sicher sein. Wie auch immer, ich war angeschissen, denn schließlich konnte ich nicht alle drei mit in den Unterricht nehmen.

Wenn ich abends heimgekehrt war und verdrießlich die nachmittägliche Zerstörung besichtigt hatte, begann ich zu schreiben. Dabei hatte ich immer eine Flasche Jack Daniel's oder Jim Beam oder Paddy neben mir stehen. Und da ich ungefähr acht Stunden lang arbeitete, kam es nicht oft vor, dass ich mich an mein Zubettgehen erinnerte. Das Ergebnis war, dass ich, obwohl ich mich fast jede Nacht betrank, nach fünf Jahren in Irland sechs oder sieben Bücher über verschiedene Themen geschrieben hatte: angefangen mit dem Wesen des Geistes und des Bewusstseins bis hin zum Wert der Natur und den Rechten von Tieren. Anscheinend stand in den Büchern nicht nur Blödsinn, denn zu meiner Überraschung wurden sie in allen guten Zeitschriften rezensiert. Und erstaunlicherweise waren fast alle Rezensionen sehr positiv. Von Institutionen, deren Leiter mich vor meiner Rückkehr aus Alabama nicht mit der Feuerzange angefasst hätten, wurden mir nun Stellen angeboten.

Zunächst sträubte ich mich gegen einen möglichen Umzug, weil ich Brenin und die Mädchen nicht aus der Gegend reißen wollte, die sie so sehr liebten. Irgendwann jedoch – der Wechsel von einem Extrem ins andere scheint ja ein ziemlich beständiges Thema in meinem Leben zu sein – beschloss ich, London für ein Jahr auszuprobieren und alles Weitere abzuwarten. Ich ließ mich in Cork beurlauben und nahm ein Angebot des Birkbeck College an der University of London an.

Anfangs machte ich mir einige Sorgen hinsichtlich der praktischen Aspekte des Umzugs. Würden Sie mir, nachdem Sie die beiden letzten Seiten gelesen haben, ein Haus vermieten? Einem an der Flasche hängenden Schriftsteller mit drei wilden und äußerst zerstörerischen Vierbeinern im Schlepptau? Sie müssten verrückt sein.

Wenn man plant, mit anderthalb Wölfen und anderthalb Hunden ein Haus in London zu beziehen, liegt die erste Mieterregel also auf der Hand: Man verstelle sich. »Also, ich habe einen kleinen Hund. Ist das in Ordnung?« Das ist keine Lüge, sondern eher das Gegenteil einer Übertreibung. Es ist ein zweckdienliches Understatement, und der Zweck besteht darin, jemanden zu finden, der einem tatsächlich einen Mietvertrag anbietet. Na gut, es ist eine Lüge. Danach stellt man ein paar beiläufige Fragen nach dem Wohnsitz des Hauswirts: »Wohnt er in der Nähe? Er wohnt in Kenia? Gut, ich nehme es!«

Kurz vor Weihnachten steckte ich Brenin und die Mädchen in den Jeep – Brenin und Tess auf die Ladefläche und Nina auf den Beifahrersitz, wo sie sich am liebsten aufhielt. Wir nahmen die Fähre nach Großbritannien, verbrachten Weihnachten bei meinen Eltern und fuhren dann weiter nach London. Nach dem unseligen Vorkommnis mit Brenin auf Irish Ferries war ich zur Stena Line übergewechselt, vor allem deshalb, weil Hunde dort während der Überfahrt in großen Holzzwingern untergebracht wurden. Brenin missfiel es allerdings, während der Reise in den Zwinger gesperrt zu werden, und er tat seine Unzufriedenheit dadurch kund, dass er den besagten Käfig demolierte. Wenn ich am Ende der Überfahrt hinunterging, rannte er unweigerlich frei über das Wagendeck, und das unter dem Gejaul der beiden Hündinnen, die sich nicht auf ähnliche Art hatten befreien können.

Ein paar Reisen nach unserem Wechsel zu Stena begegnete ich am Ende der Überfahrt auf dem Wagendeck einem dankbaren Tischler, der an einigen der beschädigten Zwinger arbeitete. Er schien erfreut zu sein, den Mann kennenzulernen, der ihm so viel zusätzliche Arbeit einbrachte. Außerdem dachte ich, dass er die Gesamtsituation recht genau zusammenfasste: »Ich weiß nicht, warum man ihn nicht mit Ihnen nach oben lässt – er ist sauberer als die Hälfte der Passagiere!« Jedenfalls können Sie sich vorstellen, dass ich mich freute, in absehbarer Zukunft keine Überfahrten mehr machen zu müssen. Andernfalls hätte Stena uns wahrscheinlich bald mit einem Verbot belegt.

Ich war ein paar Wochen vorher herübergekommen, hatte Brenin und die Hündinnen einen Tag lang bei meinen Eltern

zurückgelassen und es geschafft, ein kleines Zweizimmer-
haus in unmittelbarer Nähe des Wimbledon Common zu
finden. Meinem Eindruck nach würden die 1100 Morgen
sanft geschwungener Landschaft – oder 4000 Morgen, wenn
man den benachbarten Richmond Park mitzählte –, wo es
von kleinen Pelztieren wimmelte, deren Lebenszweck darin
bestand, gejagt zu werden, Brenin und den Hündinnen bestens gefallen. Und so war es dann auch.

Jeden Morgen joggten wir auf dem Common, weil ich die
drei ermüden musste, bevor ich es wagen konnte, zur Arbeit
zu fahren. Wir liefen abwechselnd durch das Waldgebiet und
über den Platz des London Scottish Golf Club. Dabei handelt es sich möglicherweise um den einzigen Golfplatz der
Welt, auf dem Hunde den Vortritt haben. Die Strecke war
ungefähr acht Kilometer lang, doch die drei liefen mindestens dreimal so weit. Sowie sie ein Eichhörnchen erblickten,
rasten sie hinter ihm her in den Wald. Eine Sichtung war
nicht einmal erforderlich, denn schon ein Rascheln im Unterholz genügte, sie auf Touren zu bringen. Zum Glück sind
Eichhörnchen schnell, und Brenin wurde langsamer. Weder
Nina noch Tess erlangten je sein Jagdniveau. Dadurch war
die mit unseren täglichen Ausflügen verbundene Eichhörn-
chen- und Kaninchensterblichkeit sehr niedrig. Ich glaube,
in dem Jahr, das wir dort verbrachten, töteten sie nur ein
einziges Eichhörnchen, und diesen Kollateralschaden hielt
ich angesichts des gewaltigen Vergnügens, das die drei aus
der Jagd bezogen, für akzeptabel. Jedes Mal kehrten sie in
großen Sprüngen – hechelnd und mit glänzenden Augen –
zu mir zurück, und ich sagte häufig: »He, sollten sich die
Hunde des Mannes, der *Animals Like Us* geschrieben hat,
wirklich so benehmen?«

Wenn wir schließlich wieder den Jeep erreichten, waren
alle drei ausgelaugt – vor allem Brenin, der sich nun allmäh-

lich vom mittleren ins höhere Alter bewegte. Gewöhnlich schlief er für den Rest des Tages. Ihn mit in die Vorlesungen zu nehmen kam nicht mehr in Frage, denn in seinem Alter wäre er bestimmt nicht so ohne weiteres mit den Rätseln und Fährnissen der Londoner U-Bahn fertig geworden. Bevor ich die drei zu Hause zurückließ, gab ich jedem einen großen gekochten Suppenknochen, den ich in der Tierhandlung am Broadway gekauft hatte. Damit wurde ihre pescetarische Ernährung vorübergehend und teilweise unterbrochen, denn es war meine vorrangige Pflicht, das Haus des Vermieters vor der Zerstörung zu bewahren. Im Laufe des Jahres gab ich ein Vermögen aus – die Suppenknochen kosteten jeweils um die fünf Pfund –, aber wahrscheinlich nicht so viel, wie ich für eine neue Küche hätte zahlen müssen.

Erstaunlicherweise fügten die Hündinnen dem Haus während unseres Aufenthalts nicht den geringsten Schaden zu. Vor unserer Abreise ließ ich noch die Teppiche reinigen, und ich schwöre, niemand hätte erraten, dass hier Hunde gewohnt hatten. Ich weiß nicht, ob es daran lag, dass Nina und Tess gerade rechtzeitig eine gewisse Reife erreicht hatten. Oder vielleicht waren sie durch die Suppenknochen abgelenkt worden, oder Brenin hatte sie in Schach gehalten. Wie auch immer, ich stellte keine Fragen und machte schlicht mein immerwährendes Glück für die Situation verantwortlich.

Gott sei Dank fand ich bei meiner Rückkehr vom College also nie den üblichen Schauplatz der Zerstörung und der Katastrophe vor. Einmal allerdings stieß ich auf eine zutiefst komische Szene, die ich später als »Nacht der drei fetten Hunde« bezeichnete. Der Titel war unzutreffend, doch er ging leichter von der Zunge als »Nacht der beiden fetten Hündinnen und eines fetten Wolfes«.

Es war meine Schuld. In Burbeck fand der Unterricht nur

abends statt, und ich hatte mich danach (untypischerweise) mit ein paar Freunden in der ULU, der Bar des Studentenverbands an der University of London, auf ein paar gemütliche Bierchen zusammengesetzt. Schließlich nahm ich die letzte U-Bahn nach Hause und traf dort irgendwann nach Mitternacht ein.

Die drei hatten es geschafft, die Tür zur Speisekammer, wo ich das Hundefutter verwahrte, aufzubrechen. Und sie hatten sich durch fast 20 Kilo eines Beutels Trockenfutter durchgearbeitet. Als ich betrunken eintrat, versuchten sie den üblichen Beschwichtigungstanz zu vollführen – wie immer, wenn sie wussten, dass sie etwas verbrochen hatten, das mich ärgern würde. In diesen Fällen trotteten sie mit angelegten Ohren, gesenktem Kopf und dicht über den Boden gleitender Nase auf mich zu. Außerdem wedelten sie so übertrieben mit dem Schwanz, dass es eher ein Körperwedeln war. Nina und Tess hatten diesen Tanz an fast jedem Tag ihres Lebens vollführt, und auch Brenin war damit nicht unvertraut. Doch an jenem Abend lieferten sie eine ganz andere Darbietung ab, denn sie waren einfach zu vollgefressen, um den Tanz überzeugend zu absolvieren. Sie versuchten, mir entgegenzutrotten, brachten jedoch nur ein halbherziges Taumeln zustande. Dann versuchten sie, das gewohnte beschwichtigende Körperwedeln zu vollführen. Aber das ist schwierig, wenn der Körper so breit wie lang ist und man mit nichts mehr wedeln kann. Bald gaben sie ihre Bemühungen auf und sackten auf den Boden.

Wäre ich halbwegs nüchtern gewesen, hätte ich mir natürlich Sorgen gemacht, ob sie Dauerschäden davontragen würden. Aber in meinem Zustand lachte ich bloß und ging ins Bett. Am folgenden Morgen fragte ich: »Wollt ihr einen Spaziergang machen?« Das war der Beginn unseres täglichen Rituals, auf den sie normalerweise reagierten, indem sie heulend durchs Haus tollten und mich ab und zu mit der Nase anstupsten, damit ich mich beeilte. Zum allerersten Mal zeigten sie keine Reaktion. Ihre Köpfe blieben an den Boden geheftet. Sie hoben kurz die Augen, aber wohl nur, um mich anzuflehen, sie in Ruhe zu lassen. Was sie an jenem Tag durchmachten, war wahrscheinlich eine Art hündischer Katzenjammer. Ich hatte Mitgefühl und ließ sie ihren Rausch ausschlafen. – Nicht, dass sie in der umgekehrten Situation das Gleiche für mich getan hätten.

2

Jean-Michel war ein fröhlicher alter Mann von Mitte sechzig. Er genoss das Leben, das heißt, er trank zu viel Cognac und rauchte zu viele Zigarren. Aber sein vielleicht größtes Vergnügen war das Angeln. Darüber lernte ich ihn kennen, denn er angelte an dem Strand, an dem ich wohnte. Er kam unweigerlich zu spät zur Arbeit, und zwar nicht ein wenig, sondern mit einer ganz erheblichen Verspätung. Aber das spielte keine so große Rolle im Süden Frankreichs, wo Saumseligkeit zum Lebensstil gehört. Zudem war er der Besitzer des Unternehmens: einer kleinen Tierarztpraxis in der Stadt Béziers. Die Tatsache, dass ich Jean-Michel Audiquet überhaupt begegnete, war auf einen völlig unerwarteten und recht unwahrscheinlichen Aufschwung in meinen Geschicken zurückzuführen. Doch auf der Berg-und-Talbahn meines Lebens folgt einem solchen Aufschwung gewöhnlich etwas Scheußliches. Dieses Jahr bildete keine Ausnahme.

Zuerst zum positiven Teil. London hatte sich nicht als Erfolg erwiesen, hauptsächlich, weil ich sowohl faul als auch ungesellig war. Ich hielt meinen Unterricht ab, gab mir aber keine Mühe, mit meinen neuen Kollegen Bekanntschaft zu schließen oder mich auch nur an der Universität blicken zu lassen. Daher verlieh man mir rasch den Spitznamen »das Gespenst«. Immerhin hatte ich meine Zeit nicht ganz und gar verschwendet. Während des Aufenthalts in London teilte ich meine schriftstellerische Arbeit in zwei Hälften. Ich begann gegen 19 Uhr und widmete mich in den ersten vier bis fünf Stunden der ernsthaften Philosophie. Mit »ernsthaft« meine ich natürlich die hochwissenschaftliche Philosophie, die nur ein paar hundert Personen je lesen werden (wer es im Hochschulbereich schafft, ein paar tausend Leser zu gewinnen, ist ein Superstar). Solche Beiträge erscheinen in philosophischen Fachzeitschriften oder in Büchern, die von Universitätsverlagen wie dem von Oxford, Cambridge oder vom MIT veröffentlicht werden.

Wenn ich die Hälfte meiner Arbeit nach Mitternacht erledigt hatte und Jack oder Jim oder Paddy Wirkung zeitigte, schrieb ich etwas ganz anderes. Das Ergebnis war ein Buch mit dem Titel *The Philosophy at the End of the Universe*, eine Einführung in die Philosophie durch berühmte Science-Fiction-Filme. Wer das Buch gelesen hat, dürfte sich mühelos davon überzeugen lassen, dass es in verschiedenen Stadien der Trunkenheit geschrieben wurde. Zu jedermanns Überraschung – vor allem zum Erstaunen des Verlags – verkaufte sich das Buch sehr gut. Mehr noch, durch den Verkauf der Auslandsrechte floss Geld, bevor das Buch erschienen war.

Und damit saß ich kurz nach meinem Zwischenspiel in London auf einem Haufen Bargeld. Er war nicht riesig, doch groß genug, mich eine Weile über die Runden kommen zu lassen. Zwar wusste ich nicht genau, was ich damit anfangen sollte, aber da ich den unaufhörlichen Regen satthatte – ich schwöre, dass ich in Irland keinen einzigen trockenen Tag erlebte –, mietete ich mir ein Häuschen in Südfrankreich, um mich hauptberuflich der Schriftstellerei zu widmen. Und so zogen wir alle ins Herz des Languedoc.

Das Häuschen lag am Rand eines Dorfes. Es grenzte an ein atemberaubend schönes Naturschutzgebiet im Küstendelta des Flusses Orb. Das Naturschutzgebiet bestand zum Teil aus einer Salzwasserlagune, der *maïre*. Dieses okzitanische Wort ist synonym und nahezu homonym mit dem englischen Wort »mire« (Sumpf). In der Gegend wimmelte es von den für die Region typischen schwarzen Stieren, weißen Pferden und rosa Flamingos. Jeden Morgen spazierten wir durch das Naturschutzgebiet zum Strand hinunter, um zu schwimmen. Ich hatte vermutet, dass Brenin und die Mädchen Gefallen am französischen Lebensstil finden würden, und das traf auch zu.

Doch ungefähr einen Monat nach unserem Umzug wurde Brenin krank. Ich bemerkte eine allgemeine Lethargie an ihm, die, wie ich rückblickend feststellte, schon vor unserer Abreise aus London begonnen hatte. Zuerst führte ich sie auf sein fortschreitendes Alter zurück. Aber als er seine Abendmahlzeit verweigerte und ich ihn zum Fressen überreden musste, fuhren wir sofort zum Tierarzt. Er war einer der wenigen Menschen, die ich in Frankreich kannte: Jean-Michel Audiquet. Ich sah dem Besuch nicht mit großer Freude entgegen, denn Jean-Michel sprach kein Wort Englisch, und damals war ich mit meinem Schulfranzösisch einer ärztlichen oder auch nur tierärztlichen Beratung noch nicht gewachsen. Allerdings rechnete ich nicht damit, dass Brenin wirklich krank war, sondern nur mit der Auskunft, dass er alt werde und bei der Hitze natürlich weniger fressen wolle.

Zum Glück nahm Jean-Michel seine Arbeit jedoch sehr ernst. Wir trafen um 11 Uhr an einem Mittwoch ein, und bereits um 11.15 Uhr lagen die Ergebnisse einer Blutprobe vor. Um 11.30 Uhr war Brenin unter dem Messer. Bei seiner Untersuchung hatte Jean-Michel eine Geschwulst im Unterleib ertasten können. Sie erwies sich als Tumor an der Milz und war dem Platzen nahe. Jean-Michel entfernte Brenins Milz – anscheinend kann man gut ohne sie leben –, und ich fuhr im Schockzustand heim. Erstaunlicherweise war Brenin am Abend jedoch, wenn auch etwas wackelig, wieder auf den Beinen, und ich konnte ihn nach Hause zurückholen. Jean-Michel sagte, er habe keine weiteren Anzeichen von Krebs entdeckt und mit etwas Glück hätten wir es nur mit einem Primär-, nicht mit einem Sekundärtumor zu tun. Die Ergebnisse weiterer Blutuntersuchungen würden in etwa einer Woche vorliegen, und danach würden wir klüger sein. Ich solle dafür sorgen, dass Brenin sich ausruhen könne, und ihn zwei Tage später wieder in die Praxis bringen.

Bei Jean-Michel wusste man immer, ob die Behandlung anschlug oder wenigstens einen solchen Eindruck erweckte, denn dann erlaubte er sich, einem weiteren seiner Lieblingshobbys nachzugehen: dem des Witzeerzählens. Da Französisch keine meiner Stärken war, konnte ich mit den meisten seiner Pointen nicht viel anfangen. Deshalb musste er darauf verzichten, subtile oder clevere Scherze auf meine Kosten zu machen. Stattdessen fixierte er mich mit ernstem Blick und sagte bedeutungsvoll: »*Ce n'est pas bon.*« Dabei schüttelte er den Kopf, wonach er mich erneut anschaute und mit einem breiten Grinsen fortfuhr: »*C'est très bon!*« Darauf fiel ich immer wieder herein, weil mein Französisch so schlecht war und ich mich so sehr auf seine Worte konzentrieren musste.

Zwei Tage nach der Operation stellten sich Komplikationen ein. Wir fuhren von der Praxis zurück, und ich war nicht ganz so besorgt wie in den vergangenen Tagen. Jean-

Michel hatte sich sehr positiv geäußert, und ich begann zu hoffen, dass alles ins Lot kommen würde. Brenin war nun zehn Jahre alt, und ich wusste, dass er nicht mehr allzu lange zu leben hatte. Aber noch konnte ich mich nicht damit abfinden, ihn zu verlieren – als wenn ich mich jemals damit würde abfinden können. Zumindest sah ich nun die Chance, diese spezielle Krise zu überstehen.

Doch als ich Brenin am Haus aus dem Jeep half, stellte ich fest, dass sein Hinterteil blutverschmiert war. Sofort raste ich wieder mit ihm zum Tierarzt. Eine seiner Analdrüsen hatte sich entzündet, was weder Jean-Michel noch mir aufgefallen war, bevor Blut herausströmte. Nun musste Brenin eine weitere Demütigung ertragen und sich das Gesäß rasieren lassen. Dann schnitt Jean-Michel die Analdrüse auf, damit der Eiter abfließen konnte. Brenin wurden mehrere Antibiotika verordnet, und ich kehrte wieder mit ihm heim. Dort begann der eigentliche Horror.

Jean-Michel hatte mir erklärt, es sei überaus wichtig, den Wundbereich sauber zu halten. Folglich musste ich Brenins Hintern alle zwei Stunden mit warmem Wasser und etwas waschen, das, wenn ich es richtig übersetzte, als »feminine Seife« bezeichnet wurde. Anscheinend ist es ein französisches Produkt, das man in jeder Apotheke erhalten kann. Nun stand also ein weiterer Punkt auf der Liste der Dinge, denen ich mit Freuden entgegensah: ein Besuch in der Dorfapotheke, wo ich die ziemlich attraktive Frau hinter dem Tresen fragen musste – vielleicht mit einem zusätzlichen Gebärdenspiel, sollten mein Vokabular oder meine Grammatikkenntnisse mich im Stich lassen –, ob sie feminine Seife habe.

Wenn ich das Hinterteil des armen alten Brenin gründlich gewaschen hatte, galt es, die Analdrüse auszuspülen. Dazu nahm ich eine Spritze, füllte sie mit einer antibakteriellen Lösung und reinigte damit Brenins nun offene und eiternde Drüse. Das hatte alle zwei Stunden, Tag und Nacht, zu geschehen. Der Schlüssel zu seiner Genesung lag darin zu verhindern, dass die Infektion von seiner Analdrüse auf die Operationswunde übergriff.

Jean-Michel hatte mir geraten, am folgenden Tag mit Brenin in der Praxis zu erscheinen. Das tat ich nach einer völlig schlaflosen Nacht. Zu dem Zeitpunkt, als ich die Praxis erreichte, brach eine zweite Analdrüse auf, und Blut sprudelte aus der neuen Wunde. »*Mon dieu*«, rief Jean-Michel und wiederholte das Verfahren vom Vortag: Er rasierte den Rest von Brenins Gesäß und schnitt die andere Drüse auf. Ich kehrte zu einem langen Wochenende des stetigen Waschens und Ausspülens – alle zwei Stunden, Tag und Nacht – nach Hause zurück. Auch zwischen den Spülungen hatte ich kaum eine Möglichkeit zu schlafen. Brenin trug eine große Halskrause, damit er keine der beiden Wunden lecken konnte. Das verdross ihn natürlich, und er machte sein Missvergnügen vor allem dadurch deutlich, dass er die Halskrause gegen Wände, Tische, das Fernsehgerät und alle möglichen anderen Gegenstände stieß.

Überhaupt behagte Brenin die Behandlung ganz und gar nicht. Aus seiner Sicht war er am Mittwoch mit einer kleinen Unpässlichkeit zum Tierarzt gegangen, und nun wurde ihm plötzlich alle zwei Stunden eine Scheußlichkeit nach der anderen zugefügt. Obwohl seine Kräfte nachgelassen hatten, war er immer noch sehr stark und wollte mich möglichst von seinem Hinterteil fernhalten. Also musste ich ihn in die Ecke treiben und am Nackenfell zu der Schüssel mit dem Seifenwasser, dem Schwamm und der Spritze zerren. Dann zwang ich ihn zu Boden, legte mich auf ihn, während er sich zur Wehr setzte, und begann, wenn er keinen Widerstand mehr leisten konnte, ihn zu waschen und die Wunden auszuspülen. Unterdessen rührte er sich nicht mehr und winselte nur noch. Mir dieses Geräusch anzuhören war eine der schlimmsten Prüfungen, die ich je durchgemacht hatte.

Als ich Brenin am Schwarzen Montag, wie ich den Tag später nannte (vorausgegangen waren der Schwarze Freitag, an dem seine erste Analdrüse, und der Schwarze Samstag, an dem seine zweite Analdrüse aufgeplatzt war), wieder zum Tierarzt fuhr, war seine Operationswunde durch die Analdrüsen infiziert worden. Nun war er in der Tat ein sehr, sehr kranker Wolf. Die Antibiotika, die Jean-Michel ihm verschrieben hatte, wirkten nicht. Am Freitag hatte der Tierarzt einen Abstrich gemacht und ihn zu einem Labor geschickt, um herauszufinden, welche Bakterien die Infektion verursacht hatten und, wichtiger noch, auf welche Antibiotika sie ansprachen. Die Resultate sollten jedoch erst ein paar Tage später eintreffen. Bis dahin versuchten wir es mit Ofloxacine, einem anderen Antibiotikum, das in der Vergangenheit erfolgreich gegen hochresistente Bakterienstämme eingesetzt worden war. Außerdem musste Jean-Michel Brenins Operationswunde erneut öffnen, um den Eiter abfließen zu lassen. In den folgenden beiden Tagen wurden auch sein Gesäß weiterhin alle zwei Stunden gereinigt und seine Analdrüsen gespült. Nun tat ich das Gleiche zusätzlich noch mit seiner Bauchwunde (wie sich versteht, mit einer anderen Spritze).

Bei unserem Besuch in der Praxis am Mittwoch lag eine schlechte, wenn auch nicht ganz unerwartete Nachricht vor. Brenin war von einer gegen Antibiotika äußerst resistenten Art von Escherichia coli befallen worden, die MRSA sehr ähnlich war. Die Bakterien hatten sich vermutlich vor der Operation in seinen Därmen eingenistet und sich dank der Schwächung seines Immunsystems explosionsartig vermehren können. Damit schien sein Tod fast unvermeidlich zu sein.

Mit einem allerletzten Versuch beschloss Jean-Michel, etwas Altmodisches zu unternehmen, das im Zeitalter der Antibiotika eigentlich nicht mehr gebräuchlich war. Manche Menschen haben Knie- oder Schulterrekonstruktionen hinter sich. Tja, und der arme alte Brenin musste sich im Grunde einer Arschrekonstruktion unterziehen. Jean-Michel fiel auf, dass Brenins Hintern, obwohl makellos sauber, nach Bakterien stank und dass der Bereich unterhalb der Analdrüsen geschwollen war. Daraus schloss er, dass die Evolution beim Verteilen von Analdrüsen nicht die größte Effizienz hatte walten lassen. Sie mochten sich gut dazu eignen, Sekrete zur Markierung des Territoriums anzusammeln, aber sie taugten weit weniger dazu, unerwünschte Bakterieninfektionen zu beseitigen. Damit musste Brenin erneut unters Messer, und Jean-Michel verlegte, wenn mich meine übersetzerischen Fähigkeiten nicht getäuscht haben, die Analdrüsen um zwei bis drei Zentimeter nach unten (Sie können sich vorstellen, welche pantomimischen Darstellungen, von beiden Seiten, nötig waren und wie viele Skizzen gezeichnet werden mussten, um mir diesen Plan zu erklären). Ich durchschaute nicht alle Einzelheiten und nur einen Teil der Mechanik, aber das Ziel bestand laut Jean-Michel darin, den sich stauenden Eiter auf natürliche Weise abfließen zu lassen. Aber weder er noch ich hegten große Hoffnungen.

3

An jenem Abend holte ich Brenin ab und brachte ihn zum Sterben nach Hause. Es ist schwer, das Gefühl der Isolierung, Einsamkeit und Verzweiflung jener Tage zu beschreiben. Am schrecklichsten war nicht die Einsicht, dass ich

Brenin verlieren würde. Jeder muss sterben, und abgesehen von den sechs Monaten seiner Einkerkerung in der Quarantäne war ich zufrieden mit dem Leben, das er geführt hatte. Und ich glaube, dass er meine Meinung teilte. Das Grausame war das, was ich tun musste, um ihn am Leben zu erhalten. Seine Wunden waren natürlich ekelhaft, und der Gestank der Fäulnis zog sich durch das ganze Haus. Aber damit hatte die Grausamkeit nichts zu tun, sondern vielmehr mit dem Leid, das ich Brenin alle zwei Stunden zufügen musste und das höchstwahrscheinlich nutzlos war. Im Kern dieses Leides schien sich eine Art Einsamkeit zu verbergen. Es war nicht meine Einsamkeit – sie spielte keine Rolle –, sondern die meines Jungen.

Brenin hatte panische Angst, und daran konnten all meine Versuche, ihn zu trösten, nichts ändern. Er dürfte starke Schmerzen gehabt haben, aber dessen bin ich mir nicht sicher. Allerdings weiß ich genau, dass ich ihm durch die Säuberung seiner Wunden, die ich immer noch zweistündlich, Tag und Nacht, vornahm, sehr wehtat. Meine Bemühungen, ihn zu reinigen und zu heilen, wurden stets von Brenins schwachem Wimmern oder gar von einem lautstarken Schreien begleitet. Ich fürchtete, seine Liebe zu verlieren. Das war ein grässlicher Gedanke, doch er erfasste nicht den Kern der Dinge. Wenn Brenin sich nur erholt hätte, wäre ich gern bereit gewesen, für den Rest seines Lebens seinen Hass auf mich zu ertragen. Dies gehörte zu den vielen Abmachungen, die ich in meiner von Schlaflosigkeit geprägten Psychose mit Gott traf. Die Kacke war tatsächlich am Dampfen, aber mein Wolfsjunges war nun alt und starb vor meinen Augen.

Am schlimmsten war die Vorstellung, dass Brenin seinerseits glauben könnte, meine Liebe verloren zu haben. Immer wieder dachte ich, dass er den Eindruck haben musste, in den letzten Tagen seines Lebens von dem Mann gequält zu werden, der ihn angeblich liebte. Ich hatte ihn verraten, ihn im Stich gelassen. Und ich war nicht der Einzige. Nina und Tess fürchteten sich vor Brenins großer Halskrause. Immer wenn er sich ihnen näherte, standen sie auf und gingen an die andere Seite des Zimmers. Es brach mir das Herz, und ein kleines bisschen davon wird immer gebrochen bleiben. Man hört häufig – meistens, wenn jemand melodramatisch sein will –, dass wir alle allein stürben. Ob das stimmt, weiß ich nicht. Aber obwohl die Versuchung besteht, solche Situationen allzu sehr zu vermenschlichen, ist die Annahme kaum zu vermeiden, dass Brenin sich völlig allein gefühlt haben muss, verraten, im Stich gelassen und sogar misshandelt von dem Rudel, das sein Leben ausgemacht hatte.

Ich bin Konsequenzialist, was moralische Fragen betrifft. Also glaube ich, dass die Richtigkeit oder Unrichtigkeit einer Handlung ganz allein von ihren Konsequenzen abhängt. Für mich ist der Weg zur Hölle mit guten Vorsätzen gepflastert, und ich bin Vorsätzen gegenüber immer zutiefst misstrauisch gewesen. Vorsätze sind meiner Ansicht nach häufig Masken oder Masken innerhalb von Masken: Fassaden, die wir benutzen, um die hässliche Wahrheit unserer wirklichen Beweggründe zu verbergen. Ich sagte mir, dass ich bereit war, alles für Brenin zu tun, was ich mir unter ähnlichen Umständen von einem anderen für mich selbst wünschen würde. Ich würde ihn nicht aus Prinzip am Leben erhalten, weil ich mir so etwas für mich selbst ebenfalls nicht gewünscht hätte. Aber wenn es eine Hoffnung gab, dass ich wieder gesund werden und ein erfülltes Leben führen konnte, würde ich mir wünschen, dass jemand für mich kämpfte – selbst wenn ich nicht begriff, was der Betreffende tat. Und deshalb, so sagte ich mir, musste ich für Brenin kämpfen – selbst wenn er nicht begriff, was ich tat, und selbst wenn er es ablehnte.

Das redete ich mir immer wieder ein. Aber in Wirklichkeit war ich möglicherweise einfach noch nicht bereit – nicht stark genug –, mich einem Leben ohne Brenin zu stellen. Vielleicht war mein scheinbar edles Prinzip – tu das für Brenin, was du selbst dir von anderen wünschen würdest – nur eine Maske, hinter der sich meine Unschlüssigkeit versteckte. Wer weiß, wie meine wirklichen Beweggründe aussahen? Wer weiß, ob es wirkliche Beweggründe überhaupt gibt? Und, offen gesagt, wen kümmert das?

Dadurch, dass ich Brenin zwang, so zu leiden und aller Wahrscheinlichkeit nach so zu sterben, setzte ich meine konsequenzialistische Seele aufs Spiel. Ich erlegte meinem beständigsten und wichtigsten Begleiter der vergangenen zehn Jahre einen Tod voller Schmerz und Furcht auf; einen Tod, bei dem er sich von denen, die ihn liebten, verlassen fühlte. Wenn Brenin starb, würden meine Handlungen unverzeihlich sein. Es würde keine Absolution für das geben, was ich getan hatte – und das war richtig so. Doch wenn ich andererseits aufgegeben hätte, obwohl Brenin sich vielleicht hätte erholen können? Wir klammern uns wohl deshalb so sehr an unsere Vorsätze, weil die Konsequenzen derart unversöhnlich sind. Wie man es auch macht, ist es verkehrt. Wir Konsequenzialisten können oft nur durch schieres Glück gerettet werden.

4

Brenin erholte sich – unglaublich, aber wahr. Ungefähr einen Monat später – der genaue Ablauf wurde mir nie so recht deutlich – erwachte ich nach ein paar kurzen Minuten des Schlafes, und irgendetwas an ihm hatte sich verändert. Ich konnte nicht genau sagen, was es war, aber mittlerweile weiß ich es: Brenin schaute mich an. Im vergangenen Monat hatte er die Augen von mir abgewandt, vielleicht weil er dachte, dass ich, wenn sich unsere Blicke trafen, wieder anfangen würde, ihn zu quälen.

Das ahnte ich damals jedoch nicht, sondern ich befürchtete, dass es nun vorbei sei. Ich hatte schon vorher erlebt, wie Menschen und Hunde starben, und wusste, dass die unmittelbaren Stunden vor dem Ende häufig durch eine trügerische Erholung gekennzeichnet sind. Sie scheinen kurzfristig kräftiger zu werden, doch das ist nur ein Anzeichen für ihren baldigen Abschied. Aber Brenin verabschiedete sich nicht. In den folgenden Tagen setzte sich seine Genesung fort und breitete sich in seinem Körper aus wie ein geflüstertes Gerücht in einer Menschenmenge, ein Gerücht, das sich vor meinen Augen langsam, aber sicher in ein Versprechen verwandelte. Sein Appetit wuchs, und seine Kraft kehrte allmählich zurück. Nach einer Woche konnten wir den ersten Spaziergang seit ein, zwei Monaten machen. Es war eine gemächliche Wanderung ins Naturschutzgebiet, um die Flamingos zu betrachten.

Natürlich mussten die Wunden weiterhin gereinigt und gespült werden, und zwar noch mehrere Wochen lang. Doch die Infektion war abgeklungen, und Brenin wehrte sich nicht mehr gegen meine Verrichtungen, sondern blieb geduldig liegen, bis ich das Nötige getan hatte.

Auf jene Tage blicke ich mit einem deutlichen Gefühl der Unwirklichkeit zurück. Länger als einen Monat bekam ich durch Brenins Behandlung fast keinen Schlaf. Manchmal ließ mich die Erschöpfung einnicken, doch immer nur für ein paar Minuten. Wenn ich aufwachte, hatte ich hin und wieder vergessen, dass Brenin krank war. Aber dann roch ich den Gestank der Fäulnis, und das Grauen und die Hoffnungslosigkeit der Situation ergriffen wieder von meinem Bewusstsein Besitz. Schon nach mehreren Tagen setzten durch den Schlafentzug erzeugte Wahnvorstellungen ein. Die häufigste ließ mich glauben, ich sei tot und für alle Ewigkeit in der Hölle.

Tertullian, der gehässigste und verworfenste der Frühchristen – und das will etwas heißen –, stellte sich die Hölle am liebsten als einen Ort vor, an dem die Verdammten auf ewig von Dämonen gequält wurden, die ihnen zum Beispiel glühend heiße Forken in den Hintern stießen. Die Erlösten dagegen saßen in den Logen des Himmels und lachten schadenfroh zu den Gefolterten hinunter.

Es ist schwierig, etwas anderes als Verachtung für Tertullian und seinen tiefen Groll zu empfinden, der ihn veranlasst haben muss, sich Himmel und Hölle auf diese Art auszumalen. Der Himmel war für ihn ein boshafter Ort und damit ein Spiegelbild seiner boshaften Seele. Doch was die Hölle angeht, so halte ich Tertullians Vision für ziemlich milde.

Die Hölle wäre ein viel schlimmerer Ort, wenn man dort nicht gefoltert oder sonst wie misshandelt würde, sondern gezwungen wäre, diejenigen, die man am innigsten liebt, zu foltern und sonst wie zu misshandeln. Man ist dazu gezwungen, obwohl man sich ekelt und der Abscheu in die Tiefen der eigenen Seele vordringt. Man ist dazu gezwungen, obwohl es einen das kosten wird, was man auf der Welt am meisten schätzt: ihre Liebe. Aber man macht trotzdem weiter, weil es – und hier zeigt sich das Geniale an der Hölle – zu ihrem Besten ist. Die Hölle bietet einem die Wahl, und man macht weiter, weil die Alternative schlimmer erscheint. Das ist viel schrecklicher als Tertullians Hölle.

Wenn ich in solch einer Hölle wäre, würde ich keinen Moment zögern, mit Tertullians Verdammten den Platz zu tauschen. Als Brenin im Sterben lag, hielt ich diesen Zustand für die Hölle: einen Wolf, den ich liebte, quälen zu müssen, weil es zu seinem Besten war. Das jedoch wäre eine seltsame Hölle, ähnlich wie Tertullians Vision einen seltsamen Himmel darstellt. Sein Himmel ist voll von Menschen, die andere hassen. Meine Hölle wäre voll von Menschen, die andere lieben. Ich würde gern annehmen, dass alle, die hassen, nie in den Himmel, und alle, die lieben, nie in die Hölle kommen können. Aber der Konsequenzialist in mir lässt mich nicht daran glauben.

5

Hundebesitzer sagen dauernd, dass sie ihr Tier lieben. Ich bin sicher, dass sie davon überzeugt sind. Aber bevor man nicht den stinkenden, eiternden, von Krankheit zerfressenen Arsch seines Hundes über einen Monat lang alle zwei Stunden gereinigt hat, gibt es keine Gewissheit. Gewöhnlich stellen wir uns die Liebe als ein warmes, verschwommenes Gefühl vor, doch sie hat viele Gesichter, und was ich beschrieben habe, ist nur eines von ihnen.

Als Brenin so krank war, hatte ich es mit einer *mélange* zu tun, einer willkürlichen Mischung aus Gefühlen und Wünschen, die nicht beständig oder herausragend genug waren, um sich als Liebe bezeichnen zu lassen. Meistens war mir so, als hätte mir jemand ins Gesicht geschlagen, denn ich war atemlos, zittrig, benommen, der Übelkeit nahe. Meistens schien ich über oder, besser gesagt, durch Treibsand zu waten. Die Luft um mich herum war sozusagen zu einer dicken, klebrigen Suppe geronnen, die jede spontane Handlung – und sogar jeden Gedanken – unmöglich machte. Meistens fühlte ich mich einfach wie betäubt. Und einmal, als ich sicher war, dass er sterben würde, war ich – ich gestehe es ungern, doch es stimmt – fast erleichtert. Ich dachte, dass es, wenn ich wieder hinüberging, um seine Wunden zu waschen und auszuspülen, vielleicht die beste Lösung wäre, wenn er nicht mehr erwachte.

Gefühle, Gefühle, Gefühle – alle machtvoll, einige fast überwältigend. Doch keines konnte überzeugend mit der Liebe gleichgesetzt werden, die ich für Brenin empfand. Diese Liebe hätte Aristoteles als »Philia« bezeichnet. Es ist die Liebe der Familie, die Liebe des Rudels. Sie unterscheidet sich vom Eros, der leidenschaftlichen, erotischen Liebe, und von der Agape, der unpersönlichen Liebe zu Gott und der Menschheit als Ganzem. Meine Beziehung zu Brenin war bestimmt nicht erotisch. Auch liebte ich ihn nicht so, wie mir die Bibel befiehlt, meinen Nachbarn oder meinen Gott zu lieben. Ich liebte ihn als Bruder. Und diese Philia ist überhaupt kein Gefühl.

Gefühle können Erscheinungsformen der Philia sein und sie begleiten, aber sie sind nicht das, was sie ausmacht. Warum fühlte ich mich benommen und der Übelkeit nahe? Wieso konnte ich über die Aussicht von Brenins Tod erleichtert sein? Weil ich ihn liebte und weil es fast – aber Gott sei Dank nicht ganz – unerträglich war, ihn so leiden zu lassen. Solche Gefühle – so mannigfaltig, unterschiedlich und gespalten sie sein mögen – sind alle Erscheinungsformen dieser Liebe. Aber sie selbst ist keines der Gefühle. So viele von ihnen können die Philia unter verschiedenen Umständen begleiten, dass sie sich mit keinem von ihnen identifizieren lässt. Und sie kann ohne jedes von ihnen existieren.

Die Liebe hat viele Gesichter. Und wer liebt, muss stark genug sein, sie alle anzuschauen. Das Wesen der Philia ist, meine ich, viel strenger und viel grausamer, als wir es uns eingestehen mögen. Es gibt jedoch eine Sache, ohne die Philia nicht existieren kann, und die hängt nicht mit Gefühlen, sondern mit dem Willen zusammen. Philia, die Liebe zum

Rudel, ist der Wille, etwas für jene zu tun, die dem eigenen Rudel angehören, obwohl man sich mit allen Kräften dagegen sträubt, obwohl es einen entsetzt und einem Übelkeit bereitet und obwohl man einen sehr hohen Preis dafür bezahlen könnte, vielleicht höher, als man zu tragen bereit ist. Man tut es, weil es das Beste für sie ist und weil man es tun muss. Vielleicht wird es nie dazu kommen, doch man muss stets den Willen dazu haben. Liebe ist manchmal widerwärtig, Liebe kann einen zu ewiger Verdammnis verurteilen. Liebe kann einen in die Hölle treiben. Aber wenn man sehr großes Glück hat, holt sie einen wieder zurück.

Der Pfeil der Zeit

1

Meine letzten Worte an Brenin lauteten: Wir treffen uns in unseren Träumen wieder. Das sagte ich, während der Tierarzt eine Injektionsnadel in eine Vene an seinem rechten Vorderlauf schob – ich erinnere mich an den Lauf, ich erinnere mich an die Vene – und eine tödliche Menge Narkosemittel in seinen Körper spritzte. Bevor ich den Satz beendet hatte, war er nicht mehr da.

Ich würde gern glauben, dass er ohnehin nicht mehr bei uns war, sondern in Alabama, wo er sich an das Fell seiner Mutter schmiegte. Ich würde gern glauben, dass er in Knockduff war und zusammen mit Nina und Tess durch die Gerstenfelder sprang, während die zaghafte irische Sonne über einer dunstigen goldenen Pracht aufging. Ich würde gern glauben, dass er wieder mit ihnen auf dem Wimbledon Common war und, durch das Unterholz krachend, Eichhörnchen und freche Kaninchen verfolgte. Und ich würde gern glauben, dass er erneut mit ihnen in der warmen Brandung des Mittelmeers herumtobte.

Der Krebs, der sich ein Jahr zuvor durch seine Krankheit offenbart hatte, war wiedergekehrt, diesmal mit Metastasen und unheilbar bösartig. Er litt an einem Lymphosarkom, das sich bei Menschen behandeln ließ, doch angesichts des damaligen Standes der Tiermedizin bei Hunden fast immer mit dem Tod endete. Ich beschloss, diesmal auf invasive Eingriffe zu seiner Rettung zu verzichten, denn ich war überzeugt, dass er eine Operation, geschweige denn postchirurgische Komplikationen nicht überstehen würde. Zu meiner Bestürzung erfuhr ich, dass Jean-Michel, der Tierarzt alten Schlages, der Brenin ein Jahr zuvor gerettet hatte, mittlerweile gestorben war – ebenfalls als Opfer einer Krebserkrankung. Als ich diese Nachricht von dem Tierarzt erhielt, der die Praxis übernommen hatte, spürte ich wahrscheinlich, dass auch Brenins Zeit abgelaufen war.

Ich machte es ihm so bequem wie möglich, und zum ersten Mal in seinem Leben durfte er in meinem Bett schlafen – zur ungeheuren Entrüstung von Nina und Tess, die nicht glauben konnten, dass sie von diesem beispiellosen Vergnügen ausgeschlossen wurden. Nachdem die Medikamente nicht mehr wirkten und seine Schmerzen nach meinem ehrlichen, qualvollen, doch zutiefst fehlbaren Urteil zu groß wurden, fuhr ich ihn zum Einschläfern nach Béziers. Dort starb er auf der Ladefläche eines ähnlichen Autos wie des Jeeps, mit dem wir vor all den Jahren auf der Suche nach Rugby und Partys und Frauen und Bier durch die südöstlichen Vereinigten Staaten gerollt waren.

Im Garten konnte ich ihn nicht beerdigen, denn die Hausbesitzer hätten daran vermutlich Anstoß genommen. Also bestattete ich ihn an einer Stelle, an der wir auf unseren Spaziergängen täglich haltgemacht hatten: auf einer kleinen, von Buchen und Krüppeleichen umsäumten Lichtung. Der Boden war sandig, und ich brauchte nicht lange, um ein beachtliches Loch auszuheben. Nachdem ich Brenin in die Erde gelegt hatte, baute ich über seinem Grab einen Hügel mit Steinen von der *digue*: dem Deich, der die Winterstürme daran hinderte, das Dorf zu überschwemmen. Es war ein langwieriges, anstrengendes Unterfangen, denn die *digue* war etwa 200 Meter entfernt, und ich beendete meine

Arbeit erst spät am Abend. Dann zündete ich ein Treibholz-feuer an und blieb den Rest der Nacht hindurch bei meinem Bruder sitzen.

Diesen Teil der Geschichte erzähle ich ungern, weil ich – wieder einmal – einen ganz und gar wahnsinnigen Eindruck mache, gewiss zu Recht. Gesellschaft leisteten mir Nina und Tess und zwei Liter Jack Daniel's, die ich aufbewahrt hatte, weil ich wusste, dass diese Nacht bald anbrechen würde. Ich war seit ein paar Wochen trocken, denn ich hatte klar denken müssen, um die bestmöglichen Entscheidungen für Brenin zu treffen. Ich durfte nicht zulassen, dass eine alkoholbedingte Melancholie mich bewog, ihn auch nur einen Moment vor seiner Zeit auf den Weg zu schicken. Andererseits wollte ich ihn nicht infolge einer alkoholbedingten Euphorie zwingen, sich an eine nicht mehr lebenswerte Existenz zu klammern. Zum ersten Mal seit Jahren war ich länger als ein oder zwei Tage nüchtern, und ich plante, mich in jener Nacht energisch von der Trockenperiode zu trennen. Und so lagen Nina und Tess, nachdem ich Brenin beerdigt hatte, still am Feuer und lauschten meiner von Bourbon angeheizten Raserei vor dem sterbenden Licht. Zu dem Zeitpunkt, als ich bei meinem zwei-ten Liter bedeutende Fortschritte machte, war mein ruhiges Grübeln über die Möglichkeit eines Lebens nach dem Tode zu einem wilden Strom von gegen Gott gerichteten Beschimp-fungen geworden. Es klang etwa so: Na, komm schon, du Arschloch! Zeig's mir. Wenn wir weiterleben, du Drecksack, dann zeig's mir jetzt!

Was dann kam, scheint schrecklich weit hergeholt zu sein, aber ich schwöre bei Gott, dass es stimmt. Genau in dem Moment, als ich meine Flüche ausstieß, blickte ich über das Feuer hinweg und sah ihn: Brenins steinernen Geist.

Ich möchte betonen, wie unerklärlich das ist. Als ich den Hügel gebaut hatte, war ich immer wieder zur *digue* gegangen und hatte überall, wo ich sie finden konnte, lose Steine aufgehoben. Dann trug ich sie 200 Meter zurück zur Lichtung. Dort ließ ich sie einfach auf Brenins Grab fallen. Dies wiederholte sich viele, viele Male, und das Ganze dauerte etwa fünf Stunden. Die Steine purzelten völlig ungezielt auf das Grab. Davon bin ich noch heute überzeugt. Ich legte sie nicht säuberlich ab, sondern ich ließ sie einfach fallen. Und ich wurde von keiner Gesamtvision des fertigen Hügels angetrieben. Im Gegenteil, ich wollte die Arbeit so rasch wie möglich abschließen und mich danach bis oben volllaufen lassen.

Doch nun – dort – blickte mich Brenins steinerner Geist durch die Flammen an. Die Stirnseite des Hügels war sein Kopf: eine rhombusförmige Felsplatte, seine Schnauze, ruhte wie meist auf dem Boden; und am scharfen Ende war ein Moosfleck, der ohne weiteres seine Nase hätte sein können. Der Rest des Hügels glich einem im Schnee zusammengerollten Wolf – eine Gewohnheit, die Brenin von seinen arktischen Vorfahren übernommen hatte und die schwer abzuschütteln war, sogar in der Hitze eines Sommers in Alabama oder im Languedoc. Dort, auf dem Höhepunkt meines Zorns und meiner Not, erwiderte er meinen Blick.

Tiefenpsychologen – Freudianer, Jungianer und dergleichen – könnten einwenden, dass ich unbewusst das Bildnis eines schlafenden Brenin geschaffen hätte. Das Fallenlassen der Steine auf sein Grab sei von einem unbewussten Begehren gelenkt worden, ein ihm ähnelndes Denkmal zu bauen. Vielleicht hätten sie recht, doch die Erklärung ist äußerst unwahrscheinlich. Dadurch bleibt die bedeutende Rolle des Zufalls bei der Konstruktion des Hügels unberücksichtigt. Wenn ich einen Stein zu dem Haufen trug, legte ich ihn dort nicht ab, sondern ich ließ ihn fallen, drehte mich sofort um und machte mich auf die Suche nach dem nächsten. Einige Steine blieben dort, wo sie auf den Boden getroffen waren, die meisten jedoch nicht, sondern sie rollten zum niedrigstmöglichen Punkt. Ob sie sich in Bewegung setzten und wohin, war eine Frage des Zufalls. Und deshalb reicht eine tiefenpsychologische Erklärung nicht aus. Mein Unterbewusstes könnte meine Handlungen gelenkt haben, aber es ist undenkbar, dass es auch den Zufall lenkte.

Es wäre leicht, Brenins steinernen Geist als vom Alkohol ausgelöste Halluzination oder Spinnerei zu erklären. Noch leichter wäre es, ihn sich als Traum vorzustellen. Wir werden uns tatsächlich in unseren Träumen wiedertreffen. Aber Brenins steinerner Geist verschwand nicht. Ich schlief auf der Erde am Feuer ein und hätte erfrieren können, nachdem es erloschen war, doch zum Glück wurde ich durch einen Brechanfall geweckt. Brenins steinerner Geist war immer noch da. Und das ist auch heute noch der Fall.

2

Brenins letztes Jahr war ein Geschenk für uns beide. Es ist mir als nie endender Sommer in Erinnerung geblieben. Ich war nie davon besessen, die Zeit im Auge zu behalten. Meine letzte Uhr verlor ich 1992 bei einem Pokerspiel in Charleston, South Carolina, und habe mir bis heute noch keine neue beschafft. Wer keine Uhr hat, wird deshalb natürlich keineswegs von den Zwängen der Zeit verschont. So scheine ich die Hälfte meines Lebens damit zu verbringen, mich nach der Uhrzeit zu erkundigen. Aber das Beste am Leben in Frankreich war der Umstand, dass es einer zeitlosen Existenz denkbar nahekam. Dort lebten wir nicht nach der Uhr, sondern nach der Sonne. Aber was soll das? Wir lebten trotzdem nach der Uhr, doch es war Ninas Uhr, nicht meine.

Gewöhnlich erwachte ich bei Sonnenaufgang, im Sommer

gegen sechs Uhr morgens. Ich wusste, dass die Sonne aufging, denn das war für Nina das Signal, mir die Hand oder den Fuß zu lecken, die unter der Bettdecke hervorragten. Und wenn keine Hand und kein Fuß entblößt war, schob sie die Decke mit der Nase zur Seite, bis sie ihr Ziel erreicht hatte. Dann stieg ich, den Laptop in der Hand, behutsam die steile Kiefernholztreppe hinunter (meine frühmorgendliche Vorsicht und Schwerfälligkeit waren das Ergebnis einer Knieverletzung aus meinen Rugbytagen). Ich setzte mich auf die Terrasse vor dem Haus und schrieb in der nebligen Kühle mit ihren Mückenschwärmen. Brenin lag, wie im Schnee zusammengerollt, in der Nordecke des Gartens und hatte die Schnauze auf dem Boden ausgestreckt. Nina, die Zeitnehmerin des Rudels, ließ sich an der Pforte nieder und wandte die glänzenden Augen nicht von mir ab. Sie wartete auf den versprochenen Spaziergang in ein paar Stunden. Tess, die Prinzessin des Rudels, lauerte, bis ich in meine Arbeit vertieft war, und schlich dann leise zurück ins Haus, um in mein Bett zu schlüpfen, ohne meine Aufmerksamkeit zu erregen. Gewöhnlich gelang es ihr.

Dann, ungefähr um zehn, bevor es zu heiß wurde, stand Nina auf, trat auf mich zu und legte ihren Kopf in meinen Schoß. Wenn dies nicht die erwünschte Reaktion zeitigte – nämlich die, dass ich mit dem Schreiben aufhörte –, tippte sie wiederholt jäh mit dem Maul an meine Unterarme, so dass ich nicht weiterarbeiten konnte. Die Botschaft war unzweideutig: Zeit, an den Strand zu gehen.

Das war eher ein militärisches Manöver als ein Spaziergang. Zuerst mussten die Sonnenschirme und das sonstige Strandzubehör wie Bälle und/oder Frisbees eingesammelt werden. So erfuhren die anderen Mitglieder des Rudels von unserem bevorstehenden Marsch, und sie stimmten einen Chor aus Geheul, Kläffen und Bellen an, womit alle Dorfbewohner wussten, dass wir uns auf den Weg machten. Das Frisbee war für Nina, eine begeisterte und vortreffliche Schwimmerin, bestimmt, die Sonnenschirme für Brenin und Tess. Die beiden planschten nur, aber manchmal, an atemlosen Tagen, wenn das Meer ruhig und klar war, konnten sie überredet werden, richtig zu schwimmen. Doch es machte ihnen nie wirklich Spaß. Eine an Panik grenzende Spannung im Gesicht, schwammen sie zu mir hinaus, aber sobald sie mich erreicht hatten, kehrten sie zum Strand zurück. Sie zogen es vor, den größten Teil ihrer Zeit dort zu verbringen. Als ich ihr Hecheln in der immer heißer werdenden Sonne nicht mehr mit ansehen konnte, hatte ich zwei Sonnenschirme erworben, für jeden von ihnen einen.

Im Rückblick wird mir klar, dass ich damals ein bisschen eigenartig gewirkt haben muss – eigenartig wie eine alte Frau mit einer Katzenschar. Der Vorteil war immerhin, dass die zahlreichen Diebe, welche die südfranzösischen Strände in den Sommermonaten bevölkerten, Abstand zu unserer Lagerstätte hielten. Genau wie die anderen Hunde.

Während des Spaziergangs zum Strand mussten gewisse Dinge auf eine bestimmte Art erledigt werden. Die Hunde in der Nachbarschaft wurden begrüßt und, wenn nötig, gebührend eingeschüchtert: zuerst Vanille, das English-Setter-Weibchen, dem Nina, mit Tess' Unterstützung, Angst einjagte, während Brenin die Hündin freundlich, doch ein wenig distanziert begrüßte; dann Rouge, der große Rhodesian Ridgeback, an dessen Zaun Brenin urinierte, während Nina und Tess ihm mit einer fast überschwänglichen Begeisterung begegneten; und schließlich das oben erwähnte Dogo-Argentino-Weibchen, dessen Namen ich nie herausfand und das einmal den Fehler beging, Tess anzugreifen. Deshalb behielt Tess ihr eine Sonderbehandlung vor: Sie verzögerte ihren ersten Stuhlgang des Morgens, bis wir das Haus der

Hündin erreichten, und deponierte ihn dann so nahe, wie es menschen- oder, besser, hundemöglich war, am Gartenzaun. Vielleicht war das der Grund, warum das Dogo-Weibchen mich immer beißen wollte.

Tess war überhaupt eine Meisterin im taktischen Einsatz von Fäkalien. Einmal, als wir in Wimbledon wohnten und über den Golfplatz auf dem Common schlenderten, gelang es ihr in einer Zurschaustellung unglaublicher Präzision, direkt auf einen Golfball zu kacken, der in der Nähe gelandet war. Mein Rat: »An Ihrer Stelle würde ich einen Strafschlag hinnehmen« konnte den teils erbosten, doch hauptsächlich ungläubigen Angehörigen des London Scottish Golf Club nicht beschwichtigen.

Sobald wir das letzte der Häuser hinter uns gelassen hatten, betraten wir die Weinberge oder, besser gesagt, die ehemaligen Weinberge, denn man hatte sie wegen des salzigen Bodens und der häufigen Sturmfluten längst aufgegeben. Durch die Weinberge ging es weiter zur *maïre*, die von der *digue* am Nordende hinunter zum Strand führte. Zu den besten Zeiten des Jahres war die *maïre* von rosa Flamingos bedeckt, von den *flamants roses*, wie sie in der viel schöneren französischen Sprache heißen. Wenn sich einer an den Strand verirrte, zettelten Nina und Tess eine tüchtige Verfolgungsjagd an, bis er in das ihm zustehende Gebiet zurückflog. Glücklicherweise hatten die Hündinnen nie auch nur die geringste Chance, einen der Flamingos zu fangen. Während sie vergeblich herumliefen, warf Brenin mir einen Blick zu, als wollte er sagen: »Die heutige Jugend. Wenn ich bloß ein paar Jahre jünger wäre …«

Am Strand rannte Nina stracks ins Wasser, hüpfte herum und verlangte lautstark nach ihrem Frisbee. Im Sommer herrschte am Strand ein striktes Hundeverbot, obgleich Wölfe nicht extra in den Vorschriften erwähnt wurden.

Allerdings sind die Franzosen dafür bekannt, dass sie die Gesetze des Staates als Anregungen und nicht als Erfordernisse betrachten. Das Gesetz wurde selten vollstreckt, und meistens wimmelte es am Strand von Hunden. Die Gendarmen erschienen hin und wieder und teilten demonstrativ Geldstrafen aus. Wenn wir sie sahen, entfernten wir uns am Strand in die andere Richtung, denn wir konnten sicher sein, dass sie keine große Strecke zurücklegen würden. Einige Male wurden wir trotzdem ertappt – ein Ärgernis, das weniger mit der Höhe des Betrags, sondern mehr mit der Länge des Vortrags zu tun hatte, den man sich vor der Verhängung der Geldstrafe anhören musste. Durch eine Kombination aus Glück, Schläue und vorgetäuschter Dämlichkeit verbrachten wir den gesamten Sommer, ohne mehr als 100 Euro an Strafen zahlen zu müssen.

Nach dem Strandbesuch und kurz bevor alles schloss, um Mittagspause zu machen, gingen wir – wieder war es Nina, die uns wissen ließ, wann wir aufbrechen mussten – zur *boulangerie* im Dorf hinüber. Hier verteilte ich immer zwei *pains au chocolat* unter meinen drei Begleitern. Dabei folgte ich einem klar definierten Ritual. Wir verließen die *boulangerie*, und ich setzte mich auf die Steinbank ein paar Meter vor dem Geschäft nieder. Dann öffnete ich die Tüte, riss Stücke des Gebäcks ab und fütterte eines der Tiere nach dem anderen, wobei ich versuchte, den üppigen Speichelmengen, die in meine Richtung flogen, auszuweichen. Schwimmen macht Appetit. Im Anschluss daran suchten wir dann Yvettes Bar auf, wo ich mir unvernünftig viele Gläser Rosé – das bevorzugte Tagesgetränk im Languedoc – genehmigte. Unterdessen spendierte Yvette, eine Hundefreundin, eine Schüssel Wasser und machte großes Aufhebens um Brenin. Hinterher kehrten wir heim, indem wir das Dorf umrundeten und das Waldgebiet, das ans Haus grenzte, durchquerten.

Daheim suchten wir alle nach Schatten, in dem wir die Tageshitze überstehen konnten. Ich widmete mich wieder meiner schriftstellerischen Arbeit. Da es im Innern des Hauses nun für Tess zu heiß war, ließ sie sich zu meinen Füßen unter dem Tisch auf der Terrasse nieder. Nina bevorzugte einen Platz an der ferneren Wand, der den größten Teil des Tages vom Terrassendach überschattet war. Der nördliche Bereich des Gartens war nun von der Sonne beschienen, und Brenin stieg die Treppe hinauf, um sich in die dunkelste Ecke der Sonnenterrasse zu legen. Dadurch hatte er eine gute Sicht auf die Umgebung und, was wichtiger war, auf alles von Interesse, was sich näherte.

Wir rührten uns gegen 19 Uhr, wenn die Schatten länger wurden. Zuerst gab es das Abendessen für die Vierbeiner, dann ein paar Aperitifs für den Zweibeiner. Unser nächster Spaziergang erreichte normalerweise seinen Höhepunkt im La Réunion, unserem Lieblingsrestaurant.

Ich sage mit Bedacht »unser«, nicht »mein« Lieblingsrestaurant. Während ich dort mein Abendessen zu mir nahm, erhielten Brenin und die Mädchen ihre zweite Abendmahlzeit. Lionel und Martine, die Besitzer, reservierten immer einen der großen runden Tische in der Ecke für uns, denn dort hatten die Hunde genug Platz, um sich auszustrecken. Ich arbeitete mich langsam durch ein Essen mit vier Gängen hindurch, und die Tiere erhoben bei jedem Gang einen nicht unbedeutenden Tribut. Wie jeder Kenner weiß, ist es unmöglich, in Frankreich, zumal auf dem Lande, Vegetarier zu sein. Als ich Lionel gegenüber meine Ernährungsgewohnheiten zum ersten Mal erwähnte, schaute er mich verständnislos an und schlug Hühnergerichte vor. Daraufhin hatte ich mich Brenin und den Mädchen angeschlossen und war Pescetarier geworden.

In der Regel begann ich mit dem St.-Jacques-Salat, der

prächtig mundete und bis zu zehn Muscheln enthalten konnte. Drei davon fielen meiner Begleitung zu. Danach wurden drei Streifen Räucherlachs vom zweiten Gang abgezweigt. Auch Haut, Schwanz und Kopf der *sole meunière*, die häufig folgte, wurden auf ähnliche Art vom dritten Gang entfernt. Außerdem erhielt ich zum letzten Gang eine zusätzliche kostenlose Crêpe, die ich unter den Tieren aufteilte – Lionels freundlicher Beitrag zur abendlichen Hundespeisung. Der Wein und der Marc de Muscat, ein aus Muskattrauben destillierter Tresterbrand, blieben natürlich mir vorbehalten. Später schlenderten wir gemächlich am Rand der *digue* entlang nach Hause. Ich war angenehm betrunken, und meine Gefährten fühlten sich angenehm vollgefressen. Wir schliefen immer gut.

So gestaltete sich jeder Sommertag in Brenins letztem Lebensjahr. Und der Sommer im Languedoc ist lang und schön. Der Winter zwang uns allerdings zu einigen Umstellungen. Bedauerlicherweise war das La Réunion von Mitte November bis Mitte März geschlossen – in jenen Monaten arbeiteten Lionel und Martine in den Wintersportgebieten. Auch schwammen wir seltener, vielleicht mit Ausnahme Ninas. Sie ließ mich nun bis acht Uhr schlafen, und meine frühmorgendliche Arbeit erledigte ich überwiegend im Haus. Mein mittäglicher Aufenthalt in Yvettes Bar dauerte gewöhnlich ein wenig länger, da ich abends keinen Anlaufpunkt mehr hatte. Aber die Hauptgliederung – das Wesen – des Tages blieb unverändert.

Den ganzen Sommer und Winter hindurch amtierte Nina als Hüterin der Zeit. Dazu wurde sie durch ein Ereignis angetrieben, das sich recht früh während unseres Aufenthalts in Frankreich abgespielt hatte. Es war so finster und tragisch, dass es sie vielleicht noch heute, Jahre später, verfolgt. Ich hatte die Schuld daran und übernehme die volle

Verantwortung. Möglicherweise hatte ich an jenem Tag etwas zu lange an meinem Laptop gesessen oder ein wenig zu lange in den erfrischend kühlen Wassern des Mittelmeers verweilt. Wie auch immer, als wir an jenem Tag im Dorf eintrafen, war die *boulangerie* bereits wegen der Mittagspause geschlossen. Man pflegt eine lange, wunderschöne Mittagsruhe im Languedoc.

Objektiv gesehen – und für mich ist es leicht, diesen Standpunkt zu vertreten – war es natürlich keine große Sache. Ich brauchte nur ungefähr eine zusätzliche Stunde in Yvettes Bar zu verbringen – was ich mit Freuden tat –, und die *boulangerie* würde um 16 Uhr wieder geöffnet werden. Doch Verpflegungsfragen objektiv zu betrachten war noch nie Ninas Stärke. Genauso wenig wie das Prinzip der späten Genugtuung. Ihre Stunden in Yvettes Bar waren von qualvoller Verwirrung und Existenzangst der lähmendsten Art ausgefüllt (wie sich versteht, servierte Yvette keine Speisen). Nina schritt, ein wahnsinniges Glitzern in den Augen, unablässig hin und her. Es war etwas geschehen, das nicht passieren sollte. Es war eine lange, finstere Mittagspause ihrer Seele.

Um 16 Uhr hatte die Welt natürlich wieder einen Sinn, und der Tag konnte normal verlaufen. Danach wurde Nina von zwei Ängsten angetrieben: der Furcht, dass die *boulangerie* vor unserem Eintreffen geschlossen sein könnte, und der Sorge, dass wir das La Réunion nicht aufsuchen würden. Gott bewahre, dass ich abends einen anderen Weg einschlug. Sobald wir ein paar hundert Meter von dem Restaurant entfernt waren, lief Nina schnurstracks dorthin, ob wir Übrigen nun mitkamen oder nicht.

Erst später – nachdem Brenin gestorben war und ich Frankreich verlassen hatte – begriff ich wirklich, wie überaus einförmig diese Zeit gewesen war. Aber vermutlich setzten wir nur das Leben fort, das wir in Irland und London geführt hatten. Fast alle, die ich kenne, würden das Gleichmaß und die Wiederholungen dieser Existenz als monoton, wenn nicht gar als höchst langweilig bezeichnen. Aber mir scheint, dass ich in jenen Tagen mehr gelernt habe als vielleicht von allen Menschen und Ereignissen in meinem Leben. Der Schlüssel zu dem, was ich gelernt habe, liegt in der trügerisch einfachen Frage: Was verlor Brenin, als er starb?

3

Es dürfte auf der Hand liegen, dass ich – ein Irrer, der den Mond anheulte und gegen Gott wütete – eine Menge verlor, als Brenin starb. Und manche werden erklären (und sie haben es mir gegenüber auch getan), dass dies eine Folge meines traurigen und einsamen Lebens in jenen Jahren gewesen sei. Vielleicht haben sie recht. Aber ich interessiere mich nicht für das, was ich verloren habe, sondern für das, was er verlor.

Inwiefern ist der Tod etwas Schlimmes? Nicht für andere, sondern für denjenigen, der stirbt? Inwiefern wäre der Tod etwas Schlimmes für den Leser? Der Tod, was er auch sonst sein mag, ist nichts, was sich im Leben ereignet. Wittgenstein sagte einmal: »Unser Leben ist ebenso endlos, wie unser Gesichtsfeld grenzenlos ist.« Offenkundig meinte er damit nicht, dass wir ewig leben würden (Wittgenstein selbst starb, ebenfalls an Krebs, im Jahre 1951). Vielmehr wollte er hervorheben, dass der Tod das Ende eines Lebens ist; und das Ende eines Lebens kann genauso wenig in jenem Leben auftreten, wie die Grenze eines Gesichtsfelds in jenem Gesichtsfeld auftreten kann. Die Grenze eines Gesichtsfelds ist nichts, was man wahrnimmt. Man ist sich ihrer gerade wegen der Dinge bewusst, die man nicht wahrnimmt. So ist es mit Grenzen: Die Grenze von etwas ist kein Teil davon, denn wenn sie ein Teil davon wäre, könnte sie nicht die Grenze sein.

Wenn wir diese Aussage akzeptieren, stehen wir sofort vor einem Problem: Der Tod scheint der Person, die stirbt, nicht schaden zu können. Die klassische Version des Problems wurde, 2000 Jahre vor Wittgenstein, von dem griechischen Philosophen Epikur formuliert. Der Tod, so Epikur, könne uns nicht schaden. Solange wir am Leben seien, habe sich der Tod noch nicht ereignet und folglich keinen Schaden angerichtet. Und wenn wir stürben, seien wir – da der Tod das Ende unseres Lebens sei und sich nicht in ihm ereigne – nicht mehr vorhanden und könnten daher auch keinen Schaden mehr durch ihn davontragen. Daher könne der Tod nichts Schlimmes sein, jedenfalls nicht für die Person, die stirbt.

Was ist gegen Epikurs Argumentation einzuwenden? Ja, gibt es überhaupt etwas dagegen zu sagen? Zumindest unter Menschen besteht die fast einmütige Auffassung, dass an ihr etwas nicht stimmt. Und man scheint man sich auch über den Grund weitgehend einig zu sein: Der Tod schadet uns, weil er uns etwas wegnimmt. Philosophen bezeichnen ihn als Deprivationsschaden. Das jedoch ist der leichtere Teil. Schwieriger ist es zu verstehen, was der Tod uns wegnimmt und wie er uns etwas wegnehmen kann, wenn wir gar nicht mehr da sind.

Wir werden nicht sehr weit kommen, wenn wir diese Fragen damit beantworten, dass der Tod uns schade, weil er uns das Leben wegnimmt. Denn wenn Wittgenstein recht hat, dass der Tod das Ende unseres Lebens ist und sich folglich nicht innerhalb unseres Lebens ereignet, ist ein Leben genau das, was wir nicht haben, wenn uns der Tod ereilt. Aber uns kann nur etwas weggenommen werden, wenn es in unserem

Besitz ist. Wie also kann der Tod uns etwas wegnehmen, das wir nicht mehr haben?

Eine Antwort, die mir Erfolg zu versprechen scheint, betrifft die Möglichkeiten. Der Tod schadet uns, weil er uns all unsere Möglichkeiten nimmt. Doch letzten Endes dürfte auch dieser Einfall keine Lösung bieten. Ein Teil des Problems besteht darin, dass Möglichkeiten zu beliebig sind; es gibt viel zu viele Möglichkeiten, und so gehört nichts daran unterschiedslos mir oder dir. Unter meinen Möglichkeiten sind solche, an denen ich nicht das geringste Interesse habe. Es ist möglich, dass ich irgendeinen anderen Beruf ergreife oder zum Bettler oder Dieb werde, aber es interessiert mich nicht, eine dieser Möglichkeiten zu verfolgen und zu realisieren. Es ist möglich, dass ich morgen oder dass ich in 50 Jahren sterben werde, doch ich habe ein weit größeres Interesse daran, die zweite statt der ersten Möglichkeit zu realisieren. Möglichkeiten sind einfach zu billig. Jedem von uns steht eine unendliche – oder zumindest eine gewaltige und unbestimmte – Anzahl an Möglichkeiten zur Verfügung. Aber wir sind nur daran interessiert, einen winzigen Teil davon zu verwirklichen. Überhaupt sind wir uns der meisten unserer Möglichkeiten nicht einmal bewusst.

Doch damit nicht genug: Von vielen unserer Möglichkeiten hoffen wir inbrünstig, dass sie sich nie verwirklichen werden. Die meisten von uns legen wahrscheinlich nicht viel Wert darauf, die Bettler/Dieb-Option weiterzuverfolgen. Es ist möglich, dass jemand von uns zu einem Mörder, Folterer, Pädophilen oder Wahnsinnigen wird. Etwas ist definitionsgemäß dann möglich, wenn die Annahme, dass etwas geschieht, keinen Widerspruch enthält. Gleichgültig, wie unwahrscheinlich es sein mag, dass eine dieser Möglichkeiten realisiert wird, sie bleiben doch Möglichkeiten. Bei manchen hoffen wir, dass sie sich erfüllen werden, während wir beten, dass andere uns erspart bleiben. Unter unseren Möglichkeiten sind solche, die wir begrüßen, und andere, die wir mit aller Kraft bekämpfen würden.

Ich bezweifle, dass der Tod uns schaden kann, indem er uns Möglichkeiten, an denen wir kein Interesse haben, wegnimmt. Und ich bin mir sicher, dass er uns nicht schaden kann, indem er uns Möglichkeiten wegnimmt, die wir mit jeder Faser unseres Herzens ablehnen würden. Was manche Möglichkeiten angeht, so würden wir lieber sterben, als sie verwirklicht zu sehen. Der Tod kann uns nicht schaden, indem er uns solche Möglichkeiten nimmt.

Immerhin werden wir durch den Begriff der Möglichkeiten in eine aussichtsreichere Richtung gewiesen. Nur einige unserer Möglichkeiten sind relevant für den Schaden des Todes: diejenigen, auf deren Verwirklichung wir hoffen. Jeder dieser Möglichkeiten entspricht eine Sehnsucht: der Wunsch, dass sich die Möglichkeit realisiert. Wenn wir es mit dieser Sehnsucht ernst meinen, sie jedoch nicht sofort befriedigen können, dann machen wir ihre Befriedigung vielleicht zu einem unserer Ziele. Und wenn das Ziel schwer zu erreichen ist, wenden wir vielleicht viel Energie und Zeit für ein Projekt zu seiner Erreichung auf. Ich glaube, dass die menschliche Auseinandersetzung mit der Frage, warum der Tod für die Person, die stirbt, etwas Schlimmes ist, unweigerlich im Rahmen der Begriffe Sehnsucht, Ziel und Projekt erfolgt.

Man könnte meinen, dass wir bei der Lösung von Epikurs Problem nicht vorangekommen seien. Wenn der Tod das Ende eines Lebens ist und nicht etwas, das sich in einem Leben ereignet, dann werden wir, sobald er eintritt, nicht mehr da sein, um uns irgendetwas – Sehnsüchte, Ziele und Projekte eingeschlossen – wegnehmen zu lassen. Sehnsüchte, Ziele und Projekte haben jedoch alle etwas gemeinsam, das entscheidend für Epikurs Problem ist. Sie sind sämtlich, wie man es ausdrücken könnte, zukunftsgerichtet. Ihrem ureigenen Charakter nach weisen sie uns über die Gegenwart hinaus in die Zukunft. Unserer Sehnsüchte, Ziele und Projekte wegen haben wir eine Zukunft; sie ist etwas, das jeder von uns heute, in der Gegenwart, hat. Der Tod schadet uns, indem er uns eine Zukunft wegnimmt.

4

Die Vorstellung, eine Zukunft zu verlieren, ist bei näherer Betrachtung sehr seltsam. Und diese Seltsamkeit rührt von der Seltsamkeit des Begriffs der Zukunft her. Die Zukunft existiert noch nicht. Wie also kann man sie verlieren? Tatsächlich kann man eine Zukunft nur verlieren, wenn man in gewissem Sinne eine hat. Aber wie kann man etwas haben, das noch nicht existiert?

Immerhin zeigt sich hier, dass die Gedanken des Habens und Verlierens in diesem Zusammenhang eine ganz andere Bedeutung erhalten als in anderen, üblicheren Zusammenhängen. Es ist möglich, eine Zukunft zu haben, doch nicht im selben Sinne, wie man breite Schultern oder eine Rolex haben könnte. Und wenn ein Mörder uns unsere Zukunft wegnehmen sollte, wäre das Gefühl des Verlustes ein ganz anderes, als wenn uns das Alter unsere Schultern oder ein Räuber uns unsere Uhr wegnähme.

Wenn der Tod etwas Schlimmes für jeden von uns ist, weil er uns eine Zukunft wegnimmt, dann muss eine Zukunft etwas sein, das wir nun, in der Gegenwart, haben. Wir haben eine Zukunft, weil wir – tatsächlich und jetzt – uns in Zuständen befinden, die uns in eine Zukunft weisen oder uns an sie binden. Diese Zustände sind Sehnsüchte, Ziele und Projekte. Jeder von uns ist, wie Martin Heidegger es formulierte, ein

Sich-vorweg als Zukunft. Jeder von uns wird, seinem Wesen nach, zu einer Zukunft gelenkt, die noch nicht existiert. Und zumindest in diesem Sinne lässt sich feststellen, dass wir alle eine Zukunft besitzen.

Beginnen wir mit den Sehnsüchten. Ihr Grundmerkmal ist es, dass sie befriedigt oder vereitelt werden können. Brenins Sehnsucht nach Wasser wurde befriedigt, wenn er durchs Zimmer zu seiner Schüssel ging und trank. Die Befriedigung wurde vereitelt, wenn er dort ankam und die Schüssel leer vorfand. Die Befriedigung einer Sehnsucht braucht jedoch Zeit. Normalerweise braucht es auch Zeit, eine Sehnsucht zu vereiteln. Brenin brauchte Zeit, um das Zimmer bis zu seiner Schüssel zu durchqueren; und damit brauchte es Zeit, bis seine Sehnsucht entweder befriedigt oder vereitelt wurde.

Dies ist der fundamentalste Sinn, in dem Sehnsüchte zukunftsgerichtet sind: Sie zu befriedigen braucht Zeit. Das Gleiche gilt noch offensichtlicher für Ziele und Projekte, denn beide sind im Wesentlichen langfristige Sehnsüchte. Sehnsüchte können befriedigt oder vereitelt, Ziele und Projekte können verwirklicht oder nicht verwirklicht werden. Befriedigung und Verwirklichung brauchen Zeit.

Es gibt jedoch einen komplizierteren Sinn, in dem wir eine Zukunft haben können. Eine Sehnsucht oder ein Ziel oder ein Projekt kann auf zwei unterschiedliche Arten zukunftsgerichtet sein. Wie Brenins Sehnsucht nach einem Schluck Wasser kann uns die Sehnsucht in dem Sinne, dass ihre Befriedigung Zeit braucht, in die Zukunft weisen. Wenn Brenin die Sehnsucht befriedigen wollte, musste er über den gegenwärtigen Moment hinaus beharren – er musste wenigstens so lange überleben, wie er brauchte, um das Zimmer bis zu seiner Schüssel zu durchqueren. Allerdings ist die Verbindung mit der Zukunft bei manchen Sehnsüchten stärker und intimer. Manche Sehnsüchte beinhalten einen expliziten Begriff der Zukunft. Durch das Zimmer zu gehen, um etwas zu trinken, ist eine Sache, das Leben um eine Vorstellung dessen herum zu planen, wie man sich seine Zukunft wünscht, ist eine ganz andere.

Im Vergleich zu anderen Tieren verbringen wir Menschen unverhältnismäßig viel Zeit damit, Dinge zu tun, die wir, jedenfalls auf einer gewissen Ebene, lieber nicht tun würden. Wir tun sie jedoch wegen einer Vorstellung davon, wie wir unser künftiges Leben gestalten wollen. Dies allein ist der Zweck unserer langen Ausbildung und der sich anschließenden beruflichen Laufbahn. Wir alle wissen, wie unerfreulich letztere sein kann, und nicht einmal ich als Pädagoge kann behaupten, dass erstere ein ungetrübtes Vergnügen sei. Aber wir tun diese Dinge trotzdem, weil wir gewisse Sehnsüchte haben. Es sind Sehnsüchte, die entweder sofort oder in der unmittelbaren Zukunft befriedigt werden können oder aber – wenn wir begabt genug sind, genug Glück haben und fleißig genug arbeiten – zu einem nicht genau festgelegten Zeitpunkt in der Zukunft. Unsere gegenwärtigen Aktivitäten hinsichtlich Ausbildung, Beruf und häufig sogar Nebenberuf werden auf eine Vorstellung von der Zukunft hin geplant, ausgerichtet und umgesetzt, die unserer Meinung nach durch sie gesichert wird. Um derartige Sehnsüchte zu haben, benötigt man ein Konzept der Zukunft: Man muss fähig sein, an die Zukunft als Zukunft zu denken.

Wie es also scheint, können wir auf zweifache Art eine Zukunft haben. Zum einen im impliziten Sinne: Ich habe Sehnsüchte, deren Befriedigung Zeit braucht. Zum anderen im expliziten Sinne: Ich orientiere oder arrangiere mein Leben gemäß einer Vorstellung davon, wie ich mir die Zukunft wünsche.

Doch wenn der Affe in uns einen Unterschied sieht, nimmt er auch einen potenziellen Vorteil wahr. Zuerst identifiziert der Affe, welches der unterscheidbaren Elemente am ehesten für ihn gilt oder am natürlichsten auf ihn anwendbar ist. Dann behauptet er, dieses Element sei dem anderen überlegen. Glauben Sie mir, ich weiß Bescheid, denn dieser Affe bin ich.

Die zweite Art des Besitzens einer Zukunft scheint kennzeichnend für Menschen zu sein. Es ist unklar, ob andere Tiere fähig sind, ihr Verhalten auf eine Vorstellung davon auszurichten, wie ihre Zukunft aussehen soll. Das Hoffen auf eine spätere Befriedigung ist offenbar ein Charakterzug, der, wenn schon nicht auf den Menschen beschränkt, bei uns zumindest ausgeprägter ist als bei jedem anderen Tier.

Und dann geht der Affe in uns naturgemäß von dieser Tatsachenbehauptung zu einer darauf beruhenden moralischen Bewertung über. Eine Zukunft der zweiten Art zu haben, meinen wir zwangsläufig, sei der ersten Möglichkeit überlegen. Als kluge Tiere können wir diese moralische Bewertung selbstverständlich untermauern. Im zweiten Fall – dem gemäß ich mich selbst und mein Leben um eine Vorstellung davon organisiere, wie ich mir die Zukunft wünsche – bin ich enger mit der Zukunft verbunden. Ich besitze meine Zukunft in einem stärkeren, stabileren, wichtigeren Sinne als jedes andere, nichtmenschliche Tier.

Stellen Sie sich zwei Sportler vor. Der eine ist engagiert und fleißig, der andere ein begabter Faulenzer. Nehmen wir an, dass beide nicht zu olympischem Ruhm gelangen und die Medaillen knapp verfehlen. Der erste Sportler, dessen Leben durch eiserne Disziplin und mustergültigen Einsatz bestimmt war, scheint mehr zu verlieren als der zweite, der nie sein Bestes gegeben hat. Der Verlust des ersten Sportlers ist größer, weil er mehr Zeit, Mühe, Energie und Emotionen investiert hat.

Was wir verlieren, wenn wir sterben, ist davon abhängig,

was wir in unser Leben investiert haben. Und da Menschen eine Vorstellung von der Zukunft haben und ihr gegenwärtiges Verhalten mithin darum, wie sie sich ihre Zukunft wünschen, disziplinieren, organisieren und orientieren können, investieren sie mehr in ihr Leben als andere Tiere. Deshalb verlieren sie auch mehr als andere Tiere, wenn sie sterben. Der Tod ist für einen Menschen schlimmer als für jedes andere Tier. Zugleich ist das Leben eines Menschen wichtiger als das jedes anderen Tieres. Dies ist bloß ein weiterer Aspekt der menschlichen Überlegenheit: Wir verlieren mehr, wenn wir sterben.

5

Früher glaubte ich an diese Geschichte. Mehr noch, die beiden letzten Abschnitte wurden von meiner Wenigkeit – Affe, der ich bin – in *Animals Like Us* und, wenn auch etwas oberflächlicher, in *The Philosopher at the End of the Universe* entwickelt. Heute schauert es mich, wenn ich auf meine mangelnde Einsicht und meine hässlichen äffischen Vorurteile zurückblicke. Investitionen – könnte etwas äffischer sein? Der schwere Fehler liegt, wie ich nun begreife, in der Darstellung an sich. Wir Menschen sind anscheinend genötigt, den Tod für einen Deprivationsschaden zu halten. Das heißt, wir sind gezwungen, den Tod als etwas Schlimmes einzustufen, weil er uns etwas entzieht.

Wir haben nicht unbedingt recht, wenn wir die Dinge so betrachten, aber wir sind offenbar nicht fähig, sie anders zu bewerten. Manche von uns glauben natürlich, dass der Tod nicht das Ende sei – lediglich ein Übergang zu einer neuen Existenzform, einem Leben nach dem Tode. Wer weiß? Vielleicht haben sie recht. Doch ich beschäftige mich nicht mit dieser Frage, sondern damit, ob unser Ende etwas Schlimmes ist, und zwar für die Person, die das Ende erreicht. Und es spielt keine Rolle, wie oder wann das Ende eintritt. Wer von der Existenz eines Lebens nach dem Tode überzeugt ist, der glaubt wahrscheinlich auch an Seelen und Gott. Und Gott kann, da er allmächtig ist, Seelen zerstören. Wenn Gott uns so etwas antäte, wäre unser Ende mutmaßlich gekommen. Wäre das schlimm für uns? Nun sind wir bei der Frage, die mich interessiert. Das Entscheidende ist die Beziehung zwischen uns und unserem Ende – gleichgültig, in welcher Form das Ende eintritt.

Angenommen, meine Ausführung träfe zu: Menschen verlieren wirklich mehr als andere Tiere, wenn sie sterben – oder wenn sie ihr Ende, was immer es sein mag, ereilt. Der Tod eines Menschen ist eine größere Tragödie als der eines Wolfes. Der Irrtum, der sich daraus ableitet, ist die Schlussfolgerung, dass Menschenleben wertvoller seien. Dass wir mehr verlieren, wenn wir sterben, ist kein Anzeichen für unsere Überlegenheit; im Gegenteil, es liefert den Schlüssel zu unserer Verdammnis. Der Grund ist der, dass sich in dieser Darstellung des Todes ein bestimmter Zeitbegriff verbirgt. Und in diesem Zeitbegriff verbirgt sich eine Vision vom Sinn des Lebens.

Der meiner Darstellung des Todes zugrunde liegende Zeitbegriff ist vertraut: Es handelt sich um den Pfeil der Zeit. Die Zukunft ist etwas, das wir konkret – und nicht bloß möglicherweise – jetzt, in der Gegenwart (was immer das bedeuten mag), haben. Und wir haben eine Zukunft, weil wir konkret – heute – über Zustände verfügen, die uns in jene Zukunft weisen: Sehnsüchte, Ziele, Projekte. Man stelle sie sich als Pfeile vor, die in die Zukunft schwirren. Manche der Pfeile weisen uns nur implizit in die Zukunft, denn es braucht Zeit, bis sie ihren Bestimmungsort erreichen. Um eine Sehnsucht zu befriedigen, muss man lange genug überleben, damit der Pfeil jener Sehnsucht an seinem Bestimmungsort eintrifft. Die Sehnsüchte von Wölfen und Hunden sind so beschaffen. Manche Pfeile unterscheiden sich jedoch davon. Sie schwirren brennend in die dunkle Nacht der Zukunft und erleuchten jene Zukunft für uns. Diesen Pfeilen entsprechen menschliche Sehnsüchte, Ziele und Projekte, die uns explizit in die Zukunft weisen: durch eine klare Vorstellung davon, wie jene Zukunft zu sein habe. Der Tod schadet jedem Lebewesen, indem er den Pfeil seiner Sehnsüchte im Flug stoppt. Und am meisten schadet der Tod den Lebewesen, deren Pfeile brennen.

Durch solche Metaphern versuchen wir Menschen, die Zeit zu verstehen. Wir denken uns die Zeit als einen Pfeil, dessen Flug ihn aus der Vergangenheit durch die Gegenwart in die Zukunft trägt. Eine Alternative wäre, uns die Zeit als einen aus der Vergangenheit in die Zukunft strömenden Fluss vorzustellen. Oder als Schiff, das aus der Vergangenheit durch die Gegenwart fährt und auf eine ferne, unbekannte Zukunft zusteuert. Wir geraten in diesen Zeitstrom, weil wir temporale Wesen sind. Die Pfeile unserer Sehnsüchte ziehen uns, wie andere Tiere, in den Zeitstrom hinein und machen es möglich, dass wir uns dem Strom anschließen. Und im Gegensatz zu denen anderer Tiere können unsere Pfeile den Strom teilweise erleuchten, so dass er gesehen, verstanden und vielleicht gestaltet wird.

All diese Dinge sind, wie gesagt, lediglich Metaphern – und dazu noch räumliche. Wie Kant und viele andere feststellten, scheinen wir immer auf eine Analogie zum Raum zurückgreifen zu müssen, wenn wir die Zeit verstehen wollen. Vor allem jedoch bringen diese Metaphern eine gewisse Auffassung von dem mit sich, was im Leben wichtig ist: eine gewisse Auffassung vom Sinn des Lebens.

Die Metaphern lassen den Lebenssinn als etwas erscheinen, das wir anstreben müssen, oder als eine Richtung, die wir einzuschlagen haben. Die Gegenwart entgleitet uns unablässig, denn der Pfeil der Zeit lässt auf seinem Weg ständig einen Ort nach dem anderen zurück. Wenn der Sinn des Lebens also mit Momenten verknüpft ist, dann entgleitet uns auch dieser Sinn unablässig. Der Sinn unseres Lebens, denken wir, muss mit unseren Sehnsüchten, Zielen und Projekten verbunden, muss von ihnen abhängig sein. Der Sinn des Lebens ist etwas, zu dem wir fortschreiten, das wir erreichen können. Und wie im Fall aller bedeutenden Leistungen ist dies etwas, das nicht jetzt, sondern erst später entlang der Linie geschehen kann.

Allerdings wissen wir auch, dass später nicht Sinn, sondern sein Fehlen zu finden ist. Wenn wir der Linie weit genug folgen, werden wir nicht auf Sinn, sondern auf Tod und Fäulnis stoßen. Wir gelangen an den Punkt, an dem all unsere Pfeile im Flug gestoppt werden. Dann finden wir das Ende des Sinns vor. Jeder von uns ist Sich-vorweg als Zukunft, und darin ist die Möglichkeit zu entdecken, dass unser Leben einen Sinn hat.

Aber wir sind auch Sein zum Tode. Der Pfeil der Zeit ist sowohl unsere Erlösung als auch unsere Verdammnis, und so werden wir von der Bahn des Pfeiles sowohl angezogen als auch abgestoßen. Wir sind bedeutungsgebende Geschöpfe. Unser Leben hat eine Bedeutung, die, wie wir meinen, das Leben anderer Tiere nicht haben kann. Auch sind wir todgebundene Wesen, die dem Tod auf eine Art nachspüren, wie es, so denken wir, kein anderes Tier vermag. Sowohl die Bedeutung unseres Lebens als auch das Ende unseres Lebens ist irgendwo weiter entlang der Linie zu finden. Deshalb werden wir von der Linie fasziniert und erschreckt. Dies ist das existenzielle Dilemma des Menschen.

Sprach Edgar Allan Poes Rabe: Nimmermehr. Vielleicht ist Nimmermehr ein Begriff, der Raben eigen ist, nicht jedoch Hunden. Nina liebte Brenin. Sie wuchs schon als Welpe mit ihm auf, und sie wollte jede wache Sekunde mit ihm verbringen. Gewiss, zu dem Zeitpunkt, als wir in Frankreich eintrafen – und vielleicht sogar schon während unseres Aufenthalts in London –, war Brenin nicht mehr annähernd so interessant für sie wie Tess. Der Reiz anderer Hunde – oder Wölfe – war für Nina davon abhängig, wie oft sie mit ihr balgen wollten. Und in Frankreich konnte Brenin solchen Rangeleien nicht mehr viel abgewinnen. Trotzdem ging sie immer sehr liebevoll mit ihm um und grüßte ihn mit einem ausgiebigen Lecken seiner Nase, wenn sie ihn länger als eine Stunde nicht gesehen hatte.

Deshalb war ich ein wenig überrascht, als ich Brenins Leiche vom Tierarzt zurückbrachte. Nina schnüffelte kurz an ihm und wandte sich dann wieder dem viel unterhaltsameren Spiel mit Tess zu. Brenin war nicht mehr da, was Nina allem Anschein nach begriff. Allerdings konnte sie bestimmt nicht begreifen, dass Brenin nimmermehr da sein würde.

Wir Menschen neigen dazu, solche Dinge als Beweis für die grundsätzliche Unterlegenheit der tierischen Intelligenz zu betrachten. Tiere können den Tod nicht verstehen; dazu sind nur Menschen in der Lage. Folglich sind wir besser als sie. Früher teilte ich diese Meinung, aber heute vermute ich, dass die umgekehrte Folgerung gilt.

Angenommen, ich ginge mit Ihnen ein Jahr lang täglich auf demselben Weg und unter den gleichen Umständen zu demselben Strand. Danach würden wir jeden Tag dieselbe *boulangerie* aufsuchen, wo ich Ihnen ein *pain au chocolat* kaufen würde – keinen *beignet framboise*, kein *croissant*, sondern ein *pain au chocolat*. Sehr bald würden Sie sagen: Was, schon wieder ein *pain au chocolat*? Könnten Sie mir nicht etwas anderes kaufen? Wenigstens ein Mal? Ich kann die verdammten *pains au chocolat* nicht mehr ausstehen!

So verhalten wir Menschen uns. Wir stellen uns die Zeit unseres Lebens als Linie vor und haben ihr gegenüber eine sehr zwiespältige Einstellung. Die Pfeile unserer Sehnsüchte und unserer Ziele und unserer Projekte verbinden uns mit dieser Linie, und darin finden wir die Möglichkeit, dass unser Leben einen Sinn hat. Aber die Linie weist auch auf den Tod, der den Sinn wegnehmen wird. Deshalb werden wir von dieser Linie gleichzeitig angezogen und abgestoßen, sowohl von ihr angelockt als auch eingeschüchtert.

Unsere Furcht vor der Linie bewirkt, dass wir uns stets etwas anderes wünschen. Wenn sich unsere Kiefer um *das pain au chocolat* schließen, können wir nicht umhin, all die anderen, nach vorn und nach hinten an der Linie versprengten *pains au chocolat* zu sehen. Wir können den Moment nie um dessen willen genießen, was er an sich ist, denn der Moment erscheint uns nie als das, was er an sich ist. Der Moment wird endlos vorwärts und rückwärts verlagert. Für uns besteht das Jetzt aus unseren Erinnerungen an das, was vorhergegangen ist, und aus unseren Erwartungen der Dinge, die noch kommen werden. Und das ist gleichbedeutend mit der Aussage, dass es für uns kein Jetzt gibt. Der Moment der Gegenwart wird verschoben, durch die Zeit verstreut. Er ist irreal. Der Moment entkommt uns immer wieder. Und deshalb kann der Sinn des Lebens für uns nie im Moment liegen.

Natürlich lieben wir, zumindest einige von uns, unsere Gewohnheiten und Rituale. Aber wir begehren auch das, was anders ist. Sie hätten die Mienen meiner drei Tiere sehen sollen, wenn ich jeden Morgen begann, die *pains au choco-*

lat zu verteilen. Die bebende Vorfreude, die Speichelströme und die extreme Konzentration brachten sie in die Nähe der Schmerzgrenze. Was sie betraf, konnte es *pains au chocolat* bis in alle Ewigkeit geben. Für sie war der Moment, in dem sich ihre Kiefer um das *pain au chocolat* schlossen, in sich vollständig, unverfälscht von anderen möglichen, durch die Zeit versprengten Augenblicken. Er konnte durch das, was ihm vorausgegangen war und was noch kommen würde, weder verbessert noch abgeschwächt werden. Doch für uns ist kein Moment je in sich vollständig. Jeder Augenblick wird verfälscht und verdorben durch unsere Erinnerung an das, was gewesen ist, und unsere Erwartung dessen, was sein wird. In jedem Moment unseres Lebens sind wir Grünschnäbel oder dem Tod nahe, wenn der Pfeil der Zeit an uns vorbeischwirrt. Und deshalb meinen wir, allen anderen Tieren überlegen zu sein.

Nietzsche sprach einmal von der ewigen Wiederkunft des Gleichen. Es gibt zwei unterschiedliche, doch miteinander vereinbare Ansätze, Nietzsche zu interpretieren. Allermindestens flirtete er mit einem der beiden, während er den anderen aus ganzem Herzen befürwortete. Den ersten könnten wir als metaphysische Interpretation der ewigen Wiederkunft bezeichnen. In diesem Zusammenhang wird mit dem Wort »metaphysisch« bezeichnet, wie die Dinge wirklich sind. Wenn man die ewige Wiederkunft als metaphysische Doktrin versteht, so glaubt man, dass sie etwas beschreibt, das unendlich oft geschehen wird oder bereits geschehen ist. Wenn man jedoch meint, dass das Universum nur aus einer endlichen Zahl von Partikeln – Atomen oder subatomaren Teilchen – besteht, dann können diese Partikel auch bloß eine endliche Zahl von Kombinationen miteinander eingehen. Nietzsche zum Beispiel dachte, dass sich das Universum aus einer endlichen Zahl von Kraft-Quanta zusammensetzt. Da diese jedoch, wie er glaubte, zu Kombinationen und Rekombinationen fähig waren, blieb das entscheidende Argument unverändert. Wenn man zudem meint, dass die Zeit unendlich ist, so folgt, dass die gleichen Kombinationen von Partikeln oder Kraft-Quanta wiederkehren müssen. Damit nicht genug, sie müssen dauernd wiederkehren. Du und die Welt um dich herum sind letztlich nur Kombinationen von Partikeln. Also scheint es, dass du, deine Welt und dein Leben unablässig wiederkehren müssen. Wenn die Zeit unendlich ist, dann musst du ewig wiederkehren.

Diese Denkweise hinsichtlich der ewigen Wiederkunft ist fragwürdig, denn sie beruht auf der Annahme, dass das Universum endlich und die Zeit unendlich sei. Wenn man das bestreitet – wenn man zum Beispiel glaubt, dass die Zeit mit der Schaffung des Universums geschaffen wurde und mit demselben Universum sterben muss –, dann funktioniert die These nicht. Nietzsche flirtete mit dieser Interpretation der ewigen Wiederkunft, befürwortete sie jedoch nie in seinen veröffentlichten Werken.

Stattdessen befürwortete er in seinen veröffentlichten Werken das, was wir die existenzielle Interpretation der ewigen Wiederkunft nennen könnten. Nach dieser Interpretation liefert die Idee der ewigen Wiederkunft uns eine Art existenziellen Test. In seinem Buch *Die fröhliche Wissenschaft* beschreibt Nietzsche ihn folgendermaßen:

Das größte Schwergewicht. – Wie, wenn dir eines Tages oder Nachts ein Dämon in deine einsamste Einsamkeit nachschliche und dir sagte: »Dieses Leben, wie du es jetzt lebst und gelebt hast, wirst du noch einmal und noch unzählige Male leben müssen; und es wird nichts Neues daran sein, sondern jeder Schmerz und jede Lust und jeder Gedanke und Seufzer und alles unsäglich Kleine und Große deines Lebens muss dir wiederkommen, und alles in derselben Reihe und Folge – und ebenso diese Spinne und dieses Mondlicht zwischen den Bäumen, und ebenso dieser Augenblick und ich selber. Die ewige Sanduhr des Daseins wird immer wieder umgedreht – und du mit ihr, Stäubchen vom Staube!« – Würdest du dich nicht niederwerfen und mit den Zähnen knirschen und den Dämon verfluchen, der so redete? Oder hast du einmal einen ungeheuren Augenblick erlebt, wo du ihm antworten würdest: »Du bist ein Gott, und nie hörte ich Göttlicheres!« Wenn jener Gedanke über dich Gewalt bekäme, er würde dich, wie du bist, verwandeln und vielleicht zermalmen.

Hier wird die ewige Wiederkunft nicht als Beschreibung der Gegebenheiten der Welt präsentiert, sondern als etwas, das man sich fragen sollte, wenn man verstehen will, wie das eigene Leben verläuft und was für ein Mensch man ist. Alle Lust will Ewigkeit, wie Nietzsche es ausdrückt. Wenn das Leben sich gut entwickelt, wird man viel eher geneigt sein, den Gedanken zu akzeptieren, dass es sich unablässig wiederholt. Verläuft das Leben dagegen negativ, wird man den Gedanken wahrscheinlich voller Entsetzen betrachten. Das ist eher offensichtlich als tiefgründig. Profunder könnte jedoch die Frage sein, wie man auf die Mitteilung des Dämons reagiert.

Angenommen, jemand würde Sie fragen: Mit wem wollen Sie die Ewigkeit verbringen? Übrigens könnte dies die Frage auf den Lippen der Zeugen Jehovas gewesen sein, die den Fehler machten, vor vielen Jahren an meine Tür in Knockduff zu klopfen. Brenin und Nina waren mit mir im

Garten hinter dem Haus und rannten nach vorn zur Tür, um herauszufinden, wer dort war. Als ich ihnen folgte, entdeckte ich einen der Besucher, der weinend den Kopf an die Wand lehnte, während Brenin und Nina mit besorgter Miene an ihm schnupperten. Ich sollte nie erfahren, was sie mich fragen wollten, denn sie empfahlen sich sehr rasch.

Doch es gibt keinen Zweifel daran, dass die Frage »Mit wem möchten Sie die Ewigkeit verbringen?« religiöser Natur ist. Die Ewigkeit ist das Leben nach dem Tode, mithin gewissermaßen eine Fortsetzung der Linie unseres Lebens über den Untergang des physischen Körpers hinaus. Was wir in diesem Rahmen manchmal übersehen, ist die eine Person, der man in der Ewigkeit nicht ausweichen kann: sich selbst. Die Frage, die uns von der Religion gestellt wird, lautet also: Bist du sicher, dass du jemand bist, mit dem du eine Ewigkeit verbringen möchtest? Und das ist eine gute Frage.

Nietzsche lässt die Frage jedoch viel nachdrücklicher klingen. Wenn die Ewigkeit die Fortsetzung der Linie unseres Lebens ist, dann können wir den existenziellen Fortschritt, den wir in diesem Leben erzielen, im nächsten fortsetzen. Wenn das Leben eine seelenbildende Reise – eine seelenbildende Theodizee – ist, dann kann die Reise nach dem Tod des Körpers weitergehen.

Aber nehmen wir an, es gibt nichts außer diesem Leben. Nehmen wir an, dass unser Leben keine Linie ist. Nehmen wir an, die Zeit ist ein Kreis und das Leben wiederholt sich unablässig und ewig nach Art der Beschreibung von Nietzsches Dämon. Du bist immer noch die Person, mit der du eine Ewigkeit verbringen musst. Doch die Ewigkeit ist nun ein Kreis, keine Linie. Und deshalb hast du keine weitere Möglichkeit, dich zu verbessern oder zu vervollkommnen. Was immer du tust, muss jetzt geschehen.

Wenn du stark bist, dachte Nietzsche, dann wirst du jetzt

tun, was deiner Meinung nach getan werden muss. Wenn dein Leben und dein Geist im Aufstieg sind, dann wirst du dich jetzt zu dem Menschen machen wollen, mit dem du eine Ewigkeit verbringen möchtest. Aber wenn du schwach bist, wenn dein Geist sich im Abstieg befindet – wenn du müde bist –, wirst du Zuflucht im Aufschub suchen: in dem Gedanken, dass du das, was du tun musst, auch später, in deinem künftigen Leben, erledigen kannst. Die ewige Wiederkunft ermöglicht also ein Urteil darüber, ob du ein Geist im Aufstieg oder ein Geist im Abstieg bist. Das meine ich mit existenziellem Test.

Daneben hat die Vorstellung von der ewigen Wiederkunft einen weiteren Effekt, den ich für den wichtigsten halte: Durch sie wird das Konzept vom Sinn des Lebens untergraben, welches die Auffassung von der Zeit als Linie impliziert. Wenn wir uns die Zeit als Linie vorstellen, erscheint uns der Sinn des Lebens unvermeidlich als etwas, das wir anstreben müssen – als etwas, das weiter entlang der Linie zu erreichen ist. Jeder Moment entschlüpft uns unaufhörlich, und deshalb ist der Sinn des Lebens nicht im Moment zu finden. Damit nicht genug: Die Bedeutung jedes Moments leitet sich von seinem Platz entlang der Linie her. Seine Bedeutung gründet sich darauf, welche Beziehung er zu dem hat, was vorausgegangen ist und was noch in Form der Erinnerung existiert, und zu dem, was noch kommen wird und in Form der Erwartung existiert. Jeder Moment birgt den Makel der Geister von Vergangenheit und Zukunft in sich. Daher ist kein Moment für sich allein vollständig – Inhalt und Sinn jedes Moments werden verlagert und entlang der Linie des Pfeils der Zeit platziert.

Aber wenn die Zeit keine Linie, sondern ein Kreis ist, wenn sich das Leben unablässig und endlos wiederholen muss, dann kann der Sinn des Lebens nicht im Fortschreiten zu einem bestimmten Punkt entlang der Linie bestehen. Es gibt keinen solchen Punkt, weil es keine solche Linie gibt. Momente entschlüpfen nicht, sondern sie machen sich im Gegenteil immer wieder und endlos geltend. Die Bedeutung jedes Augenblicks leitet sich nicht von seinem Platz an der Linie her, von seiner Beziehung zu dem, was vor und nach ihm entlang der Linie vorhanden ist. Er birgt nicht den Makel der Geister von Vergangenheit und Zukunft in sich. Jeder Moment ist das, was er ist; jeder Moment ist vollständig und in sich abgeschlossen.

Nun ist der Sinn des Lebens etwas ganz anderes. Er wird nicht an einem bestimmten Punkt entlang der Linie oder an einem bestimmten Teil der Linie gefunden, sondern in Augenblicken. Selbstverständlich nicht in allen Augenblicken, doch in einigen. Der Sinn des Lebens kann sich durch ein Leben verstreuen wie Gerstenkörner zur Erntezeit über die Felder von Knockduff. Der Sinn des Lebens ist in seinen höchsten Momenten zu finden. Jeder dieser Momente ist in sich vollständig und benötigt keine weiteren Momente für seine Bedeutung oder zu seiner Rechtfertigung.

Eines, was ich durch das letzte Jahr von Brenins Leben erfuhr, ist die Tatsache, dass Wölfe – oder auch Hunde – Nietzsches existenziellen Test auf eine Weise bestehen, die für Menschen selten ist. Ein Mensch hätte gesagt: »Nicht schon wieder den ewig gleichen Spaziergang. Können wir zur Abwechslung nicht woanders hingehen? Ich habe den Strand satt. Und kauf mir bloß kein *pain au chocolat* mehr – langsam werde ich selbst zu Schokolade!« Und so weiter und so fort. Da wir abwechselnd vom Pfeil der Zeit fasziniert und angeekelt werden, veranlasst der Ekel uns, Glück im Neuen und Anderen, in jeder Abweichung vom Pfeil der Zeit zu suchen. Doch unsere Faszination vom Pfeil bedeutet, dass jede Abweichung von seiner Linie lediglich eine neue

Linie hervorbringt, und nun verlangt unser Glück, dass wir ebenfalls von der Linie abweichen.

Die menschliche Suche nach Glück ist dementsprechend regressiv und nichtig. Und am Ende der Linie finden wir nur Nimmermehr. Nimmermehr die Sonne auf unserem Gesicht zu spüren. Nimmermehr das Lächeln auf den Lippen oder das Funkeln in den Augen des geliebten Menschen zu sehen. Unsere Vorstellung vom Leben und vom Sinn des Lebens ist auf eine Vision des Verlustes ausgerichtet. Kein Wunder, dass der Pfeil der Zeit uns sowohl entsetzt als auch fasziniert. Kein Wunder, dass wir versuchen, unser Glück im Neuen und Ungewöhnlichen zu finden – in jeder Abweichung, wie geringfügig sie auch sein mag, von der Bahn des Pfeiles. Unsere Rebellion mag nicht mehr sein als ein nutzloses Zucken, doch sie ist durchaus begreiflich. Unser Verständnis der Zeit ist unsere Verdammnis. Wittgenstein irrte sich auf subtile, aber maßgebliche Art. Der Tod ist nicht das Ende meines Lebens, denn ich habe den Tod stets bei mir getragen.

Die Zeit der Wölfe ist, wie ich vermute, ein Kreis, keine Linie. Jeder Moment ihres Lebens ist in sich vollständig. Und Glück liegt für sie in der ewigen Wiederkunft des Gleichen. Wenn die Zeit ein Kreis ist, gibt es kein Nimmermehr. Und dementsprechend ist die Existenz nicht auf die Vision des Lebens als Abwicklung von Verlust ausgerichtet. Die Regelmäßigkeit und Wiederholung, die unser Leben in Brenins letztem Jahr kennzeichneten, ermöglichten mir einen flüchtigen und verschwommenen Blick auf die ewige Wiederkunft des Gleichen. Und wo kein Gefühl des Nimmermehr ist, fehlt auch ein Gefühl des Verlustes. Für einen Wolf oder Hund ist der Tod wirklich das Ende eines Lebens. Und aus diesem Grund hat der Tod keine Macht über sie. Das bedeutet es, wie ich glaube, ein Wolf oder ein Hund zu sein.

Ich weiß nun, warum Nina Brenins Leiche nur kurz

beschnupperte, obwohl sie ihn vielleicht mehr als alles andere auf der Welt liebte. Für uns war Nina diejenige, welche die Zeit am besten verstand. Sie war die Hüterin der Zeit – die eifrige Beschützerin der ewigen Wiederkehr des Gleichen. Jeden Tag wusste sie genau, wann es sechs Uhr war und ich aus dem Bett kriechen sollte, um meine Arbeit zu beginnen. Jeden Tag wusste sie auf die Sekunde genau, wann es zehn Uhr war. Dann legte sie mir den Kopf auf den Schoß, um mir mitzuteilen, dass ich mit dem Schreiben aufhören solle, denn es sei Zeit, an den Strand zu gehen. Sie wusste, wann wir den Strand verlassen mussten, um die *boulangerie* vor der Mittagsruhe zu erreichen. Jeden Tag, sei es zur Normal- oder zur Sommerzeit, wusste sie genau, wann es 19 Uhr war und ihr Abendessen gereicht werden sollte. Danach wusste sie, wann wir uns zum zweiten Abendessen im La Réunion aufmachen mussten.

Es war Ninas lebenslange Mission, die ewige Rückkehr des Gleichen zu bewahren und zu garantieren. Für sie konnte sich nichts wandeln, konnte nichts anders sein. Sie verstand, dass wahres Glück nur im Gleichen und Unwandelbaren – im Ewigen und Unveränderlichen – liegt. Sie verstand, dass die Struktur real ist, im Gegensatz zu den Eventualitäten. Auch verstand sie, dass alle Lust Ewigkeit will, dass, wenn man »Ja« zu einem Moment gesagt hat, alle anderen Momente darin eingeschlossen sind. Ihr Leben war ein Zeugnis für die Belanglosigkeit von Nimmermehr.

Die Religion des Wolfes

1

Wir sehen durch Momente hindurch, und deshalb entgeht uns der Moment. Ein Wolf sieht den Moment, kann jedoch nicht durch ihn hindurchsehen. Ihm entgeht der Pfeil der Zeit. Das ist der Unterschied zwischen uns und den Wölfen. Wir haben eine andere Beziehung zur Zeit, denn unsere Art, zeitliche Geschöpfe zu sein, unterscheidet sich von jener der Wölfe und Hunde. Mehr noch, laut Heidegger ist die Zeitlichkeit das Wesen des Menschen. Allerdings habe ich kein Interesse an der Frage, was Zeit wirklich ist. Daran hatte übrigens auch Heidegger kein Interesse. Niemand weiß, was Zeit wirklich ist – ungeachtet der aufgeregten Erklärungen mancher Wissenschaftler –, und ich habe den Verdacht, dass niemand es je wissen wird. Ausschlaggebend für uns ist die Erfahrung von Zeit.

Aber das stimmt nicht ganz. Mein philosophisches Training lässt mich nach klaren Unterschieden Ausschau halten, wo es keine gibt. Philosophie ist ein Kraftakt – manche würden sagen: ein Akt der Hybris –, durch den wir unsere Unterscheidungen und Trennungen einer Welt aufzwingen wollen, die solche Dinge eigentlich nicht akzeptiert und sich nicht für sie eignet. Die Welt ist zu schlüpfrig für uns. Statt der Trennungen, die wir gern finden würden, gibt es vermutlich nur Grade der Ähnlichkeit und der Verschiedenheit.

Ein Wolf ist nicht nur ein Geschöpf der Zeit, sondern auch

des Augenblicks. Tatsache ist, dass wir in höherem Maße als er Geschöpfe der Zeit und in geringerem Maße Geschöpfe des Augenblicks sind. Wir sind dem Wolf darin überlegen, durch Momente hindurchzuschauen, und er ist uns in der Betrachtung von Momenten überlegen. Der Wolf ist uns nahe genug, um uns verstehen zu lassen, was wir dadurch gewinnen und was wir dadurch verlieren. Wenn ein Wolf sprechen könnte, wären wir, nehme ich an, in der Lage, seinen Worten zu folgen.

Der Affe in uns beeilt sich, jeden Unterschied für sich zu nutzen. Dadurch verwandelt sich jeder der Beschreibung dienende sogleich in einen der Bewertung dienenden Unterschied. Der Affe erklärt uns, wir seien besser als der Wolf, weil wir geschickter darin seien, durch den Moment hindurchzusehen. Hier wird passenderweise außer Acht gelassen, dass der Wolf besser darin ist, den Moment anzuschauen. Wenn mich das Leben mit Brenin eines lehrte, dann Folgendes: Überlegenheit ist stets Überlegenheit in der einen oder anderen Beziehung. Zudem erweist sich Überlegenheit in einer Beziehung häufig als Manko in einer anderen.

Die Zeitlichkeit – die Erfahrung der Zeit als Linie, die sich von der Vergangenheit in die Zukunft erstreckt – bringt gewisse Vorteile, doch auch gewisse Nachteile mit sich. Es gibt jede Menge Affen, die bereit sind, die Vorteile der Zeitlichkeit zu preisen. Dieser Affe hier hat jedoch die Aufgabe, die Nachteile hervorzuheben: Wir können die Bedeutung unseres eigenen Lebens nicht verstehen, und aus genau diesem Grund fällt es uns schwer, glücklich zu sein.

In den letzten Wochen von Brenins Leben unternahmen wir gemeinsam etwas, das für mich erhellte, was es ist, ein Geschöpf des Moments, kein Geschöpf der Zeit zu sein – ein Geschöpf, das sich besser dazu eignet, Momente anzuschauen, als durch sie hindurchzusehen.

Mittlerweile wusste ich, dass Brenin sterben würde – zumindest wusste ich es verstandesmäßig, obwohl ich mich beharrlich weigerte, es emotional hinzunehmen. Ich beschloss, dass Brenin ein paar Tage Erholung von Nina und Tess benötigte. Sie bedrängten ihn ständig, selbst wenn er zu schlafen versuchte, was in seinen letzten Tagen meistens der Fall war. Das war nicht ihre Schuld, denn ich konnte sie nicht durch Spaziergänge ablenken, weil wir Brenin dann hätten allein lassen müssen, was ich nicht übers Herz brachte. Ich konnte mir vorstellen, wie er sich matt, doch hartnäckig aufrappeln und schrecklich deprimiert sein würde, wenn ich ihm verbot, uns zu begleiten. Auf keinen Fall wollte ich, dass seine letzten Tage so verliefen. Deshalb mussten Nina und Tess seit ein paar Wochen mit Haus und Garten vorliebnehmen, wodurch sie verständlicherweise immer aufgedrehter wurden. Um Brenin ein wenig Erholung zu verschaffen, fuhr ich mit Nina und Tess zu den Zwingern in Issanka, einem Dorf, das eine Autostunde in Richtung Montpellier entfernt war. Dort sollten Nina und Tess einige Tage untergebracht werden, damit Brenin sich ungestört ausruhen konnte.

Als Brenin und ich nach Hause zurückkehrten – natürlich hatte er darauf bestanden, mit uns nach Issanka zu fahren –, machte er allmählich eine seltsame Verwandlung durch. Nichts schien ihm ferner zu sein, als sich auszuruhen, sondern er folgte mir hüpfend und aufgeregt jaulend durch die Zimmer. Und als ich eine Portion Spaghetti zubereitete, verlangte er seinen Anteil, was er seit langem nicht mehr getan hatte. Also fragte ich ihn: »Möchtest du einen Spaziergang machen?« Seine Reaktion war nicht ganz die des Buffalo Boy der alten Tage, doch trotzdem recht beeindruckend: Er sprang aufs Sofa und heulte. Das war ein klares Ja. Ich dachte, wir würden gemütlich zur *digue* schlendern und ein paar hundert Meter an ihr entlanggehen. Aber als wir die Pforte erreichten, rannte Brenin federnd an dem Graben hin und her, der uns vom Naturschutzgebiet trennte. Daraufhin tat ich etwas, das ich sogar heute noch nicht recht glauben kann.

Kurz nach unserer Ankunft in Frankreich – seitdem war mehr als ein Jahr vergangen – hatte ich das Joggen aufgegeben. Bei meinen ersten Versuchen bemerkte ich, dass Brenin nach zwei, drei Kilometern weit hinter uns zurückblieb, was ihm überhaupt nicht behagte. Er war alt geworden, ohne dass ich es zur Kenntnis genommen hatte. Nun ersetzte ich die Läufe durch Spaziergänge, durch Schwimmen im Meer und Ausflüge zur *boulangerie* und zum La Réunion. Auch hatte ich auf andere sportliche Übungen verzichtet. Nach unserem Eintreffen kaufte ich eine Hantelbank und einen Satz Gewichte, doch konnte ich mich nur selten überwinden, sie tatsächlich zu benutzen. Meistens standen sie einsam auf der Sonnenterrasse herum – eine sanft rostende Erinnerung daran, wie sehr ich mich hatte gehen lassen.

Während Brenin älter und schwächer geworden war, hatte ich das Gleiche durchgemacht. Das geschieht häufig, wenn man mit Hunden zusammenlebt. Ich hatte den größten Teil des Jahres in Frankreich in einer Art frühem Ruhestand verbracht, einige Texte geschrieben, doch mich vorwiegend in jungem Wein eingeweicht. Nina und Tess hatten natürlich immer noch Lust auf lange Läufe, Brenin jedoch nicht, weshalb wir nur noch Spaziergänge machten. So spiegelte sich wegen der eigentümlichen Art, in der sich unser Leben verflochten hatte, sein Verfall in meinem wider.

Nun stand ich vor dem Haus, betrachtete Brenin, der im Graben hin und her rannte, und sagte: »Versuchen wir's, mein Sohn. Ein letztes Hurra für die Rowlands-Boys. Einverstanden?« Also holte ich meine Shorts heraus, und wir liefen los. Ich beobachtete Brenin aufmerksam, denn ich erwartete, dass er rasch ermüden würde. Dann wäre ich sofort umgekehrt. Aber er ermüdete nicht. Wir beide müssen einen erstaunlichen Anblick geboten haben: ein sterbender Wolf und ein hoffnungslos außer Form geratener Mann, der sich den Vierzigern näherte. Wir liefen durch den Wald hinauf zum Canal du Midi und weiter im Schatten der riesigen Buchen, die das Ufer säumen. Brenin hielt mühelos mit mir Schritt. Danach liefen wir durch das Naturschutzgebiet, vorbei an den Feldern mit den schwarzen Stieren und den weißen Pferden und hinunter zur *digue*. Immer noch wurde er nicht müde. Wie der Brenin von früher schien er ein paar Zentimeter über dem Boden zu schweben, während ich, ein sich abplagender, keuchender, unbeholfener Affe, neben ihm dahinstolperte.

Wer weiß? Vielleicht wollte er eine Weile mit mir allein sein und sich von mir verabschieden, weil er es mit Nina und Tess auf den Fersen nicht richtig hätte tun können. Aus welchem Grund auch immer erlebte er an jenem Tag einen deutlichen Aufschwung hinsichtlich seiner Energie und seines Verhaltens. Und der Aufschwung dauerte an – nicht einmal die Rückkehr von Nina und Tess ein paar Tage später konnte ihn dämpfen. Wir liefen nie wieder gemeinsam, denn er erreichte den damaligen Energiepegel nicht mehr ganz. Aber an den meisten Tagen machten wir einen Spaziergang. Er fühlte sich nicht schlecht, und das fast bis zu seinem Todestag.

Ich kann nicht umhin, Brenin mit mir zu vergleichen, hätte ich an Krebs gelitten. Für Brenin war der Krebs eine Heimsuchung des Moments. Einen Moment lang ging es ihm passabel, doch in einem anderen Augenblick, eine Stunde später, fühlte er sich nicht wohl. Aber jeder Moment war in sich abgeschlossen und hatte keine Beziehung zu irgendeinem anderen. Für mich wäre der Krebs eine Bedrängnis durch die Zeit, keine Heimsuchung des Augenblicks. Das Schreckliche am Krebs – oder an jeder schweren menschlichen Krankheit – ist die Tatsache, dass er sich durch die Zeit ausbreitet. Das Schreckliche liegt darin, dass er die Pfeile unserer Sehnsüchte, unserer Ziele und Projekte stoppen wird und dass wir es wissen. Ich wäre zu Hause geblieben, um mich auszuruhen, selbst wenn ich mich in jenem Moment wunderbar gefühlt hätte. Das tut man, wenn man Krebs hat. Da wir zeitliche Geschöpfe sind, erscheinen uns unsere schweren Heimsuchungen als zeitliche Plagen. Ihr Schrecken rührt von dem her, was sie im Laufe der Zeit, nicht in irgendeinem Moment anrichten. Deshalb üben sie eine Herrschaft über uns aus, die sie über ein Geschöpf des Moments nicht ausüben können.

Der Wolf nimmt jeden Moment, wie er kommt. Und genau das fällt uns Affen so schwer. Für uns ist jeder Moment endlos verlagert. Er hat eine Bedeutung, die von seiner Beziehung zu anderen Momenten abhängt, und einen Inhalt, der hoffnungslos von anderen Momenten vergiftet ist. Wir sind Geschöpfe der Zeit, doch Wölfe sind Geschöpfe des Augenblicks. Und wir empfinden Augenblicke als transparent. Wir strecken die Hand durch sie hindurch aus, wenn wir versuchen, Besitz von Dingen zu ergreifen. Sie sind durchlässig. Für uns sind Momente nie ganz real. Sie existieren nicht. Momente sind wie Geister von Vergangenheit und Zukunft, die Echos und Erwartungen dessen, was war und was sein könnte.

In seiner berühmten Analyse unserer Wahrnehmung der Zeit erklärte Edmund Husserl, die Erfahrung des »Jetzt« lasse sich in drei Komponenten zerlegen. Als Erstes nannte er die Teilerfahrung des Urjetzt. In unserem gewöhnlichen Zeitbewusstsein werde dieses Urjetzt dauerhaft sowohl durch Erwartungen des wahrscheinlichen künftigen Verlaufs der Erfahrung als auch durch Erinnerungen an ihre jüngere Vergangenheit geprägt. Die ersteren nannte er Protentionen, die letzteren Retentionen. Um zu verstehen, was er damit meinte, sollten Sie etwas aufheben, das sich in Ihrer Nähe befindet. Beispielsweise könnten Sie ein Glas Wein in der Hand halten. Sie erfahren es vermutlich als ein Glas, doch Ihre Finger berühren nur Teile davon. Gleichwohl haben Sie das Gefühl, Sie hätten ein Glas, nicht bloß Teile eines Glases in der Hand. Ihre Erfahrung, das Glas zu halten, wird nicht durch die Begrenzungen Ihrer Hände eingeschränkt, die Ihnen die Erfahrung ermöglichen.

Warum nicht? Laut Husserl liegt es daran, dass Ihre Erfahrung des Haltens des Glases – eine Erfahrung mit etwas, das Sie jetzt tun – aus Erwartungen dessen, wie sich Ihre Erfahrung unter den gegebenen Umständen ändern wird, und aus Erinnerungen daran besteht, wie sie sich in der jüngsten Vergangenheit geändert hat. Zum Beispiel erwarten Sie, dass Sie, wenn Sie die Finger nach unten gleiten lassen, eine eingeengte Berührung verspüren werden, weil Sie nun den Stiel des Glases und nicht mehr den Kelch in der Hand halten. Genauso könnten Sie sich daran erinnern, dass sich Ihre Erfahrung auf diese Weise änderte, als Sie die Finger Momente vorher am Glas hinabgleiten ließen. Sogar eine Erfahrung des Jetzt, argumentierte Husserl, sei untrennbar mit den Erfahrungen der Vergangenheit und der Zukunft verbunden.

All das gilt, wie ich mit einiger Sicherheit annehme, für Wölfe genauso wie für Menschen. Wir erfahren das Jetzt nie als solches, denn das Urjetzt ist eine Abstraktion und mit nichts zu vergleichen, was uns je in der Erfahrung begegnen könnte. Das Jetzt ist teils Vergangenheit und teils Zukunft. Aber Gradunterschiede können genauso wichtig sein wie

Artunterschiede. Wir Menschen haben dieses Thema auf ein ganz neues Niveau gehoben, denn ein großer Teil unseres Lebens wird in der Vergangenheit oder in der Zukunft verbracht. Vielleicht könnten wir, wenn wir uns genug Mühe gäben, das Jetzt so wie der Wolf erfahren: als etwas, das nur minimal durch die Retentionen der Vergangenheit und die Protentionen der Zukunft beeinflusst wird. Aber das ist für uns nicht die übliche Art und Weise, mit der Welt umzugehen. In uns und in unserer üblichen Erfahrung der Welt ist das Jetzt ausgelöscht, zu einem Nichts geschrumpft.

Damit, ein zeitliches Geschöpf zu sein, sind viele Nachteile verbunden. Manche sind offensichtlicher als andere. Ein offensichtlicher Nachteil ist der, dass wir einen großen, vielleicht unverhältnismäßig großen Teil unserer Zeit darauf verwenden, uns mit einer Vergangenheit, die nicht mehr existiert, und einer Zukunft, die erst noch kommen wird, zu beschäftigen. Unsere ins Gedächtnis gerufene Vergangenheit und unsere erwünschte Zukunft prägen entscheidend das, was wir lächerlicherweise als Hier und Jetzt bezeichnen. Zeitliche Geschöpfe können auf eine Weise neurotisch sein, die Geschöpfen des Augenblicks verwehrt ist.

Die Zeitlichkeit hat jedoch auch Nachteile, die sowohl subtiler als auch gravierender sind. Es gibt eine zeitliche Plage, der nur Menschen unterworfen sind, weil nur Menschen so sehr in der Vergangenheit und in der Zukunft leben, dass diese Heimsuchung Wurzeln fassen kann. Da wir fähiger sind, durch Momente hindurchzusehen, als sie zu betrachten – da wir zeitliche Tiere sind –, wollen wir, dass unser Leben einen Sinn hat, ohne jedoch zu verstehen, wie es einen Sinn haben könnte. Das Geschenk der Zeitlichkeit an uns ist die Sehnsucht nach dem, was wir nicht verstehen können.

2

Sisyphus war ein Sterblicher, der die Götter irgendwie verärgert hatte. Wie genau, ist nicht bekannt, denn die Geschichten unterscheiden sich. Die vielleicht populärste Darstellung besagt, dass Sisyphus nach seinem Tode Hades, den Gott der Unterwelt, überredete, ihn vorübergehend zu einer dringenden Mission auf die Erde zurückkehren zu lassen. Er versprach, sich nach Beendigung der Aufgabe sofort wieder in der Unterwelt einzustellen. Doch als Sisyphus erneut das Tageslicht gesehen und die Wärme der Sonne auf seinem Gesicht verspürt hatte, wollte er nichts mehr mit der Dunkelheit der Unterwelt zu tun haben und blieb bei seiner Frau auf der Erde. Er ignorierte zahlreiche Mahnungen und Anweisungen, das irdische Leben hinter sich zu lassen, und verbrachte noch viele weitere Jahre im Licht. Schließlich wurde er nach einem Erlass der Götter mit Gewalt in die Unterwelt zurückgebracht, und dort wartete sein Felsblock.

Sisyphus' Bestrafung bestand darin, diesen gewaltigen Felsblock einen steilen Hang hinaufzurollen. Wenn er die Aufgabe nach vielen Tagen, Wochen oder sogar Monaten erschöpfender Arbeit vollbracht hatte, rollte der Stein wieder zum Grund des Hügels hinunter, und Sisyphus musste seine Mühsal erneut beginnen. Und so bis in alle Ewigkeit. Es ist eine wahrhaft schreckliche Bestrafung, zu der wohl nur die Götter fähig wären. Aber was genau ist das Schreckliche daran?

In den häufigsten Versionen des Mythos betont man die Schwierigkeit von Sisyphus' Aufgabe. Der Fels hat gewöhnlich eine solche Größe, dass er kaum in Bewegung gesetzt werden kann. Daher werden Sisyphus' Herz, Nerven und Sehnen bei jedem Schritt den Hügel hinauf bis zum Äußersten angespannt. Doch ist es zweifelhaft, wie Richard Taylor hervorhebt, dass der wirkliche Schrecken von Sisyphus' Strafe in ihrer Schwierigkeit besteht. Nehmen wir an, die Götter hätten ihm statt eines massiven Felsblocks einen kleinen Kiesel gegeben, den er mühelos in die Tasche stecken konnte. Dann hätte Sisyphus in aller Ruhe zur Spitze des Hügels spazieren und zusehen können, wie der Kiesel hinunterrollte, bevor er sein Werk erneut antrat. Obwohl diese Aufgabe weniger anstrengend ist, scheint sie den Schrecken von Sisyphus' Strafe kaum zu mindern.

Wir sind Tiere, die meinen, dass Glück das Wichtigste im Leben sei. Deshalb sind wir versucht anzunehmen, der Schrecken von Sisyphus' Strafe liege darin, dass er sie hasst, dass sie ihn zutiefst unglücklich macht. Aber auch das scheint nicht zuzutreffen. Wir können nur mutmaßen, dass Sisyphus sein Schicksal verabscheute. Was aber, wenn die Götter weniger rachsüchtig wären, als es der Mythos darstellt? Nehmen wir an, sie hätten Schritte eingeleitet, um sein Unglück zu mildern und ihn mit seinem Schicksal zu versöhnen. Sie taten es, indem sie Sisyphus einen irrationalen, doch gleichwohl heftigen Drang einpflanzten, Felsbrocken Hügel hinaufzurollen. Wir brauchen uns nicht darum zu kümmern, wie sie es taten, denn es kommt nur auf das Ergebnis an. Und das Ergebnis ist, dass Sisyphus über nichts glücklicher ist als darüber, dass er Felsbrocken den Hügel hinaufbefördern darf. Damit nicht genug, wenn es ihm verboten wird, fühlt er sich eindeutig frustriert oder gar deprimiert. Und so würde die Barmherzigkeit der Götter darin zum Ausdruck kommen, dass sie Sisyphus motivieren, genau die Strafe, die sie über ihn verhängt haben, anzustreben und aus vollem Herzen zu begrüßen. Es ist sein einziger wirklicher Wunsch im Leben, Felsbrocken Hänge hinaufzurollen, und ihm wird die ewige Erfüllung garantiert. Diese Barmherzigkeit der Götter wäre unzweifelhaft verdreht, doch es wäre trotzdem Barmherzigkeit.

Mehr noch, sie wäre sogar so perfekt, dass Sisyphus' Aufgabe vielleicht in keinem realen Sinne mehr als Strafe betrachtet werden könnte. Sie scheint eher eine Belohnung zu sein, denn wenn Glück bedeutet, sich wohlzufühlen und zu meinen, dass das Leben und all seine Details wunderbar sind, dann ist Sisyphus' neue Lebenssituation optimal. Niemand könnte glücklicher sein als er, denn ihm wird die ewige Erfüllung seiner tiefsten Sehnsucht garantiert. Wenn Glück das Wichtigste im Leben ist, dürfte es wohl unmöglich sein, sich ein besseres Leben als das des Sisyphus vorzustellen.

Allerdings habe ich den Eindruck, dass der Schrecken von Sisyphus' Strafe durch die Barmherzigkeit der Götter um kein Jota verringert wird. Manchmal können die Belohnungen der Götter schlimmer sein als ihre Vergeltungen. Ich glaube, wir sollten nun noch mehr Mitleid mit Sisyphus haben als zuvor. Denn vor der »Barmherzigkeit« der Götter besaß Sisyphus wenigstens eine gewisse Würde. Mächtige, doch boshafte Geschöpfe hatten ihm sein Schicksal auferlegt. Er begriff die Sinnlosigkeit seiner Arbeit und verrichtete sie aus der Not heraus. Es gab nichts anderes, was er tun konnte – nicht einmal sterben. Aber er durchschaute die Sinnlosigkeit seiner Aufgabe und verachtete die Götter, die sie ihm auferlegt hatten.

Diese Würde geht verloren, sobald sich die Götter barmherzig zeigen. Nun muss sich unsere Verachtung – vielleicht gemischt mit Mitgefühl, doch gleichwohl Verachtung – ebenso gegen Sisyphus wie gegen die Götter richten, die ihn zu dem gemacht haben, was er ist: Sisyphus der Tölpel, Sisyphus der Irregeführte, Sisyphus der Idiot. Vielleicht erinnert er sich auf seinem langen Trott den Hügel hinunter manchmal verschwommen an die Zeit vor der Barmherzigkeit der Götter. Vielleicht meldet sich eine kleine, leise Stimme aus den abgelegenen Bereichen seiner Seele. Und vielleicht begreift Sisyphus dann ganz kurz, durch Echos und Geflüster, was ihm widerfahren ist: Er ist herabgewürdigt worden. Sisyphus weiß, dass er etwas Wichtiges verloren hat – wichtiger als das Glück, dessen er sich nun erfreut. Durch die Barmherzigkeit der Götter wird er der Möglichkeit beraubt, dass sein Leben – oder, besser gesagt, sein Leben nach dem Tode – mehr als ein schlechter Witz ist. Ebendiese Möglichkeit ist wichtiger als sein Glück.

Ich bezweifle, dass wir zum Glück befähigte Tiere sind, jedenfalls nicht in dem Sinne, wie wir uns Glück vorstellen. Die Berechnung – in Form unserer äffischen Intrigen und Betrügereien – ist zu weit in unsere Seele vorgedrungen, als dass wir glücklich sein könnten. Wir jagen den Gefühlen nach, die den Erfolg unserer Machenschaften und Unwahrheiten begleiten, und wir meiden die Gefühle, die unser Scheitern begleiten. Sobald wir ein Ziel erreicht haben, halten wir Ausschau nach dem nächsten. Wir sind dauernd auf der Suche nach etwas Besserem, wodurch uns das Glück entgleitet. Gefühle – und Glück stufen wir als eines von ihnen ein – sind Produkte des Augenblicks. Doch für uns gibt es keinen Augenblick, jeder Moment wird endlos verlagert. Daher kann es für uns kein Glück geben.

Immerhin können wir nun unsere Fixierung auf Gefühle begreifen. Sie ist ein Symptom von etwas viel tiefer Gehendem. Unser Streben, uns auf eine bestimmte Art zu fühlen – die verbreitete Annahme, dass dies das Wichtigste im Leben sei –, läuft auf den Versuch hinaus, etwas zurückzugewinnen, das uns durch unsere Beschäftigung mit der Vergangenheit und der Zukunft genommen worden ist: den Augenblick. Das ist für uns jedoch keine reale Möglichkeit mehr.

Aber selbst wenn wir glücklich sein könnten – selbst wenn wir Geschöpfe wären, für die Glück eine reale Möglichkeit ist –, stünde etwas anderes im Mittelpunkt.

3

Der wirkliche Schrecken von Sisyphus' Strafe besteht natürlich weder in ihrer Schwierigkeit noch darin, dass er durch sie in das tiefste Unglück getrieben wird. Der Schrecken liegt in der schieren Sinnlosigkeit seines Tuns. Es geht nicht einfach darum, dass Sisyphus mit der Vollendung seiner Aufgabe scheitert. Wir können uns einer sinnvollen Aufgabe gegenübersehen, die uns überfordert. Dann scheitern unsere Bemühungen. Das mag traurig und bedauerlich sein, nicht jedoch schrecklich. Der Schrecken von Sisyphus' Aufgabe, ob sie leicht oder schwierig ist, ob er sie liebt oder verabscheut, besteht nicht im Scheitern, sondern darin, dass es nichts gibt, was als Erfolg zählen würde. Gleichgültig, ob er den Felsblock zur Spitze befördert oder nicht, er rollt trotzdem wieder in die Tiefe, und Sisyphus muss von neuem beginnen. Seine Arbeit ist sinnlos. Sie zielt auf nichts ab. Seine Aufgabe ist so unfruchtbar wie der Stein.

Das könnte uns zu der Meinung verleiten, dass alles in Ordnung wäre, wenn wir nur einen Zweck für Sisyphus' Aufgabe finden könnten. Dann wäre das Wichtigste im Leben – ob im Leben des Sisyphus oder aller anderen – nicht das Glück, sondern der Zweck. Aber wiederum glaube ich nicht, dass die Folgerung zutrifft. Und warum nicht, erfahren wir, wenn wir annehmen, dass Sisyphus' Arbeit einen Zweck hätte – ein Ziel, das er durch seine Bemühungen anstrebt. Statt dass der Felsblock wieder den Hügel hinunterrollt, bleibt er nun an der Spitze liegen. Damit trottet Sisyphus nicht mehr den Hang hinunter, um denselben Stein, sondern um andere heraufzuholen. Der Befehl der Götter lautet nun, einen gewaltigen und schönen Tempel zu bauen, und zwar als angemessenen Tribut an ihre Macht und Herrlichkeit. Nehmen wir außerdem an, dass sie als barmherzige Götter Sisyphus mit dem leidenschaftlichen Verlangen ausgestattet haben, genau das zu tun. Stellen wir uns vor, dass er seine Aufgabe nach vielen Jahren grimmiger, fürchterlicher Schufterei erfüllt. Der Tempel ist fertig. Sisyphus kann auf dem Berg ausruhen und die Früchte seiner Arbeit befriedigt betrachten. Es gibt nur eine Frage: Was nun?

Das ist der Haken. Wenn wir uns das, was im Leben am wichtigsten ist, als Ziel oder Zweck vorstellen, dann hat es, sobald der Zweck erreicht ist, keinen Sinn mehr. Genau wie Sisyphus' Existenz in der ursprünglichen Version des Mythos keinen Sinn hat, weil ihr ein Zweck fehlt, so verliert seine Existenz auch in unserer Darstellung jeglichen Sinn, wenn der Zweck erfüllt ist. Sein Leben auf dem hohen Hügel, bei dem er unaufhörlich auf ein Ziel starrt, das er weder ändern noch ergänzen kann, ist so sinnlos wie sein Leben, bei dem er einen riesigen, sperrigen Felsblock einen Hang hinaufrollt, nur um den Stein wieder hinunterpurzeln zu sehen, sobald er den Gipfel erreicht.

Wir stellen uns die Zeit als eine Linie vor, die sich von der Vergangenheit in die Zukunft erstreckt, wobei das Leben jedes Einzelnen von uns einen sich mit anderen überschneidenden Abschnitt der Linie bildet. Vielleicht nehmen wir deshalb so selbstverständlich an, das Wichtigste in unserer Existenz sei ein Ziel, auf das unser Leben ausgerichtet ist – etwas, zu dem wir fortschreiten. Das Wichtigste im Leben sei etwas, auf das wir hinarbeiten müssen und das von unseren Zielen und Projekten abhängt. Und wenn wir fleißig genug arbeiteten und begabt genug seien und vielleicht auch genug Glück hätten, könnten wir diesen Punkt erreichen. Natürlich bleibt unklar, wann genau es so weit ist. Manche glauben, das Wichtigste im Leben könne bereits in diesem Leben erreicht werden; viele dagegen meinen, es sei erst im nächsten Leben zu erlangen und in diesem komme es schlicht darauf an, uns auf das nächste vorzubereiten. Doch sogar eine oberflächliche Betrachtung des Falles von Sisyphus sollte uns zu der Überzeugung bringen, dass der Sinn des Lebens etwas anderes sein muss. Was immer der Sinn des Lebens ist, er kann nicht darin bestehen, dass wir zu irgendeinem Ziel oder Endpunkt fortschreiten – sei es nun in diesem Leben oder im nächsten.

Der Mythos des Sisyphus ist bekanntermaßen eine Allegorie für das menschliche Leben (und wurde von dem französischen existenzialistischen Philosophen Albert Camus zu diesem Zweck herangezogen). Die Allegorie ist nicht subtil. Das Leben jedes Einzelnen von uns gleicht einer von Sisyphus' Reisen zum Gipfel, und jeder Tag in unserem Leben gleicht einem von Sisyphus' Schritten auf dieser Reise. Der einzige Unterschied ist folgender: Sisyphus kehrt selbst zurück, um den Felsblock erneut den Hang hinaufzurollen, während wir dies unseren Kindern überlassen.

Wer heute zur Arbeit oder zur Schule oder sonst wohin geht, sehe sich das Menschengewimmel an. Was tun sie alle? Wohin sind sie unterwegs? Man konzentriere sich auf einen von ihnen. Vielleicht ist er auf dem Weg zu einem Büro, wo er heute die gleichen Dinge tun wird wie gestern und morgen die gleichen Dinge wie heute. Im Innern mag er vor Energie und Entschlossenheit vibrieren. Der Bericht muss vor 15 Uhr auf dem Schreibtisch von Frau X liegen – das ist äußerst wichtig –, und er darf das Treffen mit Herrn Y um 15.30 Uhr nicht versäumen, und wenn die Sache schiefgeht, werden die Konsequenzen für den Absatz auf dem nordamerikanischen

Markt grauenvoll sein. Für ihn hat all das eine große Bedeutung. Vielleicht macht es ihm Spaß, vielleicht auch nicht. Er erledigt seine Arbeit trotzdem, weil er ein Haus und eine Familie hat und seine Kinder aufziehen muss. Warum? Damit sie in ein paar Jahren die gleichen Dinge wie er aus den weitgehend gleichen Gründen tun und eigene Kinder zeugen können, die ihrerseits die gleichen Dinge aus den weitgehend gleichen Gründen tun. Dann werden sie diejenigen sein, die sich Sorgen um Berichte und Treffen und den Absatz auf dem nordamerikanischen Markt machen.

Dies ist das existenzielle Dilemma, das uns durch Sisyphus enthüllt wird. Wie der Mann, der sich mit Frau X und Herr Y treffen muss und sich Sorgen um den nordamerikanischen Markt macht, können wir unser Leben mit kleinen Zielen oder winzigen Zwecken füllen. Doch sie können unserem Leben keinen Sinn verleihen, weil diese Ziele nur auf ihre eigene Wiederholung gerichtet sind – entweder durch uns oder durch unsere Kinder. Aber wenn wir einen Zweck finden sollten, der herrlich genug wäre, unserem Leben einen Sinn zu verleihen – und ich habe nicht die geringste Ahnung, wie ein solcher Zweck aussehen würde –, dann müssten wir um jeden Preis dafür sorgen, dass wir den Zweck nicht erfüllen. Denn sobald wir es täten, würde unserem Leben wieder der Sinn fehlen.

Natürlich wäre es schön, wenn wir die Erfüllung unseres herrlichen, sinngebenden Zwecks mit unserem letzten Atemzug zusammenfallen lassen könnten. Aber welches Ziel lässt sich erreichen, wenn wir uns in unserem schwächsten Zustand befinden? Und falls wir es in unserem schwächsten Zustand erreichen können, wieso haben wir es dann nicht schon früher geschafft? Sollen wir uns den Sinn des Lebens als Fisch vorstellen, den wir schon lange am Haken haben und erst aus dem Wasser ziehen, wenn unser Tod bevorsteht? Was für ein Sinn wäre das? Und was für ein Fisch kann es schon sein, wenn wir fähig sind, ihn aus dem Wasser zu ziehen, während unsere Kräfte nachlassen?

Wenn wir annehmen, dass der Sinn des Lebens in einem Zweck besteht, dann müssen wir hoffen, den Zweck nie zu erfüllen. Wenn der Sinn des Lebens in einem Zweck besteht, ist unser Scheitern, ihn zu erfüllen, eine notwendige Voraussetzung dafür, dass unser Leben weiterhin einen Sinn hat. Meiner Ansicht nach verwandelt sich der Sinn des Lebens dadurch in eine Hoffnung, die nie verwirklicht werden kann. Doch worin besteht der Nutzen einer solchen Hoffnung? Eine aussichtslose Hoffnung kann dem Leben keinen Sinn verleihen. Sisyphus hegte unzweifelhaft die aussichtslose Hoffnung, dass der Felsblock irgendwann zum ersten Mal auf dem Gipfel des Hügels bleiben würde. Aber diese Hoffnung gab seinem Leben keinen Sinn. Der Sinn des Lebens ist, wie wir folgern sollten, nicht in einem Fortschreiten zu einem Endpunkt oder Ziel zu finden. Das Ende enthält keinen Sinn.

4

Wenn der Sinn des Lebens weder das Glück noch ein Zweck ist, was ist er dann? Was für ein Ding könnte er überhaupt sein? Wittgenstein sprach in Verbindung mit philosophischen Problemen gern von der entscheidenden Bewegung in einem »Kunststück«. Ein scheinbar unlösbares philosophisches Problem, so Wittgenstein, stützt sich immer auf die eine oder andere Annahme, die wir unbewusst – und letztlich unzulässigerweise – in die Debatte eingeschmuggelt haben. Diese Annahme zwingt uns eine bestimmte Denkrichtung hinsichtlich des Problems auf. Und die Sackgasse, in die wir irgendwann unvermeidlich geraten, ist kein Ergebnis des Problems selbst, sondern der Annahme, die uns veranlasst hat, eine gewisse Denkrichtung bei der Beschäftigung mit dem Problem zu wählen.

Was den Sinn des Lebens angeht, so habe ich einen Vorschlag für die entscheidende Bewegung bei dem Kunstgriff. Wir gehen davon aus, das Wichtigste im Leben sei, etwas zu besitzen. Wenn unser Leben eine Linie ist, die aus den Bahnen der Pfeile unserer Sehnsüchte besteht, dann können wir alles besitzen, was diese Pfeile überfliegen. Im amerikanischen Westen des 19. Jahrhunderts versprach man Siedlern manchmal so viel Land, wie sie in einem Tagesritt hinter sich bringen konnten. Das wurde als Landnahme bezeichnet. Wir glauben, dass wir im Prinzip besitzen können, was die Pfeile unserer Sehnsüchte, Ziele und Projekte zu überfliegen vermögen. Das Wichtigste im Leben – der Sinn unseres Lebens – könne durch Begabung, Fleiß und vielleicht Glück errungen werden. Dabei mag es sich um Zufriedenheit oder um einen Zweck handeln. Beides kann man haben. Aber wie ich durch Brenin erfuhr, sieht es beim Sinn des Lebens anders aus. Das Wichtigste im Leben – der Sinn des Lebens, wenn Sie so wollen – ist ausgerechnet in dem zu finden, was wir nicht haben können.

Die Auffassung, dass der Sinn des Lebens etwas ist, das wir besitzen können, dürfte ein Vermächtnis unserer habgierigen äffischen Seele sein. Für einen Affen ist das Haben sehr wichtig. Ein Affe schätzt sich selbst nach dem ein, was er hat. Für einen Wolf jedoch ist nicht das Haben, sondern das Sein entscheidend. Das Wichtigste im Leben ist für ihn nicht, ein bestimmtes Ding oder eine Quantität zu besitzen. Das Wichtigste ist, eine gewisse Art Wolf zu sein. Aber selbst wenn wir das akzeptieren, wird unsere äffische Seele bald versuchen, den Primat des Besitzes erneut geltend zu machen. Eine gewisse Art Affe zu sein ist etwas, das wir anstreben können. Eine gewisse Art Affe zu sein ist schlicht ein weiteres Ziel, auf das sich hinarbeiten lässt. Der Affe, der wir am liebsten sein wollen, ist etwas, zu dem wir fortschreiten können. Es ist etwas, das erreicht werden kann, wenn wir hinreichend klug, fleißig und vom Glück begünstigt sind.

Die bedeutendste und schwierigste Lektion im Leben ist die, dass die Dinge nicht so sind. Das Wichtigste im Leben ist nicht etwas, das wir je besitzen können. Der Sinn des Lebens ist genau in etwas zu finden, das zeitliche Geschöpfe nicht besitzen können: in Momenten. Deshalb fällt es uns so schwer, einen plausiblen Sinn unseres Lebens zu identifizieren. Momente sind das Einzige, was wir Affen nicht zu besitzen vermögen. Unser Besitz von Dingen beruht auf der Auslöschung des Moments – Momente sind etwas, durch das wir hindurchgreifen, um die Gegenstände unserer Sehnsüchte zu besitzen. Wir möchten die Dinge besitzen, die wir hoch einstufen, möchten einen Anspruch auf sie anmelden, denn unser Leben ist eine einzige große Landnahme. Und aus diesem Grund sind wir Geschöpfe der Zeit, nicht des Moments – des Moments, der uns immer durch unsere gierigen Finger und zugreifenden Daumen gleitet.

Wenn ich erkläre, dass der Sinn des Lebens im Augenblick zu finden sei, wiederhole ich nicht jene oberflächlichen kleinen Predigten, in denen wir ersucht werden, »für den Augenblick zu leben«. Ich würde nie empfehlen, etwas Unmögliches zu versuchen. Vielmehr will ich darauf hinaus, dass es einige Momente – es gilt keineswegs für alle – gibt, in deren Schatten wir herausfinden können, was das Wichtigste in unserem Leben ist. Dies sind unsere höchsten Momente.

5

Der Ausdruck »höchste Momente« wird uns zweifellos irreführen und auf die Auffassung vom Lebenssinn zurückverweisen, die wir ablehnen sollten. Wahrscheinlich stellen wir uns unsere höchsten Momente aus der Perspektive einer von drei Möglichkeiten vor, die alle fehlgeleitet sind. Die erste besteht darin, unsere höchsten Momente als diejenigen zu sehen, zu denen unser Leben fortschreiten kann – als Momente, auf die sich unser Leben orientiert, Momente, die erreicht werden können, wenn wir begabt und fleißig genug sind. Doch unsere höchsten Momente sind nicht der Gipfel unseres Lebens, sie sind nicht das Wozu unserer Existenz. Die höchsten Momente sind über das Leben und über die Zeit verstreut wie die Kräusel, die ein Wolf erzeugt, wenn er im warmen Sommerwasser des Mittelmeers herumplanscht.

Wir sind so sehr darauf konditioniert, das, was im Leben wichtig ist, für Glück zu halten, worunter wir ein Wohlgefühl verstehen, dass jede Erwähnung der höchsten Momente unweigerlich an einen Nirwanaähnlichen Zustand intensiven Vergnügens denken lässt. Dies ist die zweite Möglichkeit, das, was ich mit höchsten Momenten meine, misszuverstehen. In Wirklichkeit sind unsere höchsten Momente selten erfreulicher Art. Manchmal sind sie die denkbar unerfreulichsten Zeitpunkte – die dunkelsten Momente unseres Lebens. Unsere höchsten Momente ereignen sich, wenn wir in bester Verfassung sind. Und häufig erfordert es etwas wahrhaft Schreckliches, damit wir diesen Zustand erreichen.

Es gibt noch eine weitere, subtilere und heimtückischere, doch gleichermaßen irrige Sichtweise der höheren Momente. Sie stützt sich darauf, dass unsere höchsten

Momente uns enthüllen würden, was wir wirklich sind. Dies sind die Momente, meinen wir, die unsere Identität bestimmen. Durch das westliche Denken zieht sich ein hartnäckiger Trend, das Selbst oder die Person für definierbar zu halten. Im Einklang mit Shakespeare stimmen wir feierlich Redensarten an wie: »Dies über alles: Sei dir selber treu.« Hier schwingt mit, dass es ein wahres Ich gibt, dem man entweder treu oder untreu sein kann. Ich bezweifle ernsthaft, dass dies so ist. Ich bezweifle ernsthaft, dass es ein wahres Ich – oder auch Du – gibt: ein Selbst (oder eine Person), das hartnäckig all die verschiedenen Möglichkeiten, wie wir ihm untreu sein können, überwindet. Auch bezweifle ich, dass Shakespeare seinen eigenen Standpunkt wiedergab, denn er legte diese Worte dem offenkundigen Dummkopf Polonius in den Mund (es war Colin McGinn, der mich von diesem Sachverhalt überzeugte).

Ich bezweifle also, dass als Gegensatz zu einem falschen Ich ein reales Ich existiert. Es gibt nur mich, und ich bin nicht einmal mehr sicher, dass wenigstens diese Behauptung zutrifft. Was ich als Ich bezeichne, könnte eine Abfolge verschiedener Menschen sein, die alle psychisch und emotional miteinander verwandt sind und durch die Illusion vereinigt werden, sie alle seien jenes Ich. Wer weiß? Doch eigentlich ist es belanglos. Vielmehr kommt es darauf an, dass jeder meiner höchsten Momente in sich vollständig ist und keiner Rechtfertigung durch die angebliche Rolle bedarf, die er bei der Definition dessen spielt, wer und was ich bin. Die Momente sind wichtig, nicht die Person, die sie (irrigerweise) enthüllen sollen. Das ist die schwierige Lektion.

Ich bin Philosoph von Beruf, und deshalb ist eine störrische Form der Skepsis mein Handwerkszeug (oder sollte es sein). Der arme alte Gott – nach all der Mühe, die er sich mit mir gab (denken wir an sein absurd unwahrscheinliches

Eingreifen in Form von Brenins steinernem Geist), kann ich mich immer noch nicht ganz überwinden, an ihn zu glauben. Aber wenn ich glauben könnte, würde ich hoffen, dass er der Gott aus Eli Jenkins' Gebet in *Unter dem Milchwald* ist: der Gott, der immer nach unserer besten, nicht nach unserer schlechtesten Seite Ausschau hält. Durch unsere höchsten Monente wird unsere beste, nicht unsere schlechteste Seite enthüllt. Das Ich in meiner schlechtesten Verfassung ist so real wie das Ich in meiner besten. Aber was mich der Mühe wert macht – wenn ich es denn bin –, ist das Ich in meiner besten Verfassung.

Ich bin überzeugt, dass ich in meiner besten Verfassung war, als ich in jenen frühen Tagen in Frankreich nein zu Brenins Tod sagte. Der Schlafmangel hatte mich fast in den Wahnsinn getrieben. Ich glaubte, tot und in der Hölle zu sein. Meine Ansicht über das, was in meinem Leben vorging, ließ Tertullian geradezu vernünftig klingen. Ich war nicht zurechnungsfähig, und doch gehörten diese Momente zu den höchsten meines Lebens. Das war es, was Sisyphus schließlich begriff: Wir sind in unserer besten Verfassung, wenn es keinen Zweck hat weiterzumachen und man nicht durch Hoffnung veranlasst wird, sein Tun fortzusetzen. Denn Hoffnung ist eine Form der Sehnsucht, durch die wir zu zeitlichen Geschöpfen werden – die Pfeile unserer Hoffnung fliegen in hohem Bogen in das unentdeckte Land unserer Zukunft. Manchmal ist es möglich, die Hoffnung in die Schranken zu weisen, sie wieder in ihre schäbige kleine Schachtel zu stecken. Doch wir machen trotzdem weiter, und dadurch bewähren wir uns (obwohl das natürlich nicht der Grund dafür ist, dass wir es tun – jeder Grund würde unsere Haltung schwächen). In jenen Momenten sagen wir »Scheiß drauf!« zu den Göttern des Olymps, zu den Göttern dieser oder der nächsten Welt und zu ihren Plänen, uns für alle Ewigkeit Felsblöcke an Hügeln hinaufrollen zu lassen oder unseren Kindern die Arbeit aufzuzwingen. Um in unserer besten Verfassung zu sein, müssen wir uns in eine Ecke getrieben fühlen, in der es keine Hoffnung mehr gibt und in der durchs Weitermachen nichts zu gewinnen ist. Aber wir machen trotzdem weiter.

Wir sind in unserer besten Verfassung, wenn sich der Tod über unsere Schulter beugt und wir nichts daran ändern können und unsere Zeit fast abgelaufen ist. Aber wir sagen »Scheiß drauf!« zu der Linie unseres Lebens und wenden uns stattdessen dem Moment zu. Ich werde sterben, aber in diesem Moment fühle ich mich gut und stark. Und ich werde tun, was ich will. Dieser Moment ist in sich vollständig und benötigt keine weitere Rechtfertigung durch andere – vergangene oder künftige – Momente.

Wir sind in unserer besten Verfassung, wenn der 45 Kilo schwere Pitbull des Lebens uns an der Kehle gepackt hat und uns auf den Boden drückt. Und wir sind bloß drei Monate alte Welpen und können leicht in Stücke gerissen werden. Wir werden Schmerzen erleiden, und wir wissen es, und es gibt keine Hoffnung. Aber wir winseln und japsen nicht. Wir wehren uns nicht einmal. Stattdessen steigt tief aus unserem Innern ein Knurren auf, das ruhig und klangvoll ist und nicht zu unserem zarten Alter und unserer körperlichen Zerbrechlichkeit passt. Das Knurren steht für »Scheiß drauf!«.

Warum bin ich hier? Nach vier Milliarden Jahren blinder und gedankenloser Entwicklung hat das Universum mich hervorgebracht. War ich der Mühe wert? Ich habe ernsthafte Zweifel, aber ich bin hier, um trotzdem »Scheiß drauf!« zu sagen, wenn die Götter mir keine Hoffnung bieten, wenn Zerberus, der Höllenhund, mich am Hals auf den Boden drückt. Nicht meine glücklichen Momente, sondern solche wie diese sind, wie ich nun weiß, meine höchsten Momente, denn sie sind die wichtigsten. Und sie sind wichtig um dessentwillen, was sie durch sich selbst sind, nicht wegen einer angeblichen Rolle, die sie für die Bestimmung meiner Identität spielen. Wenn ich überhaupt der Mühe wert bin – wenn ich ein lohnenswertes Ding für das Universum bin –, dann sind es diese Momente, die mich dazu machen.

Und all das ist mir also vermutlich durch einen Wolf offenbart worden. Er war das Licht, und ich konnte mich in dem Schatten sehen, den er warf. Was ich lernte, war im Grunde die Antithese der Religion. Religion verlässt sich immer auf Hoffnung. Als Christ oder Muslim hegt man die Hoffnung, des Himmels wert zu sein. Als Buddhist hofft man, vom großen Rad des Lebens und Todes befreit zu werden und das Nirwana zu erreichen. In den judäochristlichen Religionen wird die Hoffnung sogar zu einer Primärtugend erhoben und Glaube genannt.

Hoffnung ist die Gebrauchtwarenverkäuferin der menschlichen Existenz: sehr freundlich, sehr überzeugend. Aber man kann sich nicht auf sie verlassen. Das Wichtigste in unserem Leben ist das Ich, das zurückbleibt, wenn die Hoffnung versiegt. Am Ende wird die Zeit uns alles rauben. Alles, was wir durch Begabung, Fleiß und Glück erworben haben, wird uns weggenommen werden. Die Zeit reißt unsere Kraft, unsere Sehnsüchte, unsere Ziele, unsere Projekte, unsere Zukunft, unser Glück und sogar unsere Hoffnung an sich. Alles, was wir haben, alles, was wir besitzen können, wird die Zeit uns wegnehmen. Aber was die Zeit uns nie rauben kann, ist die Person, die wir in unseren besten Momenten waren.

6

Alfred von Kowalski malte ein Bild mit dem Titel »Einsamer Wolf im Februar«: Ein Wolf steht nachts auf einem schneebedeckten Hügel und schaut auf eine kleine Blockhütte hinunter. Aus dem Schornstein der Hütte steigt Rauch auf, und ein Licht glüht warm am Fenster. Die Hütte erinnerte mich immer an Knockduff, wenn ich von einem unserer abendlichen Winterspaziergänge zurückkehrte. Brenin und die Mädchen trabten mir voran, fort von der Dunkelheit des Waldes, dem einladenden Licht entgegen, das ich am Fenster zurückgelassen hatte. Kowalskis Bild ist natürlich eine Allegorie: eine Darstellung des Außenseiters, der den warmen, gemütlichen Komfort eines anderen Lebens betrachtet. Aber vielleicht erinnerte die Hütte mich nur deshalb an Knockduff, weil der Wolf mich an mich und an das Leben erinnerte, das ich geführt hatte.

Auf die eine oder andere Weise ging jenes Leben zu Ende oder näherte sich zumindest seinem Abschluss, als ich Brenin an einem dunklen Januarabend im Languedoc begrub und gegen Gott wetterte und mich fast zu Tode trank. Manchmal frage ich mich, ob ich in jener Nacht in Wirklichkeit starb. Descartes fand seine Zuflucht in seiner eigenen langen, dunklen Nacht der Seele in einem Gott, der ihn nicht hintergehen würde. Er konnte fast alles in Zweifel ziehen, etwa dass eine physische Welt um ihn herum existierte oder dass er einen physischen Körper hatte. Er konnte als fähiger Mathematiker und Logiker die Wahrheiten der Mathematik und Logik in Zweifel ziehen. Aber er konnte nicht bezweifeln, dass ein freundlicher und guter Gott existierte. Dieser Gott würde nicht zulassen, dass er betrogen wurde, solange er sich genug Mühe gab, seine religiösen Überzeugungen zu prüfen.

Descartes irrte sich in diesem Punkt wahrscheinlich. Zwischen einem guten Gott und einem freundlichen Gott besteht ein Unterschied. Ein guter Gott würde vielleicht nicht gestatten, dass wir betrogen werden, während ein freundlicher Gott es fast mit Sicherheit täte. Die höchsten Momente unseres Lebens sind äußerst hart und vernichtend. Es gibt einen Grund dafür, dass der Wert unseres Lebens uns nur in kurzen Augenblicken enthüllt werden kann. Wir sind nicht stark genug, als dass er uns auf irgendeine andere Art enthüllt werden könnte. Obwohl ich nicht im konventionellen Sinne religiös bin, denke ich manchmal – wenn ich mich an den Abend von Brenins Tod erinnere, als ich über die Flammen seines Scheiterhaufens hinwegschaute und sah, wie sein steinerner Geist meinen Blick erwiderte –, dass Gott mir sagte: *Es ist in Ordnung, Mark, wirklich. Schließlich braucht es nicht immer mühsam zu sein. Du bist in Sicherheit.* Dieses Gefühl dürfte das Wesen der menschlichen Religionen sein.

Also frage ich mich hin und wieder, ob dies vielleicht der erstaunlich schöne Traum eines Toten ist, den ihm ein freundlicher, nicht Descartes' guter Gott vermacht hat. Dieser Gott hätte zugelassen, dass ich getäuscht wurde, denn genau das tut ein freundlicher Gott. Und es war derselbe Gott, den ich mit meinem letzten Atemzug verfluchte.

Ich stelle mir diese Frage, denn wäre mir Gott in jener Nacht erschienen und hätte mir Papier und Stift gegeben und mich aufgefordert niederzuschreiben, wie ich mir mein Leben fortan wünschte, hätte ich mir nichts Besseres ausmalen können. Ich bin nun verheiratet – mit Emma. Sie ist nicht nur die schönste Frau, die ich je gesehen habe, sondern auch der gütigste Mensch, den ich kenne: jemand, der mir fraglos, nachweisbar, unwiderruflich und kategorisch überlegen ist.

Meine Karriere hat sich immer weiter in die Höhe geschraubt. War ich früher ein unbedeutender Dozent, von dem niemand etwas wissen wollte, an einer noch unbedeutenderen Universität, werde ich nun von amerikanischen Spitzenuniversitäten mit übertriebenen Gehaltsangeboten bedacht. Meine Bücher sind Bestseller geworden – oder jedenfalls das, was in der dünnen Luft des Hochschulverlagswesens als Bestseller gilt. Und ich bin kein Mann mehr, der, unter welchen Umständen oder aus welchen Gründen auch immer, fähig wäre oder überhaupt daran dächte, zwei Liter Jack Daniel's auf einen Schlag auszutrinken. Wie Sie wissen dürften, wird niemand zu einem Mann, der so viel zu trinken vermag, wenn er es nicht etliche Jahre stetig und eifrig geübt hat.

Diese Worte schreibe ich nicht, um mich zu brüsten oder weil ich besonders zufrieden mit mir wäre. Ganz im Gegenteil: Ich bin aufrichtig und zutiefst verwirrt. Diese Worte schreibe ich, weil ich weiß, dass mich letzten Endes nichts davon der Mühe wert werden lässt. Ich würde lügen, wenn ich behauptete, nicht stolz zu sein. Doch gleichzeitig bin ich diesem Stolz gegenüber auf der Hut. Es ist der Stolz des Affen, meiner mürrischen, lauernden äffischen Seele; der Seele, die es für das Wichtigste im Leben hält, sich aus zweckrationalen Gründen – mit allen Begleiterscheinungen – nach oben vorzuarbeiten. Aber wenn ich mich an Brenin erinnere, fällt mir wieder ein, was das Wichtigste ist: das Ich, das übrig bleibt, wenn die eigenen Berechnungen scheitern, wenn die eigenen Intrigen zum Erliegen kommen und einem die Lügen in der Kehle stecken bleiben. Am Ende hängt alles vom Glück ab, und die Götter können dir das Glück so rasch wegnehmen, wie sie es dir gewährt haben. Das Wichtigste ist die Person, die du bist, wenn dein Glück versiegt.

An jenem Abend, an dem ich Brenin in der rosigen

Wärme seines Scheiterhaufens und in der scharfen, beißenden Kälte des Languedoc-Winters beerdigte, entdecken wir die Grundbedingungen der menschlichen Existenz. Ein Leben in der rosigen Wärme und Freundlichkeit der Hoffnung ist eines, das wir alle wählen würden, wenn wir es könnten. Wir wären verrückt, es nicht zu tun. Aber wenn die Zeit kommt – und sie kommt immer –, ist es am wichtigsten, unser Leben mit der Kälte eines Wolfes zu führen. Ein solches Leben ist zu hart, zu frostig, und wir könnten nur verdorren. Doch es gibt Momente, in denen wir fähig sind, es zu führen. Diese Momente sorgen dafür, dass wir der Mühe wert sind, denn am Ende ist es nur unser Trotz, der uns erlöst. Wenn Wölfe eine Religion hätten – wenn es eine Religion des Wolfes gäbe –, dann würde sie genau diese Botschaft enthalten.

7

Ich konnte Brenins Knochen nicht ganz allein in Südfrankreich zurücklassen. Deshalb kaufte ich mir ein Haus im selben Dorf. Auf unseren täglichen Spaziergängen grüßten wir seinen steinernen Geist, wann immer wir an seiner Grabstätte vorbeikamen. Diese abschließenden Sätze schreibe ich jedoch aus Miami. Eines Tages konnte ich den erwähnten übertriebenen Gehältern nicht mehr widerstehen. Emma und ich trafen vor ein paar Monaten hier ein.

Nina und Tess leben noch, und es versteht sich von selbst, dass sie uns begleiteten. Nina weckt mich noch immer jeden Morgen um sechs Uhr, und wenn meine Hände oder Füße nicht außerhalb der Bettdecke liegen, zerrt Nina an der Decke, bis sie entblößt sind. Schleck, schleck: Weißt du nicht, dass wir Leute und Orte besuchen müssen? Aber die beiden lassen allmählich ihr Alter erkennen. Sie schlafen den größten Teil des Tages – draußen am Pool oder im Garten oder auf dem Sofa. Ich kann nicht mehr mit ihnen joggen. Damit hatte ich nach Brenins Tod zu ihrer Freude wieder angefangen, doch nun bleiben sie nach den ersten ein, zwei Kilometern hinter mir zurück, und die Sache hat keinen Zweck mehr. Vielleicht werde ich zusammen mit meinen beiden Mädchen dick und langsam werden, genau wie es mit Brenin und mir der Fall war. Aber sie haben immer noch Spaß an ihren gemächlichen Spaziergängen die Old Cutler Road entlang. Dort bringen sie weiterhin die Energie auf, ihnen entgegenkommende amerikanische Hunde einzuschüchtern, denn die sind alle viel zu enthusiastisch und erregbar – zu jung – für Ninas und Tess' Geschmack. Ich bin sicher, sie sind entzückt darüber, dass alle Hunde im Dorf Angst vor ihnen haben. Die Hunde – und ihre Besitzer – überqueren die Straße, um uns aus dem Weg zu gehen. Wir haben nichts dagegen. Wie ich Nina und Tess kenne, wollen sie bestimmt als Bosse abtreten. Aber ihre Kräfte schwinden. Die Wärme ist wirklich gut für Ninas Arthritis, und, glauben Sie mir, ich kann es nachempfinden.

Manchmal habe ich das höchst seltsame Gefühl, früher ein Wolf gewesen und nun bloß noch ein dummer Labrador zu sein. Brenin repräsentiert für mich nun einen Teil meines Lebens, der nicht mehr existiert. Das Gefühl ist bittersüß. Ich bin traurig, weil ich nicht mehr der Wolf bin, der ich war. Und ich bin glücklich, weil ich nicht mehr der Wolf bin, der ich war. Aber vor allem war ich einst ein Wolf. Ich bin ein Geschöpf der Zeit, doch ich erinnere mich weiterhin daran, dass es auf die höchsten Momente ankommt – auf Momente, die wie Gerstenkörner zur Erntezeit über das Leben verstreut sind –, nicht darauf, wo man beginnt und wohin man gelangt.

Vielleicht kann niemand sein ganzes Leben lang ein Wolf bleiben. Aber darum geht es nicht. Eines Tages werden die Götter wieder beschließen, mir jede Hoffnung zu nehmen. Vielleicht bald. Es lässt sich nicht absehen, aber es wird geschehen. Und dann werde ich mein Bestes tun, mich an das Wolfsjunge zu erinnern, das am Hals auf den Boden gedrückt wurde.

Hier liegt jedoch die Wahrheit des Rudels: Unsere Momente gehören nie uns. Manchmal sind meine Erinnerungen an Brenin mit einer seltsamen Verwunderung gemischt. Es ist, als bestünden die Erinnerungen aus zwei sich teilweise überschneidenden Bildern. Man spürt, dass ein wichtiger Zusammenhang zwischen den Bildern besteht, doch sie sind zu verschwommen, als dass man sie erkennen könnte. Und dann fügen sie sich plötzlich – als hätte sich die Brennweite geändert – zusammen wie die Glasobjekte in einem Kaleidoskop.

Ich erinnere mich, wie Brenin neben mir an den Seitenlinien des Rugbyfelds in Tuscaloosa dahinlief. Ich erinnere mich, wie er auf der Party nach dem Match neben mir saß und wie hübsche Mädchen aus Alabama herantraten und sagten: »Ich finde deinen Hund toll.« Ich erinnere mich, wie er neben mir durch die Straßen von Tuscaloosa lief; und ich erinnere mich, wie sich die Stadtstraßen von Tuscaloosa in irische Landwege verwandelten und wie das Rudel neben mir dahinrannte und mühelos mit mir Schritt hielt. Ich erinnere mich, wie die drei wie Lachse durch die Gerstenmeere hüpften. Ich erinnere mich, wie Brenin in meinen Armen auf der Ladefläche des Jeeps starb, nachdem der Tierarzt die Nadel in die Vene an seinem rechten Vorderlauf geschoben hatte. Und wenn sich die Bilder zusammenfügen, denke ich: Bin ich das wirklich? War wirklich ich es, der diese Dinge tat? Ist das wirklich mein Leben?

Diese Wahrnehmung erscheint mir manchmal wie eine etwas surreale Entdeckung. Nicht ich bin es, an den ich mich erinnere, wie er an der Seitenlinie in Tuscaloosa entlanglief, sondern es ist der Wolf, der neben mir dahinglitt. Nicht ich bin es, an den ich mich auf der Party erinnere, sondern es ist der Wolf, der neben mir saß und dessentwegen die hübschen Mädchen an mich herantraten. Nicht ich bin es, an den ich mich erinnere, wie er durch die Straßen von Tuscaloosa oder über die Landwege von Kinsale lief, es sind die Wölfe, die ihre Schritte meinen anpassten. Meine Erinnerung an mich selbst ist immer verlagert. Dass ich selbst überhaupt in diesen Erinnerungen vorkomme, steht nicht fest; zuweilen ist es ein günstiger Zufall, der entdeckt werden muss.

Ich erinnere mich nie an mich selbst. An mich selbst erinnere ich mich nur durch meine Erinnerungen an andere. Hier haben wir es eindeutig mit dem Trugschluss des Egoismus zu tun: mit dem fundamentalen Irrtum des Affen. Wichtig ist nicht, was wir haben, sondern wer wir waren, als wir uns in unserer besten Verfassung befanden. Und wer wir waren, als wir uns in unserer besten Verfassung befanden, wird uns nur in Momenten offenbart – in unseren höchsten Momenten. Aber unsere Momente gehören nie uns selbst. Sogar wenn wir ganz allein sind, wenn der Pitbull uns auf den Boden drückt, wenn wir bloß Welpen sind und leicht zerrissen werden können, erinnern wir uns an den Hund und nicht an uns selbst. Unsere Momente – unsere wunderbarsten und erschreckendsten Momente – gehen nur durch unsere Erinnerungen an andere in unseren Besitz über, gleichgültig, ob diese anderen gut oder böse sind. Unsere Momente gehören dem Rudel, und durch das Rudel erinnern wir uns an uns selbst.

Wäre ich ein Wolf statt eines Affen gewesen, hätte man mich als Einzelgänger bezeichnet. Hin und wieder verlässt ein Wolf sein Rudel und verschwindet in die Wälder, um nie mehr zurückzukehren. Er hat eine Reise begonnen und bleibt seiner Heimat für immer fern. Niemand weiß genau, warum. Manche vermuten ein genetisch bedingtes Verlangen nach Fortpflanzung, verbunden mit der Weigerung, auf die Beförderung in der Hierarchie des Rudels zu warten. Andere meinen, Einzelgänger seien besonders ungesellige Tiere, die nicht wie normale Wölfe mit dem Rudel umgingen. Ich kann mich, auf meine Weise, mit beiden Darstellungen identifizieren. Aber wer weiß? Vielleicht glauben einige Wölfe ganz einfach, es gebe da draußen eine schöne große Welt und es wäre eine Schande, nicht so viel wie möglich davon zu sehen. Letzten Endes spielt das keine Rolle. Manche Einzelgänger sterben allein. Andere, die Glückspilze, begegnen weiteren Einzelgängern und bilden eigene Rudel.

Und so ist mein Leben nun durch eine seltsame Laune des Schicksals das beste, das es je gewesen ist – jedenfalls wenn wir es danach beurteilen, wie glücklich ich bin. Während ich diese Sätze schreibe, stehen Emmas Wehen bevor. Na ja, sie stehen seit einigen Tagen bevor. Es gibt manches Rumpeln in der Gebärmutter, doch nichts, was organisiert oder regelmäßig genug wäre, um zum Erfolg zu führen. Aber ich bin optimistisch und rechne jeden Moment damit, dass sie mich auffordert, die Tasche zu schnappen und sie zum South Miami Hospital zu fahren. Deshalb muss ich mich kurz fassen. Nach 40 Jahren als wurzelloser und unsteter Einzelgänger habe ich endlich ein Menschenrudel gefunden. Mein erstes Kind, mein Sohn, kann jeden Tag zur Welt kommen – und ich habe ein Gefühl, einen leisen Verdacht, den ich nicht ganz abzuschütteln vermag, dass es heute sein wird. Auch hoffe ich, dass er dadurch nicht zu hohen Erwartungen gerecht werden muss, aber ich denke daran, ihn Brenin zu nennen.

Brenin: Ich mache mir Sorgen um deine Knochen, die 5000 Kilometer von uns entfernt in Frankreich liegen. Ich hoffe, du bist nicht zu einsam. Du fehlst mir, und ich vermisse es, jeden Morgen deinen steinernen Geist zu sehen. Aber wenn die Götter es wollen, wird unser Rudel bald wieder dort sein, im nie endenden Sommer des Languedoc. Bis dahin schlaf gut, mein Wolfsbruder. Wir treffen uns in unseren Träumen wieder.

Register